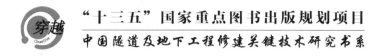

"十三五"国家重点图书出版规划项目

中国隧道及地下工程修建关键技术研究书系

硬岩地层地铁修建关键技术（一）

刘泉维 编著

人民交通出版社股份有限公司
China Communications Press Co.,Ltd.

内容提要

本书以硬岩地层地铁修建为基础,以青岛地铁施工建设为载体,以施工建设中的技术数据和经验为素材,全面客观地对硬岩地层地铁修建技术理论和施工方法进行研究、总结和提升,归纳出一套硬岩地层地铁修建关键技术,并加以系统阐述。

本书分为6章,涵盖硬岩地层钻爆法隧道施工技术、明挖车站施工技术、暗挖车站施工技术、不良地质段注浆加固技术、地铁标准化施工等内容。本书内容全面、系统,具有创新性,提出了诸多宝贵的理念、原则和经验,全面展现了我国硬岩地层地铁修建关键技术,对后续我国其他硬岩地层地铁修建具有很好的指导意义。

本书可供从事城市地铁及地下工程修建的设计、施工、监测、监理以及广大师生学习和参考,亦可作为国内外同行交流的材料。

图书在版编目(CIP)数据

硬岩地层地铁修建关键技术. 一 / 刘泉维编著. — 北京:人民交通出版社股份有限公司,2017.8
ISBN 978-7-114-14074-7

Ⅰ. ①硬⋯ Ⅱ. ①刘⋯ Ⅲ. ①地下铁道—工程施工—研究 Ⅳ. ①U231.3

中国版本图书馆CIP数据核字(2017)第184632号

书　　　名:	硬岩地层地铁修建关键技术(一)
著 作 者:	刘泉维
责任编辑:	王　霞　谢海龙
出版发行:	人民交通出版社股份有限公司
地　　　址:	(100011)北京市朝阳区安定门外外馆斜街3号
网　　　址:	http://www.ccpress.com.cn
销售电话:	(010)59757973
总 经 销:	人民交通出版社股份有限公司发行部
经　　　销:	各地新华书店
印　　　刷:	北京盛通印刷股份有限公司
开　　　本:	787×1092　1/16
印　　　张:	18.25
字　　　数:	467千
版　　　次:	2017年8月　第1版
印　　　次:	2017年12月　第2次印刷
书　　　号:	ISBN 978-7-114-14074-7
定　　　价:	90.00元

(有印刷、装订质量问题的图书由本公司负责调换)

编委会

主任委员：刘泉维

编　　委：王云龙　王洪波　杨忠年　刘松旺
　　　　　　刘林胜

顾　　问：贾福宁　王永亮　张　君　迟建平
　　　　　　王守慧　黄　舰　王者永　赵继增
　　　　　　钱宝岚　刘红军　何文胜　张庆松

Key Technologies of Metro Construction
in Hard Rock Stratum

作者简介

刘泉维,1977年出生,博士,高级工程师,主要研究方向为城市地铁规划建设与安全质量管理。在北京交通大学师从王梦恕院士,系统学习隧道与地下工程专业,取得工学博士学位,山东大学博士后在读。先后在中铁十四局集团有限公司从事施工技术管理,参加过青藏铁路和南京长江隧道等重大工程建设;2010年调入青岛市城乡建设市政工程管理处,任轨道工程管理科负责人,建立了硬岩地质地铁安全监管体系;2014年加入青岛地铁,任青岛市西海岸轨道交通有限公司副总经理,从事地铁施工生产和安全、质量管控工作。长期致力于推进硬岩地层地铁修建技术的理论研究与技术创新和标准化建设,针对青岛地铁上软下硬地层及复杂地质特点,总结出一整套较成熟的施工工艺工法,推动了暗挖车站拱盖法等系列技术成果的应用与推广,建立了地铁安全文明施工的标准化体系,主持编写青岛市地方标准规范《青岛市城市轨道交通工程安全文明施工管理标准》和《青岛市城市轨道交通工程安全文明施工标准化图集》。

Key Technologies of Metro Construction in Hard Rock Stratum

序一

自 1965 年我国修建第一条城市地铁——北京地铁 1 号线，至今，已有五十多年的历史。截至 2016 年，全国已有 43 个城市在修建地铁，运营里程达 4000 多公里，尤其近年来，城市地铁建设速度之快、规模之大令世人瞩目。五十多年来，广大地铁建设者筚路蓝缕，在实战中不断总结经验形成较完善的设计、施工标准体系，为我国开展大规模的地铁建设提供了技术支撑。但这些标准、规范大都是在北京、上海等大城市地铁建设的经验上建立起来的，而这些城市地质多以第四系软土为主。随着我国地铁建设规模的不断增长，像青岛、重庆、大连等城市多以硬岩地质为主，原有的标准、规范、工法等难以适应这样的地质环境，亟须新的技术、方案、标准来指导这些城市的地铁建设。

本书以青岛地铁建设的技术和工程管理经验为基础，系统地介绍了在城市硬岩地质条件下地铁修建的关键技术。每一种工法从其技术发展的历史、施工原理、技术方案到工艺措施，辅以典型案例，最后形成小结，内容完备，突出实战性、可操作性，可以为广大一线施工、监理、建设、设计人员提供技术帮助，指导地铁建设。本书在写作上去繁就简，略去繁琐的公式推导和理论计算，只阐明其理论原理，写作思路清晰，语言质朴清新，数据翔实，图表准确，并配有大量图片，技术信息量大。数据均从工程实践中来，可信度高，可操作性强。尤其是每章节的小结，源自作者多年地铁施工管理的经验总结，言简意赅，内容丰富是点睛之笔。例如，提出硬岩地质条件下，地铁隧道选线应尽量避开上软下硬地层，应采用深埋方案；地铁车站周边环境复杂，应采用暗挖技术，对周边交通影响少，施工速度快，工程效益好。这些概念都是正确的，应得到认识推广，并应用于建设。通过青岛地铁 3 号线、2 号线、1 号线建设来看，随着车站埋深的不断增加，建设的安全性和速度都得到明显的提升。

本书作者是我的博士毕业生，理论功底好，长期在施工一线工作，参加过南京长江隧道等工程的建设，施工技术扎实、工程管理经验丰富。其他参与编写的作者也大都是施工一线、科研一线的技术工作者，都很年轻，有实战经验，体现了年轻一代的创新和进取精神。本书的内容很实用，相信对推动我国地铁工程建设技术的发展很有帮助，希望推荐给更多的工程技术人员。

中国工程院院士

2017 年夏

Key Technologies of Metro Construction in Hard Rock Stratum

序二

青岛作为国家东部沿海重要的中心城市,为解决城市拥堵问题正紧锣密鼓地推进城市轨道交通建设。青岛远景规划了18条地铁线路,总里程达814.5km,当前在建6条线路,在建里程305.8km,居全国前列。2009年,青岛地铁3号线试验段开建,2015年12月16日,3号线北段通车试运营,标志着青岛这座百年城市正式迈入地铁时代;预计2021年,还将有300km以上的地铁线建成,初步形成覆盖全城的地铁网。

青岛是一座美丽的海滨城市,国家历史文化名城,山海相依,地形起伏,红瓦绿树,碧海蓝天。在大规模建设地铁的同时,保护环境,减少对城市运行的影响同等重要。青岛又是一座以硬岩(花岗岩)为主,上软下硬,地质特点非常鲜明的城市,对特殊地质环境,必须要求相应的设计、施工方案与之适应。施工中不可避免会面临大量的爆破施工,同时沿海地区丰富的地下水对施工和将来运营造成很多麻烦,因此,为适应硬岩地质地铁建设的需要,需尽快总结出施工建设的核心理念,更好的指导设计、施工。

本书作者经历了青岛地铁第一条地铁线的建造,以自己七年的建设经验,总结提炼了硬岩地质地铁建设的关键技术及建设理念,正面回答了不同地质和环境适用什么样的工法,并且每一种工法都有其设计、施工要点,配有案例。观点鲜明,有说服力。这些思路大都从实践中来的,很有参考价值和指导意义。该书的出版对广大地铁建设者,尤其是硬岩地质的城市建设者有很大的参考价值,有利于推进我国地铁工程建设的健康、良性、有序发展。

青岛市地铁工程建设指挥部常务副总指挥
青岛地铁集团党委书记、董事长

2017年7月

前言

Key Technologies of Metro Construction in Hard Rock Stratum

随着我国城市现代化进程的加快，城市地铁建设如火如荼。截至2016年，全国30个城市开通轨道交通，共计133条线路，运营里程达到4152.8km，预计到2020年，全国城市轨道交通运营里程将达到8000km以上。全国大中城市地质情况千差万别，但大致可分为两类，一类为软土地层（以第四系为主），如北京、上海、成都等，此类地层城市地铁修建时间久，例如北京地铁始建于1965年，经过五十多年的建设，积累了丰富的技术和管理经验，形成较成熟的技术标准和施工工艺工法，并指导全国类似地质条件的城市大规模建设地铁；一类以硬岩地层为主，如青岛、重庆、大连等，近几年地铁建设刚刚起步并发展迅猛，但修建技术多参考软土地层修建经验，设计方案、施工工艺工法均在探索，尚未形成统一的设计标准和成熟的施工工艺，亟须尽快总结出相关技术标准和施工工法，指导硬岩地质条件下的地铁建设。本文作者从事硬岩地层地铁修建工作七年，遭遇硬岩地层地铁修建过程的扰民、爆破、构筑物受损、上软下硬地层、不良地质处理等诸多难题，在系统总结近年来研究成果的基础上，归纳出一套硬岩地层城市地铁修建关键技术，希望为硬岩地层城市地铁修建提供借鉴。

全书共分为6章。第1章阐述我国地铁发展的历史及现状，总结国内地铁代表性城市的地层特征，分析了硬岩地层钻爆法施工技术的发展情况，介绍了青岛地区典型硬岩地层特点。第2章阐述硬岩地层钻爆法隧道施工技术，从竖斜井设计施工、隧道开挖与支护、隧道防水施工技术及隧道二次衬砌施工技术等方面进行分析，着重总结钻爆法在硬岩地层城市地铁中应用的关键技术。第3章阐述明挖车站施工技术，依托青岛硬岩地层地质条件，研究相应的深基坑支护形式及防水措施，特别提出土钉墙和桩锚支护，分析其应用范围、施工要点及工程应用，总结硬岩地层明挖车站施工关键技术。第4章阐述暗挖车站施工技术，根据青岛地区暗挖车站施工特点，明确硬岩地层条件下暗挖车站施工方法及防排水系统，提出硬岩地层暗挖车站施工关键技术。第5章阐述不良地质段加固技术，归纳青岛硬岩地层地表加固及洞内加固方法，研究不同加固工法的适用性和可行性，提出硬岩地层不良地质加固关键技术。第6章绿色施工及标准化工地建设，阐述绿色施工发展历程和"四节一环保"管理要点，从施工准备阶段场地、场内布设、场地主要设施、办公生活区及临时用电等方面进行标准化设计，明确提出暗挖施工与明挖施工标准化建设。

本书由刘泉维编著,具体分工如下:第 1 章主要由刘泉维、王云龙编写,第 2 章主要由刘泉维、刘松旺编写,第 3 章主要由杨忠年、黄习习编写,第 4 章主要由刘泉维、刘松旺编写,第 5 章主要由王洪波、刘衍凯编写,第 6 章主要由刘泉维、刘林胜编写。全书由刘泉维负责统稿审校。

本书涉及的多项研究成果的应用得益于王梦恕院士的悉心指导,王院士多次到青岛地铁调研,深入施工一线帮助解决施工难题,对本项研究给予了很多的帮助,就硬岩地层城市地铁修建的重大理论和方案进行指导,提出硬岩地质地铁应采用深埋方案,要学习莫斯科地铁等。在此,谨向院士给予的关怀与帮助表示衷心的感谢。同时,本书的编写还得到青岛地铁集团有限公司、山东大学、青岛理工大学、中交第一航务工程局有限公司、中交第三航务工程局有限公司等专家同行们的大力支持,在此深表感谢。

尽管我们尽了最大努力,但书中疏漏和不当之处仍在所难免,恳请广大专家与读者批评指正。

作 者

2017 年 7 月

Key Technologies of Metro Construction in Hard Rock Stratum

目录

第1章 概况	1
1.1 地铁发展概况	1
1.2 地铁修建技术概况	6
1.3 国内主要城市的地质特点	16
第2章 硬岩地层钻爆法隧道施工技术	22
2.1 硬岩地层钻爆法隧道设计与施工方法	22
2.2 竖井、斜井的设计与施工	26
2.3 钻爆法隧道开挖与支护	40
2.4 钻爆法隧道防水施工技术	72
2.5 隧道二次衬砌施工技术	80
2.6 典型工程案例	89
本章参考文献	99
第3章 明挖车站施工技术	100
3.1 明挖车站施工技术概况	100
3.2 明挖车站基坑开挖施工	101
3.3 明挖车站基坑支护形式	111
3.4 明挖车站主体结构施工	131
3.5 明挖车站防排水施工	138
本章参考文献	149
第4章 暗挖车站施工技术	151
4.1 暗挖车站施工技术概况	151
4.2 青岛地区暗挖车站施工工艺的演变	155

4.3 硬岩地层暗挖车站施工技术 160
4.4 暗挖车站防排水 186
本章参考文献 189

第5章 不良地质段注浆加固技术 191
5.1 不良地质段注浆加固概况 191
5.2 常规注浆材料 194
5.3 地表旋喷加固技术 200
5.4 地表注浆加固技术 205
5.5 洞内帷幕注浆技术 215
5.6 典型工程案例 219
5.7 小结 228
本章参考文献 229

第6章 绿色施工及标准化工地建设 230
6.1 绿色施工概况 230
6.2 地铁工程绿色施工管理要点和工程实践 231
6.3 场地选址及布设 246
6.4 标准化工地建设 253
本章参考文献 277

第1章 概　　况

随着我国经济和社会发展,人们对交通出行也提出了更高的要求,而城市地铁是贯彻国家节能减排政策、发展低碳经济、节约能源和改善人居环境的最优交通方式。近二十年是我国城市轨道交通建设的大发展时期,截至2016年,全国已有30个城市开通轨道交通,预计到2020年我国将有45座以上城市修建地铁,国内城市轨道交通运营总里程将达到8000km。而地铁对支持城市发展的作用巨大,不仅在于解决城市交通问题,还能从源头上拉动经济增长,有利于加速形成新的经济增长带,吸引人口、产业向沿线聚集,引导城市空间拓展,完善城市整体经济布局。因此,轨道交通的发展建设对实现城市"转方式、调结构、上水平"具有不可忽视的促进作用。

城市地铁建设呈迅猛发展之势,这对地铁修建技术提出了更高的要求。我国地铁修建始于北京地铁、上海地铁等一线城市,形成了较为成熟的地铁修建施工技术。但是,地铁施工技术具有显著的地域性,与各地区地质情况密切相关,当前地铁修建技术主要针对软岩地层,硬岩地层地铁施工表面上看似和山岭隧道相同,但因其施工环境的特殊性,尚缺乏可以借鉴的相关工程经验,本书以青岛地区硬岩地层地铁修建为实例,详细归纳了硬岩地层钻爆法隧道施工技术、明挖车站施工技术、暗挖车站施工技术、硬岩地质不良地质段注浆加固技术及地铁标准化施工等内容。

1.1　地铁发展概况

1.1.1　世界地铁的发展概况

1843年英国人C·皮尔逊提出在英国修建地下铁道的建议,1860年英国伦敦开始修建世界上第一条地铁,采用明挖法施工,为单拱砖砌结构。该地铁于1863年1月10日建成通车,线路总长6.4km,用蒸汽机车牵引。

世界第一条地下铁道的诞生,为人口密集的大都市发展公共交通提供了宝贵的经验,特别是随着1879年电力驱动机车的研究成功,地下客运环境和服务条件得到了空前的改善,地铁建设得以蓬勃发展,一些大都市相继建造地下铁道。1863—1899年,有英国的伦敦和格拉斯哥、美国的纽约和波士顿、匈牙利的布达佩斯、奥地利的维也纳以及法国的巴黎共5个国家的7座城市建成了地下铁道。

伦敦自1863年建设世界上第一条地下铁道以来(图1-1),历经150多年的发展,技术水平不断提升,其地铁系统已成为当今世界上最先进的线网之一,尤其是地铁实现了电气化后,伦敦的地铁几乎每年都有新进展。目前,伦敦地铁已有12条线路,总长度约410km,其中地下隧道171km,共设置车站275座,车辆保有量总数约419辆,年客运总量已突破8.5亿人次。

纽约第一条地铁于1867年建成。随着纽约城市规模的扩大,城市人口不断增加,地铁建设也在持续发展(图1-2)。纽约地铁现有线路共31条,总长度约443.2km,其中地下隧道258km,共设置车站504座,车辆保有总数约6561辆,年客运总量已突破10亿人次。

图1-1 伦敦第一条地铁　　　　　　　　　　图1-2 纽约地铁

1900年法国巴黎为举办"凡尔赛展览会"而修建的巴黎第一条地下铁道从巴士底通往马约门,全长约10km,它为巴黎地铁网络的不断发展和完善打下了基础。时至今日,巴黎市区已拥有地铁线路14条主线和2条支线,其中2条为环线,有4条地铁采用橡胶轮体系的VAL车辆。地铁线路总长度约221.6km,其中地下隧道约175km,共设置车站380座(图1-3),车辆保有总数约347辆,年客运量总数也已突破12亿人次。巴黎的地区快速地铁(RER)非常发达,运营线路共有363km,其中14km与地铁共线,249km为城市快速铁路SNCF。RER的年客运量约4亿人次。

1900—1924年,在欧洲和北美洲又有9座大城市相继修建了地下铁道,如德国的柏林、汉堡,美国的费城,以及西班牙的马德里等。

图1-3 巴黎地铁车站

柏林的第一条地铁开通于1902年。发展至今,市区地铁已四通八达(图1-4),有的线路已采用自动化运行技术。目前，柏林已有10条地铁线路，线路总长度约146km，其中地下隧道约131km，共设置车站173座，车辆保有量约2410辆，年客运总量约6.6亿人次。

西班牙也是欧洲较早修建地下铁道的国家之一（图1-5）。1919年，马德里的第一条地铁线路开始运行，现在已发展到12条地铁主线和1条支线，线路总长度约281.58 km，共设车站281座，车辆保有总数约1012辆，年客运总量约4亿人次。

图1-4 柏林地铁

图1-5 马德里地铁

1925—1949年，其间经历了第二次世界大战，各国都着眼于自身的安危，地铁建设处于低潮，但仍有日本的东京、大阪，苏联的莫斯科等少数城市在此期间修建了地铁。日本东京的第一条地铁线路于1927年建成通车（图1-6）。虽然日本的地铁也是效法欧洲技术建设而成，但他们在修建地铁的同时，着重开发主要车站及其邻近的公众聚集场所，这些场所能促进地下商业中心的建设，而且商业中心与地下车站连成一片，使地铁这一公益性基础设施获得了新的活力，取得了较好的经济效益和社会效益。

a)

b)

图1-6 东京地铁

1927年12月东京第一条也是亚洲第一条地铁建成通车。目前，东京地铁已拥有13条地铁线路，线路总长度约312.6km，共设置车站230座，车辆保有总数约2450辆，年客运总量已突破25亿人次。东京已成为当今世界上地铁客运量最大的城市之一。

1932年莫斯科的第一条地铁开始动工，线路全长约11.6km，共设置车站13座，1935年5

月建成通车运营。其建设速度之快,在当时是空前的。以后莫斯科的地铁建设就一直没有中断过,即使在第二次世界大战期间也没有停顿。发展至今,莫斯科已拥有地铁线路 12 条,线路总长度约 277.9km,地铁车站总数为 171 座。其地铁一直被公认为世界上最漂亮的地铁之一,地铁站的建筑造型各异、华丽典雅,享有"地下的艺术殿堂"之美称(图 1-7)。而所有地铁的终点站都与公共汽车、无轨电车和轻轨系统相衔接,有几个车站还与铁路火车站相连接,为旅客提供了方便的换乘条件。目前,莫斯科地铁系统保有车辆总数约 4000 辆,年客运量已突破 26 亿人次。

a)   b)

图 1-7 莫斯科地铁

第二次世界大战以后,1950—1974 年的 24 年间,世界上地铁建设蓬勃发展。在此期间,有加拿大的多伦多、蒙特利尔,意大利的罗马、米兰,美国的费城、旧金山,苏联的列宁格勒、基辅,日本的名古屋、横滨,韩国的首尔以及中国的北京等约 30 座城市相继建成了地铁。

世界地铁的发展史同时也是地下工程修建技术的进步史,从伦敦第一条地铁线全部采用的明挖法到现在普遍存在的暗挖工程;从传统围岩松弛理论指导的强支护施工方法到围岩支护共同作用理论指导的新奥法;从平均埋深 100m 的平壤地铁、最大埋深达 90m 的莫斯科地铁到最小埋深不足 6m 的天津、北京地铁;从爆破开挖到机械掘进,地铁工程的修建技术也在发生着诸多革命性的变化。

1.1.2 我国地铁的发展概况

北京在 20 世纪 60 年代开始兴建具有交通和人防双重功能的中国第一条地铁线路,并于 1969 年 1 月投入运营,从而开创了我国地铁建设的先河。但这一阶段地铁建设基本处于起步阶段,形式比较单一,贯彻"以战备为主、兼顾交通"的指导思想,建设以人防设施为主的地铁。进入 20 世纪 80 年代,北京建设了第二条地铁线,运营里程达到 54km;天津建设了地铁 1 号线,运营里程 7.4km,于 1980 年 8 月投入运营,在一定程度上缓解了城市道路交通的拥堵,但尚未形成城市轨道交通网络。

在改革开放以来的快速发展期,我国城市轨道交通发展大致经历了三个阶段:

(1) 第一阶段为开始建设阶段,20 世纪 80 年代末—20 世纪 90 年代中期以上海地铁 1 号线(21km)、北京地铁复八线(13.6km)、北京地铁 1 号线改造、广州地铁 1 号线(18.5km)建设为标志,我国真正以交通为目的的地铁项目开始建设,随着上海、广州地铁项目的建设,包括沈阳、天津、南京、重庆、武汉、深圳、成都、青岛等在内的大批城市开始上报建设轨道交通项目,上报政府主管部门进行审批。

(2)第二阶段为调整整顿阶段,1995—1998 年

我国的城市轨道交通在 20 世纪 60 年代起步后,由于种种原因,中间停顿了很长一段时间,因此我国城市轨道交通的有关技术发展缓慢,离世界先进水平有相当距离,特别在车辆、信号以及自动售检票等专业领域尤其明显。因此,20 世纪 90 年代初期,上海、广州等地开始修建地铁时,技术装备基本依赖进口,产生了造价高(初期估算地铁每公里造价达 8 亿元,工程实际核算为 6.7 亿元/km)、建设周期长、维护费用高等负面影响。

另一方面,由于地铁建设发展迅猛,许多地方不考虑经济的承受能力和社会发展的实际需要,城市轨道交通建设带有很大盲目性。针对工程造价高、轨道交通车辆全部引进、大部分设备大量引进等问题,1995 年 12 月国务院办公厅发文,通知除北京、上海和广州的在建地铁外,所有地铁项目一律暂停审批,并要求做好轨道网络发展规划和高新技术装备的国产化工作。在这一期间的近 3 年时间内,国家暂停了对城市轨道交通项目的审批。

(3)第三阶段为蓬勃发展阶段,1999 年至今

1997 年年底,国家发展和改革委员会研究了城市轨道设备国产化实施方案,提出深圳地铁 1 号、4 号线一期工程(19.5km),上海明珠线(即现在的 3 号线,24.5km),广州地铁 2 号线(23km),南京地铁 1 号线(17km)一期工程作为国产化的依托工程,于 1998 年批复上述 4 个项目立项,轨道交通项目重新开始启动。

在这一阶段,随着国家积极财政政策的实施,国家从资金上给予城市轨道交通建设以有力支持;同时通过技术引进,国际先进制造企业与国内企业合作,实现了城市轨道交通车辆与设备的本土化、国产化,使城市轨道交通工程的造价大为降低,国内城市轨道交通发展蒸蒸日上(表 1-1)。

国内部分城市轨道交通发展概况(截至 2016 年底) 表 1-1

城市	现运营(条)	现运营(km)	规划至 2020 年(条)	规划至 2020 年(km)
北京	19	574	30	830
天津	5	166	14	513
上海	14	617	18	800
广州	10	308	17	677
深圳	8	285	16	596
重庆	4	213	10	500
南京	7	258	13	540
武汉	5	185	14	400
青岛	1	25.2	11	470

1.2 地铁修建技术概况

1.2.1 地下车站修建工法概况

1.2.1.1 明挖法

明挖法是各国地下铁道施工的首选方法,在地面交通和环境允许的地方通常采用明挖法施工。明挖法具有施工作业面多、速度快、工期短、易保证工程质量和工程造价低等优点,但因对城市生活干扰大,应用受到各种因素的限制,尤其是当地面交通和环境不允许时,只能采用盖挖法或新奥法。明挖法适用于浅埋车站、有宽阔的施工场地,可修建的空间比较大,如带有换乘站、地下商场、休息和娱乐场所及停车库等的地下综合体车站。

明挖法施工主要分为围护结构施工、站内土方开挖、车站主体结构施作和回填上覆土和恢复管线四个部分(图1-8)。根据不同的地质条件和车站结构的大小以及基坑深度,明挖法的围护结构可采用地下连续墙、锚杆(索)、钻孔桩加旋喷桩止水、SMW水泥土加型钢等,目前国内地下车站的施工中明挖法仍占最大比重。

图1-8 地铁车站明挖法

1.2.1.2 盖挖法

盖挖法是在地面修筑维持地面交通的临时(或永久)路面系统后,构筑地铁车站的施工方法。盖挖法根据其临时路面系统的构成及修建顺序,可分为盖挖顺作法和盖挖逆作法。

(1)盖挖顺作法

该方法是在地面修筑维持地面交通的临时路面及其支撑后,自上而下开挖土方至坑底设计标高,再自下而上修筑结构的方法。盖挖顺作法的路面系统由钢梁及路面盖板、围护结构组成,其中钢梁及路面盖板为临时结构,车站施工完成后需拆除。当路面盖板根据需要仅铺设一部分时,为半盖挖顺作法。

除了临时路面系统外,盖挖顺作法的作业程序、结构方案与明挖法完全一致。其特点为:

①封闭道路时间比较短暂,而且允许分段实施,一旦路面先期恢复(或盖挖系统完成后),后续施工对地面交通几乎不再产生影响。

②盖挖系统的存在,使得工程造价较高;而且挖土是在顶部封闭(或半封闭的)状态下进行,大型机械应用受到限制,施工工期较明挖法长。

(2)盖挖逆筑法

其作业顺序与明挖法相反,方法是开挖地面修筑结构顶板及其竖向支撑结构后,在顶板的下面自上而下分层开挖土方、分层修筑结构(图1-9)。

盖挖逆筑法的路面系统由车站顶板、中间支承、围护结构组成,一般均为永久结构(图1-9)。

盖挖逆筑法的特点为:

①对周围环境的干扰时间较短,对防止地面沉降及对周围建筑物和地下管线的保护具有良好的效果。

②结构的主要受力构件常兼有临时结构和永久结构的双重功能。

③盖挖逆作法需设置中间竖向临时支承系统,与侧墙共同承受结构封底前的竖向载荷。

④对地下连续墙、中间支承柱与底板、楼盖的连接节点需进行处理。

盖挖法解决了明挖施工长期影响路面交通和暗挖施工风险大、工期长等矛盾,在城市地铁施工中应用较为普遍。目前各大城市的地铁施工均有采用盖挖法施工的实例,仅 2014 年我国地铁在施工中的盖挖车站就有 20 多座。

图 1-9 地铁车站盖挖法

1.2.1.3 暗挖法

暗挖法是在不影响地面交通的情况下,全部在地下进行开挖和衬砌的施工方法。

暗挖法进行地铁车站施工的主要施工方法有交叉中隔壁法(CRD 法)、双侧壁导坑法、洞桩法(PBA 法)、拱盖法等,相应施工方法的选取应结合结构所在地段的工程地质及水文地质条件、城市规划要求、周围既有建筑物、道路交通状况、场地条件、结构埋深、结构形式、工期和土建造价等多种因素综合比较后确定。

侧洞法是修建大跨隧道常用的方法,但由于首先施工的是两个侧洞,且要同步,对地表扰动大,安全性稍差。

中洞法的核心是 CRD 工法,按照小分块、短台阶、快封闭的原则,步步为营,施工安全度高,地面沉降及影响范围与侧洞法相比要小;但中洞法工序转换次数较多,很难限制工序转换中产生的附加位移;而且与侧洞法相同,临时支护、废弃工程量大。

PBA 法的原理就是将明挖框架结构施工方法和暗挖法进行有机结合,即地面不具备施工基坑围护结构条件时,改在地下先行暗挖的导洞内施作围护边桩、桩顶纵梁,使围护桩、桩顶纵梁、顶拱共同构成桩(Pile)、梁(Beam)、拱(Arc)支撑框架体系(PBA),承受施工过程的外部荷载;然后在顶拱和边桩的保护下,逐层向下开挖(必要时设预加力横向支撑),施工内部结构,最终形成由外层边桩及顶拱初期支护和内层二次衬砌组合而成的永久承载体系。各施工方法见表 1-2。

暗挖车站施工方法 表 1-2

工 法	图 示	适 用 条 件
CRD 法		适用于跨度较大、地层差的隧道,但该工法涉及较多的支撑及拆撑工作,施工投入较大。目前暗挖车站的施工中主要为导洞开挖

续上表

工 法	图 示	适 用 条 件
双侧壁导坑法		适用于跨度大、地层差的车站工程,该工法缺点同 CRD 法,施工投入较大。对于地质条件差的暗挖车站仍有较多的应用
中洞法		该工法先施作两个侧导洞后施工中间部分,适用于大跨、地质条件差的暗挖车站的施工,且对于地面沉降控制效果好
侧洞法		该工法先施作中导洞后施工两侧部分,适用于大跨、地质条件差暗挖车站的施工,对于地面沉降控制效果相比于中洞法较差
洞桩法		该工法先施工各个导洞,后扩挖为整个车站。受力明确,不受跨度与层数限制。经济投入较大
拱盖法		该工法适用于"上软下硬"地层的大跨多层地下车站施工,对于特定地层较以上工法施工更为简单,且经济投入较小

1.2.2 地铁隧道修建工法概况

我国最早有文字记载的地下人工建筑物出现在东周初期(约公元前 700 年)。《左传》中记述了一段很有名的"掘地及泉,隧而相见"的历史故事,讲述了郑庄公与母亲相见,掘地出泉的故事。

其他古代文明地区有很多著名的古隧道,如公元前 2189 年—公元前 2160 年,在古巴比伦城和幼发拉底河下修筑的人行隧道是迄今已知最早用于交通的隧道。古代最大的隧道建筑可能是那不勒斯与普佐利之间的婆里西博道路隧道,完成于公元前 36 年,直到现在还在使用。

为免去衬砌,多数古隧道都是修建在坚硬的岩层中。在火药出现之前,开挖隧道的主要手段是用锤、钎等原始工具。后来人们知道利用岩石的物理特性,比如先把岩石烧到灼热状态,然后突然以冷水或醋喷射,使岩石更易于开挖,这便是所谓的"淬火法"(图1-10)。

1866年瑞典人诺贝尔发明黄色炸药达那马特,为开凿坚硬岩石提供了条件。1872年位于瑞士中南部的世界著名隧道之一圣哥达隧道建设中首次使用了炸药(图1-11),与1825年开始第一条使用盾构施工的泰晤士河隧道相比,采用爆破开挖的隧道晚了近50年。

图1-10 汉中市石门以淬火法修建的隧道

图1-11 使用炸药施工的圣哥达隧道

近现代,随着公路隧道、铁路隧道、地铁工程的发展,地铁隧道的修建方法逐渐呈现多样化。

1.2.2.1 钻爆法

钻爆法是一种通过钻孔、装药、爆破开挖岩石的开挖方法。钻爆法是一种传统的施工方法,是人们在长期的施工实践中发展起来的。它是以木或钢构件作为临时支撑,待隧道开挖成型后逐步将临时支撑撤换下来,而代之以整体式厚衬砌作为永久性支护的施工方法。钻爆法是山岭隧道最常用的施工方法,我国的铁路、水路、公路等地下通道以及部分地铁隧道工程绝大多数采用此种方法修筑。钻爆法基本施工程序如图1-12所示。

现代钻爆法的基本原理是隧道开挖后受爆破影响造成岩体破裂形成松弛状态,随时都有可能坍落,基于这种松弛荷载理论依据,其施工方法是按分部顺序采取分割式一块一块地开挖,并要求边挖边撑以求安全,所以支撑复杂,木料耗用多。随着喷锚支护的出现,使分部数目得以减少,进而发展成新奥法。

新奥法是一种充分发挥围岩自承能力及开挖面的空间约束作用,采用以锚杆和喷射混凝土为主要支护手段,及时对围岩进行加固,约束其松弛和变形,并通过监控量测指导施工的隧道施工方法。

沿用新奥法基本原理,王梦恕院士继1984年在军都山隧道黄土段试验成功的基础上又于1986年在具有开拓性、风险性、复杂性的北京复兴门折返线工程中成功总结出浅埋暗挖法基本原理,浅埋暗挖法按初支承担全部基本荷载作为安全储备,初支与二衬共同承担特殊荷载。应用浅埋暗挖法设计、施工时同时采用多种辅助工法改善加固围岩,调动部分围岩的自承能力,并采用不同的开挖方法及时支护封闭成环,使其与围岩共同作用形成联合支护体系,在施工过程中应用监控量测、信息反馈和优化设计实现不塌方、少沉降、安全施工等。目前国内地铁的钻爆法施工均以浅埋暗挖法原理为指导。

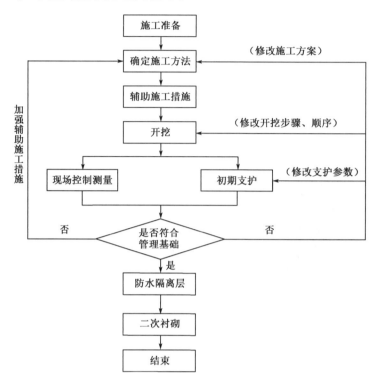

图 1-12 钻爆法施工程序

采用钻爆法施工时,将整个断面分部开挖至设计轮廓,并随之修筑衬砌。当地层松软时,则可采用简便挖掘机具进行,并根据围岩稳定程度,在需要时应边开挖边支护。分部开挖时,断面上最先开挖导坑,再由导坑向断面设计轮廓进行扩大开挖。分部开挖主要是为了减少对围岩的扰动,分部的大小和多少视地质条件、隧道断面尺寸、支护类型而定。在坚实、整体的岩层中,对中、小断面的隧道,可不分部而将全断面一次开挖,如遇松软、破碎地层,须分部开挖,并配合开挖及时设置临时支撑,以防止土石坍塌。基本作业为钻爆与开挖、运输与出渣,支护和衬砌。辅助作业为施工通风与除尘、施工排水与供水、施工供电与照明、压缩空气的供应等。

1)钻爆法施工中遵循的技术原则

(1)因为围岩是隧道的主要承载单元,所以在施工中必须充分保护围岩,应根据地质条件、断面尺寸及施工方法等,采用控制爆破技术。

(2)为了充分发挥围岩的结构作用,应容许围岩有控制的变形。

(3)在施工中必须合理地决定支护结构的类型、支护结构参与工作的时间、各种支护手段的相互配合、底部封闭时间、一次掘进长度等。

(4)在施工中,必须进行实地量测监控,及时提出可靠的数量的量测信息,以指导施工和设计。

(5)在隧道施工过程中,建立设计—施工检验—地质预测—量测反馈—修正的一体化施工管理系统,以不断提高和完善隧道施工技术。

(6)在选择支护手段时,一般应选择能大面积牢固与围岩紧密接触的、能及时施设和应变能力强的支护手段。因此,多采用喷混凝土、锚杆金属网联合使用,有时也要与钢支撑或格栅等配合使用,临时仰拱也是重要的、不容忽视的支护手段。

(7)要特别注意,隧道施工过程是力学状态不断变化的过程,减少分部,也就有可能减少因分部过多而引起的围岩内的应力变化和围岩的松弛。因此,在有可能的条件下,应尽量采用全断面或大断面分部的开挖方法。

(8)使隧道断面在较短时间内闭合,应尽量采用先修筑仰拱(或临时仰拱)或铺底的施工方法。

(9)二次衬砌应采用先墙后拱的施工顺序。

钻爆法按埋深分类可分为一般钻爆法和浅埋钻爆法。一般钻爆法多用在山岭隧道、公路隧道、水工隧道等。埋深较深的地质环境,浅埋钻爆法拱顶埋深小于两倍的洞径,多用于城市地铁隧道、管线共同沟的工程中,它的特点是覆土薄、地质条件差、承载能力小、变形快。隧道附近往往有较重要的建筑物、地下管网、城市道路等,对施工的噪声、沉降等都有严格的要求。

2)钻爆法常用的施工方法

(1)全断面法。

全断面法是按整个设计掘进断面一次向前挖掘推进的施工方法。采用爆破法时,是在工作面的全部垂直面上打眼,然后同时爆破,使整个工作面推进一个进尺。从各种地下工程采用钻爆法的发展趋势看,全断面施工将是优先被考虑的施工方法。

该法主要用于围岩稳定、坚硬、完整、开挖后不需临时支护的Ⅰ~Ⅱ类围岩的隧道以及高度不超过5m、断面不超过30m^{2}中小型断面巷道。但近年来,随着大型施工设备的不断出现、施工机械化程度和施工技术的不断提高,全断面一次施工的隧道越来越多,采用有轨运输、无轨运输和混合运输的施工方法也不断增多。

全断面法的优点是可最大限度地利用洞内作业空间,工作面宽敞,能使用大型高效设备,加快施工进度;断面一次挖成,施工组织与管理比较简单;能较好地发挥深孔爆破的优越性;通风、运输、排水等辅助工作及各种管线铺设工作均较便利。其缺点是大断面隧道施工时要使用笨重而昂贵的钻架;一次投资大;由于使用了大型机具,需要有相应的施工便道、组装场地、检修设备以及能源等;隧道较长、地质情况多变,必须改换其他施工方法时需要较多时间;多台钻机同时工作时的噪声也较大。

(2)台阶法。

台阶法是将隧道断面分成若干(一般为2~3)个分层,各分层在一定距离内呈台阶状同时推进。这种方法的特点是缩小了断面高度,不需笨重的钻孔设备,且后一台阶施工时有两个临空面,使爆破效率更高。按上下台阶的长度,台阶工作面法分为长台阶(一般为5倍于隧道宽度以上)和短台阶(小于2倍的隧道宽度);按台阶布置方式的不同,可分为正(下)台阶和反(上)台阶两种方法。

台阶法的优点是工序少,干扰小,上部钻孔可与装岩同时作业,不需支撑和棚架,必要时可以喷射混凝土或砂浆作为临时支护,采用锚喷作永久支护时更为适宜。该法不仅适用于围岩稳定性较好、开挖后不需或局部仅需临时支护的隧道,在土层隧道中也同样可用。

(3)导坑施工法。

导坑施工法即先以一个或多个小断面导坑超前一定距离开挖,随后逐步扩大开挖至设计断面,并相机进行砌筑的方法。这种方法主要用于地质条件复杂或断面特大的硐室或隧道工程。

导坑法又分为中央下导坑施工法、中央上导坑施工法、上下导坑施工法和侧壁导坑施工法。其中侧壁导坑施工法又分为单侧壁导坑法(中隔壁墙法、CD法、CRD法)、双侧壁导坑法(眼镜法、双眼镜法)和双侧壁导坑先墙后拱法。

双侧壁导坑法所引起的地表沉陷仅为短台阶法的1/2。双侧壁导坑法虽然开挖断面分块多,扰动大,初次支护全断面闭合的时间长,但每个分块都是在开挖后立即各自闭合的,所以在施工中间变形几乎不发展。双侧壁导坑法施工安全,但速度较慢,成本较高。

比较以上三种方法的适用条件,可以得到如下结论:

由于全断面法开挖方式以钻爆为主,所以它基本只适用于坚硬的岩石土层的挖掘,其掘进速度快,支护简易。

台阶法与分部法则适用于土质相对松软的黏土层隧道开挖,故在现实工程中得到了广泛的应用。

分部开挖法对地表沉降速率以及最终沉降值的控制要比台阶法效果好,但其施工步较台阶法多、施工工程的难度较台阶法大。在各种分部开挖方法中,导坑法对地表沉降的控制较台阶分部开挖法和CD法更为有利,其中以双侧导坑法最为稳定;但是这两种导坑开挖法仰拱的沉降要远远大于其他两种开挖法。

3)钻爆法的优缺点

综上,钻爆法施工的主要优点有以下几点:

(1)适用于各种地质条件和地下水条件。

(2)具有适合各种断面形式(单线、双线及多线、车站等)和变化断面(过渡段、多断面等)的高度灵活性。

(3)通过分部开挖和辅助工法,可以有效地控制地表下沉和坍塌。

(4)与盾构法比较,在较短的开挖地段使用较为经济。

(5)与掘进机法比较,对围岩匀质性质无要求。

(6)与明挖法比较,可以极大地减少对地面交通和商业活动的影响,避免大量的拆迁。

钻爆法施工的主要缺点如下:

(1)劳动密集型作业,劳动力成本较高。

(2)施工速度较慢。

(3)作业环境差,安全风险高,施工易对周边环境产生影响。

1.2.2.2 浅埋暗挖法

浅埋暗挖法的技术核心是依据新奥法的基本原理,在施工中采用多种辅助措施加固围岩,充分调动围岩的自承能力,开挖后及时支护、封闭成环,使其与围岩共同作用形成联合支护体系,是一种抑制围岩过大变形的综合施工技术。

浅埋暗挖方法的基本原理是通过对地层的适当加固和处理,合理调动围岩的自承能力,采用短进尺开挖,及时施作初期支护结构并封闭成环,使围岩和初期支护结构形成联合支护体系以共同承担施工阶段荷载,在变形基本稳定以后施作二次模筑衬砌,完成隧道建设。初期支护承担全部基本设计荷载,二次衬砌作为安全储备,由初期支护和二次衬砌共同承担特殊荷载。这种先柔后刚的复合式新型支护结构体系很好地克服了隧道工程中的不可预知性。由于地层条件以及周围环境的复杂多变,应用浅埋暗挖法施作隧道必须对地层、支护材料、周围建构筑物进行施工过程的监测,根据监测信息及时修正设计和施工方法,以确保施工的安全。

根据浅埋暗挖法施工技术数十年的工程经验,该施工技术具有灵活多变、不拆迁、不影响交通、不破坏环境、综合造价较低、隧道支护结构强度高等优点,特别适合中国国情。浅埋暗挖法二十多年的实践是一个不断发展和完善的进步过程,特别是大跨度暗挖技术得到长足发展,使浅埋暗挖法成为一个成熟的技术,得到广泛的应用。

1)浅埋暗挖施工原则

浅埋暗挖施工中应坚持"管超前、严注浆、短进尺、强支护、早封闭、勤量测"十八字方针,这套施工要点准确地概括了浅埋暗挖施工技术。

"管超前"——在工作面开挖前,沿隧道拱部周边按设计打入超前小导管起超前支护作用,开挖后管与管之间的围岩有成拱效应,管棚本身形成很多简支梁对围岩起支撑和抑制围岩变形作用,以便提供一个能完成初期支护的时间。

"严注浆"——在打设超前小导管后注浆加固地层,使松散的砂砾等能胶结起来,以便在开挖后不引起坍塌。在导管超前支护后,立即进行压注水泥或水泥水玻璃浆液,填充砂层孔隙,凝固后将砂砾胶结成为具有一定强度的"结石体",使周围形成一个壳体,增强围岩自稳能力。此外,严注浆还包括初支背后注浆和二衬背后注浆。

"短进尺"——每个开挖循环距离要短,这样才能做到开挖和支护时间尽可能短,且由于嵌制作用和纵向围岩暴露得少,确保了施工完全。

"强支护"——采用格栅钢架和速凝混凝土进行较强的初期支护,以限制地层变形,浅埋暗挖法的网喷支护承载安全系数取得偏大,一般不考虑二次支护承力。

"早封闭"——开挖后初期支护要尽早封闭成环,以便改变受力条件。

"勤量测"——施工量测指地表沉降量测和洞内拱顶下沉与收敛量测。量测是对施工过程中围岩及结构变化情况进行动态跟踪的主要手段,是对围岩和支护结构的变形监测,其信息及时而准确地反馈给设计施工主管部门,以便修改设计或采取特殊的施工措施。

在坚持这十八字方针的同时,浅埋暗挖隧道在设计、施工过程中要特别注意场地工程地质条件和周边环境,使施工方法和施工过程始终与工程地质条件和周边环境相适应。

2)浅埋暗挖法的一般技术要求

(1)控制围岩变形波及地面

变形量不仅包括由于开挖直接引起的围岩的沉降变形,而且包括由于围岩作用引起的支护体系的柔性变形和各阶段施工中基础下沉变位而引起的结构整体位移。为了避免破坏地面建筑物及地层内埋设的线路管网,保护地面自然景观,克服对地上交通的影响,更好地适应周围环境的需要,必须严格控制地中及地表沉陷变形量。

(2)要求刚性支护或进行地层改良

为了抑制地中及地面的变形沉陷,浅埋暗挖法施工时,其支护时间必须尽可能提前,支护的刚度也应适当加大;必须选用适当的开挖方法、支护方式及施工工艺。另外,还应经常采用对前方围岩条件进行改良及超前支护等基本措施。

浅埋暗挖法常采用的辅助工法有注浆技术、搅拌及旋喷加固技术、小导管支护技术、锁脚锚管技术、冻结技术等。

(3) 通过试验段来指导设计和施工

如果工程场地周围环境及隧道所处地段地质非常复杂，在做出结构设计、施工方案、试验及量测计划后，往往需要选取地质条件及结构情况有代表性的一段工程作为试验段，先期开工。施工过程中，对引起的地中及地面沉陷变形、支护结构及围岩应力状态、地面环境受影响程度等情况进行观察、量测、分析和研究。根据试验段施工中所取得数据，还可以用反分析法获得更多更符合实际的围岩力学参数，并在此基础上进行力学分析计算。通过对试验段施工的研究分析，对整体施工方案进行优化设计，对量测数据管理标准进行验证。

浅埋暗挖法施工工法如前述钻爆法施工工法。目前浅埋暗挖法已成为我国地铁隧道暗挖施工乃至山岭隧道施工的主要理论及实践依据。

1.2.2.3 盾构法

盾构法是暗挖法施工中的一种全机械化施工方法。它是将盾构机械在地中推进，通过盾构外壳和管片支承四周围岩防止发生往隧道内的坍塌。同时在开挖面前方用切削装置进行土体开挖，通过出土机械运出洞外，靠千斤顶在后部加压顶进，并拼装预制混凝土管片，形成隧道结构的一种施工方法。

盾构法施工技术自 1806 年由工程师布鲁诺首创，并用于英国伦敦泰晤士河水底隧道，至今已有 200 余年历史。该技术由于无需占用大量隧道沿线的施工场地，对城市的商业、交通、住居等影响很小，很快受到各国的推崇。经过数代技术人员的不懈努力，盾构法隧道施工技术由最初只能在极少数欧美发达国家应用，发展成为目前发展中国家在城市市政建设中逐步应用的施工技术。

20 世纪五六十年代以来，盾构法施工在我国的沿海（上海、广州、深圳、天津）和内陆城市（北京、南京、武汉）逐步得到应用，并在轨道交通、越江公路、能源等领域得到应用。近年来，随着我国市政基础设施建设的全面展开，有效利用和开发地下空间资源，成为各地政府的共识，由此，我国的盾构法隧道施工技术在各类工程实践中得到迅速发展。

盾构类型很多，可按开挖方式、构造类型、盾构的断面形状、盾构前部构造和排水与稳定开挖面方式等进行分类。

按盾构断面形状不同可分为圆形、拱形、矩形、马蹄形四种，圆形因其抵抗地层中的土压力和水压力较好，衬砌拼装简便，可采用通用构件，易于更换，因而应用较广泛；按盾构开挖方式不同分为手工挖掘式、半机械挖掘式和全机械挖掘式三种；按盾构前部构造不同分为敞胸式和闭胸式两种；按排除地下水与稳定开挖面的方式不同分为泥水加压、土压平衡式的无气压盾构，局部气压或全气压盾构等。

盾构法有如下优点：

(1) 安全开挖和衬砌，掘进速度快；
(2) 盾构的推进、出土、拼装衬砌等全过程可实现自动化作业，施工劳动强度低；
(3) 不影响地面交通与设施，同时不影响地下管线等设施；
(4) 穿越河道时不影响航运，施工中不受季节、风雨等气候条件影响，施工中没有噪声和扰动；
(5) 在松软含水地层中修建埋深较大的长隧道往往具有技术和经济方面的优越性。

盾构法已广泛应用于软土、砂卵石地层地铁隧道的施工。随着技术改进，在广州、深圳等上软下硬地层施工中以及短距离岩石隧道（岩石单轴抗压强度强度可达 30~60MPa）施工中也得到有效利用。

1.2.2.4 掘进机法(TBM)

TBM(Tunnel Boring Machine)——全断面隧道掘进机,掘进、支护、出渣等施工工序并行连续作业,是机、电、液、光、气等系统集成的工厂化流水线隧道施工装备,具有掘进速度快、利于环保、综合效益高等优点,可实现传统钻爆法难以实现的复杂地理地貌深埋长隧洞的施工,在中国水利、水电、交通、矿山、市政等隧道工程中应用正在迅猛增长。

硬岩TBM是利用旋转刀盘上的滚刀挤压剪切破岩,通过旋转刀盘上的铲斗齿拾起石渣,落入主机皮带机上向后输送,再通过牵引矿渣车或隧洞连续皮带机运渣到洞外。

欧美将全断面隧道掘进机统称为TBM,日本则一般统称为盾构机,细分可称为硬岩隧道掘进机和软地层隧道掘进机。中国则一般习惯将硬岩隧道掘进机称为TBM,将软地层掘进机称为盾构机。

硬岩TBM适用于山岭隧道硬岩掘进,相比传统的钻爆法,有如下优缺点:

(1)快速:掘进速度约为钻爆法的4~6倍;
(2)优质:开挖后的洞壁光滑,超挖量小;
(3)高效:节约衬砌、人工劳动,缩短工期;
(4)安全:无爆破作业,安全性加大;
(5)环保:尘土、气体、噪声污染,对地表影响等均很小;
(6)缺点为地层适应性较差,不适宜中短距离的隧道施工;断面适应性较差,对于变断面施工的应用受到制约;TBM结构复杂,对材料、零部件的耐久性要求高,制造价格高。

因TBM独特的优点及其对于硬岩掘进的适用性,目前国内主要有重庆、青岛等城市已在地铁隧道施工中大量采用TBM作业。

目前中国地下工程的修建技术已处于国际领先水平:

(1)浅埋暗挖法理念的广泛应用:浅埋暗挖法起源于1986年北京地铁复兴门折返线工程,是中国人自己创造的适合中国国情的一种隧道修建方法。该法是在借鉴新奥法的某些理论基础上,针对中国的具体工程条件开发出来的一整套完善的地铁隧道修建理论和操作方法。与新奥法的不同之处在于,它是适合于城市地区松散土介质围岩条件下,隧道埋深小于或等于隧道直径,以很小的地表沉降修筑隧道的技术方法。它的突出优势在于不影响城市交通,无污染、无噪声,而且适合于各种尺寸与断面形式的隧道洞室。利用浅埋暗挖法理念在北京、天津等城市实现了埋深仅为3m的暗挖隧道施工。

(2)盾构开挖研究与利用:随着盾构法研究的深入、工程应用的增多,盾构法施工技术以及盾构机修造配套技术也得到了发展提高:上海地铁隧道基本全部采用盾构法修建,除区间单圆盾构外,目前正在使用双圆盾构一次施工两条平行的区间隧道,此外还试验采用了方形断面盾构修建地下通道;采用直径11.2m的泥水盾构建成了大连路越江道路隧道,这也是目前我国最大直径的盾构机。广州地铁采用具有土压平衡、气压平衡和半土压平衡模式的新型复合式盾构机成功应用于既有软土、又有坚硬岩石以及断裂破碎带的复杂地层的地铁区间隧道修筑,大大拓展了盾构法的应用范围。深圳、南京、北京、天津等城市虽然地质、水文条件各不相同,但采用盾构法修建区间隧道均取得了成功。

我国盾构掘进速度最高已达到月进400m以上,平均进度一般为月进160~200m,最高平均进度可达月进240m。地表沉降可控制在-30~10mm以内,可以在距既有建、构筑物不足1m的距离安全掘进隧道,既有建、构筑物的变形量可控制在2~5mm以下;隧道轴线误差可控制在30~50mm以内。

(3)新的开挖工法及工艺的探索:除以上科技进步外,随着地质条件的变化及工程需要,我国工程人员也在逐渐探索新的施工工工艺及工法,如港珠澳跨海工程拱北隧道的曲线管幕冻结法及沉管隧道的施工、青岛地铁的上软下硬地层中拱盖法的应用及改良等。

1.3 国内主要城市的地质特点

1.3.1 国内主要城市地质特点

每个城市的地铁施工都因其自身地质条件有其独特特点,以下对其中具有代表性的城市进行简要介绍。

1.3.1.1 北京市

北京市第四纪地层对隧道建设影响最大,其地层在平原区主要是冲积、洪积物,由于河流的频繁改道形成多级冲洪积扇地,使地质条件较为复杂。总的趋势,沉积地层厚度由西向东逐渐增大,岩相分布由山地向平原具有明显的过渡特征。西部各大河流冲积扇顶部以厚层砂土和卵石、砾石为主;向东的大部分范围过渡地层是黏性土、粉土与砂土、卵石、砾石土互层;再向东则以厚层黏性土、粉土为主。总之,北京地区的地层包括三种典型土层:砾石/卵石地层、砂土地层和粉土/黏土地层。地铁工程均修建在此三种典型地层或由此形成的混合地层中(表1-3),因此成名于北京地铁的浅埋暗挖法以及盾构法被广泛应用于北京地铁施工中。

北京地铁某线代表性地层力学指标(以下数据为平均值)　　表1-3

层号	岩层名称	天然密度 (g/cm³)	黏聚力 (kPa)	内摩擦角 (°)	压缩模量 (MPa)	单轴抗压强度 (MPa)	深度 (m)
①	填土	1.82	19.75	14.01	6.80	—	0~2.3
②	粉土	1.97	18.27	18.20	6.47	—	2.3~4.5
②$_3$	粉细砂	1.94	—	25.53	17.60	—	4.5~7
③	粉土、粉质黏土	1.99	25.41	23.49	9.01	—	7~11.2
③$_3$	粉细砂	2.02	40	27.81	20.41	—	11.2~15.3
④	黏土、粉质黏土	1.99	32.66	16.97	8.58	—	15.3~18.6
④$_1$	粉土	2.03	22.98	26.78	14.41	—	18.6~21.5
④$_3$	粉细砂	2.04	18.5	29.24	24.60	—	21.5~23.8
④$_4$	中粗砂	2.08	—	33.43	32.88	—	23.8~26.9
⑤	卵石、圆砾	2.15	—	42.08	56.89	—	26.9~29.8

1.3.1.2 天津市

天津市位于新华夏第二沉降带华北平原东北部和阴山纬向构造带相邻地带,基底断裂构造比较发育,具多期活动性,晚更新世以来已趋于稳定,局部尚具活动迹象,上覆巨厚的第四系、第三系松散堆积层。

受海河、渤海等影响,地层以冲积、洪积地层及海相沉积层为主,地铁隧道施工所涉及的主要土质为粉质黏土、粉土、淤泥质土、粉细沙等(表1-4),因此在这些地层中盾构法的适应性更佳。

天津地铁某线代表性地层力学指标(以下数据为平均值)　　　　表1-4

层号	岩层名称	天然密度 (g/cm^3)	黏聚力 (kPa)	内摩擦角 (°)	压缩模量 (MPa)	单轴抗压强度 (MPa)	深度 (m)
①	填土	1.81	18.23	15.11	6.90	—	0~2.9
②	粉土	1.98	19.99	17.23	6.60	—	2.9~4.3
④$_1$	粉质黏土	1.97	18.00	20.90	4.87	—	4.3~5.3
④$_2$	粉土	1.95	10.20	24.70	9.11	—	5.3~8.8
⑥$_1$	粉质黏土	1.93	15.00	24.80	7.12	—	8.8~12.5
⑥$_3$	粉土	1.92	9.00	26.90	12.32	—	12.5~18.6
⑦	粉质黏土	1.99	12.60	22.80	4.76	—	18.6~22.1
⑧$_1$	粉质黏土	2.02	13.50	19.80	5.87	—	22.1~25.2
⑧$_{11}$	黏土	1.95	20.00	18.90	5.11	—	25.2~28.3
⑨$_1$	粉质黏土	2.04	12.60	23.20	5.9	—	28.3~33.1

1.3.1.3 长三角地区

长三角地区最大特点为受长江流域冲积影响,加之水系发育、湖泊较多、部分地区受海相影响,因此该地区如上海、杭州、苏州、南京、宁波等地的地质条件以软土地层为主,受江、河、湖、海等影响,地铁建设穿过的土层以砂质粉土、砂土、淤泥质黏土为主(表1-5)。软土地区地铁隧道施工以盾构法最为有利。

上海地铁某线代表性地层力学指标(以下数据为平均值)　　　　表1-5

层号	岩层名称	天然密度 (g/cm^3)	黏聚力 (kPa)	内摩擦角 (°)	压缩模量 (MPa)	单轴抗压强度 (MPa)	深度 (m)
①$_1$	填土	1.86	19.22	15.86	5.50	—	0~0.8
②$_1$	粉质黏土	1.97	24.30	16.50	5.48	—	0.8~2.9
②$_3$	砂质粉土	1.98	10.42	20.22	7.14	—	2.9~7.5
③$_1$	淤泥质粉质黏土	1.92	15.00	14.00	3.98	—	7.5~8.6
③$_2$	砂质粉土	1.96	11.52	22.81	6.55	—	8.6~9.9
③$_3$	淤泥质粉质黏土	1.93	14.00	10.50	2.87	—	9.9~13.2
④	淤泥质黏土	1.92	13.35	14.22	3.12	—	13.2~22.8
⑤$_{11}$	黏土	1.92	12.00	10.00	2.57	—	22.8~26.3
⑤$_{12}$	粉质黏土夹粉砂	1.98	6.00	26.00	2.95	—	26.3~30.5

1.3.1.4 广州市

广州地铁地质条件复杂,地铁线网经过的地段在地貌上包括珠江三角洲冲积平原区、台地丘陵区(花岗岩或混合岩)和石灰岩岩溶盆地;岩性上表现为第四纪覆盖层分布不均匀,有厚层软土、淤泥质砂层、松散砂层、残积粉土层等工程性质不良地层;下伏基岩有白垩纪和第三纪风化不均而局部夹软弱层的红层砂岩、泥岩,二叠纪、石炭纪的灰岩溶洞发育并富含裂隙水,以及局部侵入的花岗岩体或者不同程度变质的混合花岗岩。

受复杂地质影响,广州地铁隧道穿越的地层多样,既有软土地层又有硬岩地层、砂卵石地层,同时部分线路还受岩溶、孤石等影响(表1-6),因此广州地铁隧道多采用盾构机(复合式盾构居多)、钻爆法等进行施工。

广州地铁某线代表性地层力学指标(表中数据为平均值)　　表1-6

层号	岩层名称	天然密度 (g/cm³)	黏聚力 (kPa)	内摩擦角 (°)	压缩模量 (MPa)	单轴抗压强度 (MPa)	深度 (m)
①	填土	1.86	10	15	4.0	—	0~2.5
③$_1$	粉细砂	1.90	—	30	—	—	2.5~3.6
③$_2$	中粗砂	1.95	—	32	—	—	3.6~6.9
④$_2$	淤泥	1.56	10	5	1.8	—	6.9~9.2
⑤$_1$	粉质黏土	1.93	20	19	6.0	—	9.2~16.7
⑥	全风化碎屑	1.99	28	22	8.0	—	16.7~19.5
⑦$_1$	强风化砾岩	1.95	33	25	8.0	—	19.5~25.6
⑧$_1$	中风化砾岩	2.50	200	30	—	12	25.6~32.8
⑨$_1$	微风化砾岩	2.63	500	35	—	32	32.8~36.2

1.3.1.5 成都市

成都市地铁隧道基本穿越第四系地层,其中大部分为第四系上更新统冰水沉积、冲积层及中更新统冰水沉积、冲积层卵石土夹砂透镜体。因此成都地铁隧道的典型特征为穿过砂卵石、高富水地层(表1-7),经论证地铁隧道大部分采用盾构法施工,仅部分大断面地段采用暗挖法。

成都地铁某线代表性地层力学指标(表中数据为平均值)　　表1-7

层号	岩层名称	天然密度 (g/cm³)	黏聚力 (kPa)	内摩擦角 (°)	压缩模量 (MPa)	单轴抗压强度 (MPa)	深度 (m)
①	填土	1.9	20.2	15	5	—	0~1.8
②$_3$	粉质黏土	2.0	30	20	7	—	1.8~2.7
②$_4$	粉土	1.95	20	10	4	—	2.7~5.9
②$_5$	粉砂	1.75	—	15	5	—	5.9~7.8
②$_6$	中砂	1.85	—	25	15	—	7.8~12.6
②$_{81}$	卵石土(松散)	1.9	30	25	—	—	12.6~16.4
②$_{82}$	卵石土(稍密)	2.0	35	30	—	—	16.4~21.8
②$_{83}$	卵石土(中密)	2.1	38	36	—	—	21.8~25.4
②$_{84}$	卵石土(密实)	2.2	40	49	—	—	25.4~29.5
③$_{84}$	卵石土(密实)	2.25	45	55	—	—	29.5~38.1

1.3.2 青岛地区地铁施工特点概况

青岛地形东高西低,中间凹陷,地貌类型为侵蚀剥蚀低山、丘陵、平原,主体为胶莱平原,平均海拔 50m 左右,南北为低山丘陵区,海拔 200~500m。胶州湾是山东半岛东南沿海一个深入内陆的半封闭海湾,东西宽 27.8km,南北长 33.3km,岸线长 210km,平均水深 7m 左右,最大水深 65m。湾口朝向东南,通过一条宽约 3km、深 30~40m 的深水槽与黄海相通。水系为外流水系,发源于北部、东北部的低山丘陵区,向南汇入黄海,分为大沽河、北胶莱河及沿海诸河流三大水系。断裂构造主要为近东西向、北东走向,构成沂沭断裂右侧人字形构造。五莲—青岛断裂、牟平—即墨断裂位于中朝陆块与中央造山带边界,是控制青岛市构造格架的主干断裂。

青岛地区海岸长、河流水系较多,所有河流流量明显受降水控制,季节性变化明显。地下水情况方面,青岛地区裂隙水主要有松散岩类孔隙水、碎屑岩类空隙裂隙水、基岩裂隙水,补给来源主要为大气降水及河流、滨海地表水、地下水侧向补给及部分近海地区的海水补给。地下水总体流向与地形坡向基本一致。地下水位随季节变幅为 1.5~2.0m。在临海地段,地下水因潮汐影响,地下水位随涨潮、落潮具同相的有规律的变化。

根据地质勘察显示,青岛市具有典型的土岩二元复合地层结构。总体来说,是在强、中、微风化程度的花岗岩岩基上覆盖有不同厚度的第四系土层。第四系覆盖土层厚度为 0~20m,车站及区间穿越各种风化岩及土层,纵向很不均匀,整体呈"上软下硬"的特点。

综合以上青岛地区地质状况,青岛地铁隧道工程主要有以下特点:
1)地层的"上软下硬"

"上软下硬"地层是青岛地铁隧道工程的代表性特点(图 1-13)。以青岛地铁 13 号线工程为例,全线单洞隧道共穿过风化槽段 68 处,加之隧道进出站等地段,共穿过"上软下硬"地层 82 处。"上软下硬"地层给隧道钻爆施工带来较大的难度(表 1-8、表 1-9),主要体现在:

(1)隧道拱顶围岩失稳风险:拱顶围岩软弱,主要有淤泥质土、强风化岩层、砂层等地层,处理不当极易造成坍塌。

(2)隧道下部岩体爆破施工的影响:虽然隧道拱顶围岩软弱,甚至仅能机械或人工开挖,隧道下部岩体强度较高,需采用钻爆法施工,爆破振动对拱顶围岩有一定程度的扰动。

青岛地铁典型上软下硬段力学指标 1(表中数据为平均值)　　　　表 1-8

层号	岩层名称	天然密度 (g/cm³)	黏聚力 (kPa)	内摩擦角 (°)	压缩模量 (MPa)	单轴抗压强度 (MPa)	深度 (m)
①	填土	1.75	20	15	5.4	—	0~2.5
④	含淤泥中粗砂	1.85	—	—	6.3	—	2.5~4.8
⑥	淤泥质粉质黏土	1.91	14.4	5.3	4.3	—	4.8~8.2
⑯₃	强风化花岗斑岩	2.30	—	45	10.1	—	8.2~16.3
⑰₃	中风化花岗斑岩	2.60	—	55	—	32.77	16.3~23.5
⑱₃	微风化花岗斑岩	2.65	—	65	—	68.32	23.5~35.9

青岛地铁典型上软下硬段力学指标2（表中数据为平均值）　　表1-9

层号	岩层名称	天然密度（g/cm³）	黏聚力（kPa）	内摩擦角（°）	压缩模量（MPa）	单轴抗压强度（MPa）	深度（m）
①	填土	1.75	20	15	5.4	—	0～3.1
④	含淤泥中粗砂	1.85	—	—	6.3	—	3.1～5.8
⑫	粉质黏土夹粉砂	1.93	5.8	12.6	6.5	—	5.8～9.6
⑯₂	强风化花岗岩	2.50	—	50	31.1	—	9.6～17.7
⑰₂	中风化花岗岩	2.60	—	55	—	38.66～61.3	17.7～26.0
⑱₂	微风化花岗岩	2.65	—	65	—	82.54～189.5	26.0～36.9

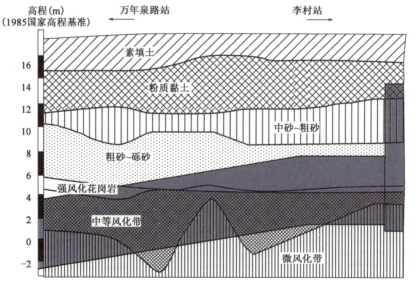

图1-13　典型上软下硬地层

2）部分海相地层

因临近海域，部分地铁线路施工环境表现为海相条件，青岛地铁13号线有大部分隧道裂隙水中氯离子含量较高，最高者可达13000mg/L。海相条件对隧道施工中的二次衬砌耐久性、机械养护等方面都是较大的挑战。

3）部分填海地层、围岩条件变化突然

青岛地区部分近海地区为"填海扩地"工程,地质条件尤为复杂。因近海地区岩层受海水侵蚀等长期地质作用影响,裂隙发育、岩变线起伏频繁且无规律可循(图1-14),地勘钻孔也不易揭示此类地层特性,地铁隧道施工下穿相应区域时施工难度较大。

图1-14　隧道内裂隙水

青岛地铁13号线井冈山路站~嘉年华站区间全区间均下穿填海区域,该区间部分地段围岩变化突然,有时甚至出现"每炮一变"的情况,围岩由Ⅲ级围岩突变为Ⅴ级,无任何过渡迹象。在此类围岩施工中,只宜采取超前钻探等手段进行预报并频繁变换施工及支护方法,施工效率较低。

4）局部岩层埋深浅及施工对环境影响控制成为课题

如前所述,青岛地区第四系土层厚度为0~20m,岩层厚度变化较大。部分地区岩层埋深较浅,此类地层对于隧道自身稳定意义重大。同时由于岩层较浅尤其是微风化岩层埋深浅,隧道施工中控制爆破振动对周边建筑物及管线的影响十分重要。

本书以青岛地铁典型的地质条件为依托,从硬岩隧道、车站的施工、不良地质的堵水及加固、绿色施工等角度对青岛地铁施工的典型技术进行介绍。

第2章 硬岩地层钻爆法隧道施工技术

2.1 硬岩地层钻爆法隧道设计与施工方法

2.1.1 硬岩地层隧道主要设计原则

硬岩地层城市地铁区间隧道设计需要结合地质情况进行综合分析,区间隧道不仅要满足功能要求,还要考虑施工效率、经济效益、社会影响等诸多方面。主要设计原则如下:

(1)地下区间结构设计应以"结构为功能服务"为原则,满足城市规划、行车运营、环境保护、抗震、防护、防水、防火、防腐蚀及施工等对结构的要求,同时做到结构安全、技术先进、经济合理。

(2)结构的净空尺寸应满足地下铁道建筑限界及各种设备使用功能的要求、施工工艺的要求,并考虑施工误差、结构变形和位移等因素给出必要的富裕量。

(3)结构设计应根据施工方法、结构或构件类型、使用环境条件及荷载特性等,选用与其特点相适应的结构设计规范和设计方法,结合工程监测进行信息化设计。

(4)结构在施工及使用期间应具有足够的强度、刚度、稳定性及耐久性。应按施工阶段和正常使用阶段进行结构强度、刚度和稳定性计算。对于钢筋混凝土结构,应进行裂缝宽度验算。

(5)区间的防排水方式和衬砌结构型式应根据围岩条件、地下水情况、径流条件以及地貌地形特点等确定。

(6)隧道防水及排水:遵循"防、排、截、堵相结合、因地制宜、综合治理"的原则,以混凝土结构自防水为主体,三缝防水为重点,建立完整的排水网络系统,达到"防水可靠,排水通畅,经济合理"的目的。当环境对地下水保护有严格要求时,采取"以堵为主,限量排放"的防排水措施。

2.1.2 区间隧道施工工法的选择

区间隧道是连接车站的地下建筑物,其结构形式一般由所采用的施工方法及功能需要而定。施工方法对结构型式的确定和地铁土建工程造价有决定性影响。施工方法的选定,一方面受沿线工程地质和水文地质条件、环境条件(地面建筑物和地下构筑物的现状、道路宽度、交通状况等)、线路平面位置、隧道埋置深度及开挖宽度等多种因素的制约,同时也会对施工期间的地面交通和城市居民的正常生活、工程的难易程度、工期、造价、地下空间的开发利用、运营效果等产生直接的影响。因此施工工法的确定,必须因地制宜、统筹兼顾,选择的工法应技术可靠、水平先进、经济合理。根据国内外及青岛市1、2、3、13号线修建地铁的经验和具体情况,地下区间隧道主要的施工工法有明挖法、暗挖法(又分TBM法、盾构法、钻爆法)。

1)明挖法

明挖法施工工艺成熟,方法技术简单、可靠,施工风险小,容易控制;工程进度快,根据需要可以分段同时作业;浅埋时造价及运营费用低;对地质条件要求不高;防水处理容易。但施工对城市地面交通和居民的正常生活有一定影响,在施工期间对周边环境有一定的破坏;在明挖影响范围的地下管线需拆迁;需较大的施工场地。一般适用于场地较开阔或空旷地带,地面建筑物及地下管线较少,地面交通量小,有条件进行交通疏解,或结合市政工程的建设需进行明挖施工的地带。对于跨度大、结构形式复杂、埋深浅、地质条件差且地面环境允许,有施工场地的区间段,应优先考虑使用。以减少施工的风险和减少降低工程造价。

2)钻爆法

钻爆法适用于结构埋置较深、处于具有一定自稳能力岩层中的隧道的开挖,尤其适用深埋于坚硬或较坚硬的岩体中的隧道的开挖,因开挖时需要爆破,在硬岩地层施工时也称钻爆法。其基本工序为:钻孔、装药、放炮散烟、出渣、初期支护、二次衬砌。对小断面区间隧道可采用全断面开挖;对断面较大的可采用上下台阶分部开挖;当地质条件复杂,工程断面大时,可采用导洞分步开挖施工法,即先掘进一定深度的小断面巷道,然后开帮挑顶,再采用光面爆破,将断面扩大至设计断面。

青岛市特殊的地质状况——基岩埋深浅且强度高,为地下工程采用钻爆法施工创造了很好的条件。相对于其他城市而言,在青岛采用钻爆法施工难度小,造价相对低,且不干扰交通,较为理想施工方法。其缺点是工作面相对较窄,钻爆对周围环境有一定不利影响。

地铁区间隧道采用钻爆法施工,是近年来为适应城市浅埋隧道的需要而发展起来的一种施工方法。目前在我国地铁区间隧道建设中已广泛采用。钻爆法施工工艺简单、灵活,并可根据施工监控量测的信息反馈来验证或修改设计参数和调整施工工艺,以达到安全与经济的目的。

钻爆法除在施工竖井或洞口位置需占有一定的施工场地外,对地面交通、管线等干扰较少;对不同的地质情况及周边环境采用不同的工程措施及施工方法,针对性强;对软硬不均地层,可以采用不同的开挖方式进行处理,处理方便容易;对地质条件较好的地段,工程造价省。钻爆法具有适用于各种地质条件及各种断面形式的高度灵活性,与盾构法相比较不需采用大型机械和设备,可直接在隧道开挖工作面切割钢筋混凝土基础桩等特点,且在较短的区间隧道使用也较经济。目前,该工法在我国地铁区间、车站隧道建设中已广泛采用。

钻爆法也有自身的弱点:在施工中容易引起地下水流失,从而引起地面沉降,在重要管线和房屋周边需采取切实可行的保护措施;在施工中处理不当,容易引起地面坍塌,从而造成对周边环境的影响和引发施工事故。跨度大时,需分多步进行开挖施工,工序之间干扰大,施工组织麻烦,施工中存在一定的风险。

采用钻爆法施工时,一般均采用马蹄形断面(图2-1、图2-2)。隧道衬砌由初期支护、二次衬砌和夹层防水层构成复合式衬砌。初期支护由喷射混凝土及格栅钢架构成,二次衬砌采用防水钢筋混凝土。

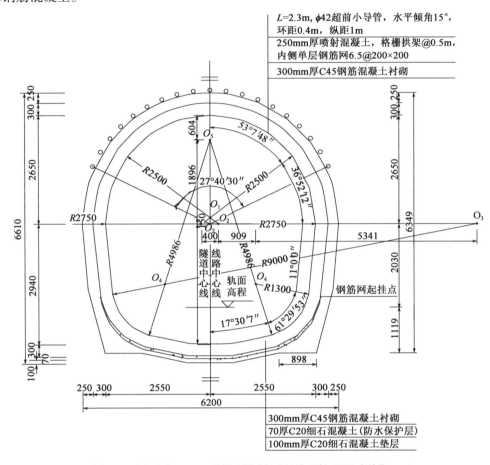

图 2-1 列车时速 80km/h 钻爆法隧道标准马蹄形断面(尺寸单位:mm)

当区间隧道埋置深度较浅,穿越松散不稳定的土层和破碎岩层时,由于围岩条件较差,采用暗挖法施工应强调地层的预支护和预加固,并且要尽量减小开挖面,以保证洞室的稳定。此时支护衬砌的结构刚度比较大,初期支护允许变形量较小。当隧道通过浅埋土体时,可利用小导管超前注浆,固结拱部土层,形成具有一定支撑能力的土拱结构,为开挖、支护提供安全、稳定的地下开挖条件;当隧道通过浅埋硬质完整性较差岩体时,可超前斜插中、小预应力锚杆,使拱部形成具有相当自承能力的岩体锚杆拱结构,为下半台阶开挖、支护提供安全、稳定的条件。当区间隧道处于强风化或粗砂层中,可结合降水(或外围止水帷幕后内部降水)采用钻爆法施工。

3)TBM 法

全断面隧道掘进机(TBM)一般用于岩石地层,是在盾壳的保护下,依靠其前部的刀盘破碎、开挖岩层,利用撑靴撑在岩壁上或靠千斤顶推进时的反作用力向前掘进,一般不需土压、泥水压等维护掌子面。TBM 是一种集掘进、出渣、导向、支护和通风防尘等多功能为一体的大型高效隧道施工机械。

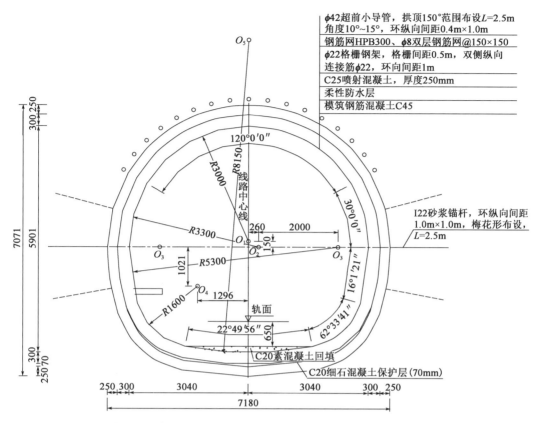

图 2-2 列车时速 120km/h 钻爆法隧道标准马蹄形断面(尺寸单位:mm)

（1）TBM 法的优点为：

①掘进效率高。掘进机开挖时,可以实现连续作业,从而可以实现破岩、出渣、支护一条龙作业。

②掘进机开挖施工质量好,且超挖量少。掘进机开挖的隧道内壁光滑,不存在凹凸现象,从而可以减少支护工程量,降低工程费用。

③对岩石的扰动小。掘进机开挖施工可以大大改善开挖面的施工条件,而且周围岩层稳定性较好,从而保证了施工人员的健康和安全。

④施工安全,近期的 TBM 可在防护棚内进行刀具的更换,密闭式操控室和高性能使安全性和作业环境有了较大的改善。

（2）TBM 法的缺点为：

①掘进机对多变的地质条件(断层、破碎带、挤压带、涌水及坚硬岩石等)的适应性差。

②由于掘进机结构复杂,对材料、零部件的耐久性要求高,故其设备价格较高。在施工前需要花大量资金购买部件和制造机器,致使工程建设投资高,不适用于短隧道。

③施工中不能改变开挖直径及形状,在应用上受到一定的制约。

④对车站有始发、接收、调头和过站的要求,增加车站土建造价,工期相互制约。

从以上的描述中可以看出,TBM 法最大特点是机械化程度高,施工速度快。在相同的条件下,其掘进速度为常规钻爆法的 2.5～4 倍。此外,还具有振动小、噪声低、作业安全可靠,对沿线居民生活、地下地面构筑物或建筑物影响小等优点。根据一般经验,当隧道的连贯长度大于6km,或隧道的长径比大于600时,较适宜采用TBM法施工。

4)盾构法

盾构法是暗挖法施工中的一种全机械化施工方法,它是将盾构机械在地层中推进,通过盾构外壳和管片支承四周围岩防止发生向隧道内的坍塌,同时在开挖面前方用切削装置进行土体开挖,通过出土机械运出洞外,靠千斤顶在后部加压顶进,并拼装预制混凝土管片,形成隧道结构的一种机械化施工方法。

(1)盾构法的优点为:

①安全开挖和衬砌,掘进速度快;

②盾构的推进、出土、拼装衬砌等全过程可实现自动化作业,施工劳动强度低;

③不影响地面交通与设施,同时不影响地下管线等设施;

④穿越河道时不影响航运,施工中不受季节、风雨等气候条件影响,施工中没有噪声和扰动;

⑤在松软含水地层中修建埋深较大的长隧道往往具有技术和经济方面的优越性。

(2)盾构法的缺点为:

①断面尺寸多变的区段适应能力差,不适宜在硬岩地层中长距离掘进;

②新型盾构购置费昂贵,对施工区段短的工程不太经济。

综上,各种工法比选见表2-1。

地铁区间隧道工法比选表　　　　　　表2-1

施工方法	优　点	缺　点
明挖法	施工工艺成熟,方法技术简单、可靠,施工风险小,容易控制;工程进度快,浅埋时造价及运营费用低;对地质条件要求不高	施工对城市交通和居民正常生活影响大,对周边环境有一定的破坏;地下管线拆迁量大;施工场地占用面积大
TBM	流水线式作业,掘进效率高,施工质量高,施工安全性高,对围岩扰动小,工序间影响小	地层适应性差,掘进机价格高,设备采购周期长,不能改变隧道开挖形状,对车站要求高,增加车站投资,不适应软弱地层
钻爆法	适应性好,施工灵活性高,造价低,可改变隧道开挖形状	隧道施工对周围环境影响较大,工序之间影响较大
盾构法	安全开挖和衬砌,掘进速度快,施工劳动强度低,地层适用性强,在松软含水地层中修建埋深较大的长隧道往往具有技术和经济方面的优越性	断面尺寸多变的区段适应能力差,不适应长距离掘进30MPa以上硬岩

2.2　竖井、斜井的设计与施工

2.2.1　竖斜井选址

地铁隧道采用钻爆法施工时,需要根据区间长度、总工期安排、设计条件等进行合理的设置。竖斜井因其进出隧道方式的不同各有优缺点,所以在进行选择的时候需要综合考虑,根据

表 2-2,结合青岛地铁 13 号线竖斜井的设置情况,对竖斜井优缺点进行分析。

竖斜井的优缺点分析表　　表 2-2

内容	竖井	斜井	备注
占地情况	占地少	占地多	
造价	低	高	是指竖斜井本身造价
施工工期	短	长	
出渣方式	起重机垂直提升	车辆运输	
正线作业效率	低	高	

通过上述竖斜井优缺点分析,设置斜井对正线施工较为有利,但在选址时还要结合多个方面因素综合考虑。

(1) 设计条件

当设计在区间设置永久联络通道时,优先设置竖斜井的位置;当设计在区间设置永久风井时,可优先设置竖井,作为施工期的施工通道。

(2) 总工期要求

斜井井身施工时,在相同的地质条件下,施工工期一般比竖井长 2~3 个月,所以在设置斜井时需要考虑其负责的正线区间长度,根据青岛地铁竖斜井工效,每月单线进尺统计如表 2-3 所示。

每月单线进尺统计表　　表 2-3

围岩情况	竖井月进尺(m)	斜井月进尺(m)	备注
Ⅱ、Ⅲ级围岩	60	90	
Ⅳ级围岩	40	50	
Ⅴ级围岩	30	40	
Ⅵ级围岩	25	30	

可以参考表 2-3 对工期进行统筹考虑。

(3) 占地情况

地铁施工一般靠近市区繁华地段,临时用地比较紧张,根据青岛地铁竖斜井占地情况,竖井占地面积一般在 1000~2000m²,斜井占地面积一般在 3000~5000m²,所以在设置竖斜井时还需要考虑占地的可能性。选址应优先考虑空地,尽量避开市政公共用地,对周围道路、建筑及管线调查清楚,并在平面布置图中标明对应位置。

2.2.2　竖、斜井临时设施及平面布置

竖、斜井施工现场平面布置要符合紧凑合理、安全文明、节约方便的原则,在保证施工需求的前提下尽量减少用地面积,并遵循以下原则:

①不应占路修建生活、办公用房。
②不应迁绿修建生活、办公用房。
③不应占压燃气、输油管线修建生产、生活设施。
④施工单位应根据场地用途、需求情况合理配置房屋及生产场区,并满足作业区、办公区、

生活区隔开设置要求。

⑤场内应设置排水沟及集水井,保持排水畅通,地面无积水,以满足场内排水要求。

1)竖井平面布置要点

竖井在进行平面设计时需要统筹考虑竖井所负责区间的施工内容和作业效率,为正线开挖作业提供保障,场地内需布置供风、供电、供水等必需设施,另外需要设置拌和站、临时存渣场等设施,主要临时设施布置要点如下:

(1)现场拌和站:硬岩地层钻爆法施工初支喷射混凝土一般在现场拌制,所以现场需设置小型拌和站,在场地规划时需重点对现场拌和站选型进行考虑。根据青岛地区相关经验,现场拌和站一般配置HZS50~HZS75半自动或全自动强制式搅拌机,搅拌机应配备自动计量装置,并对拌和站进行封闭,以满足降尘及冬季施工需要。

(2)砂石料存放区:主要存放初支喷射混凝土用砂石料,因城市地铁地材运输的特殊性,现场正常施工时需要至少存放1天所需原材料,另根据先检后用的原则,需设置砂石临时存放场地,当场内不具备条件时,可在场地外另外设置。根据区间正线施工4个掌子面每天两个循环的施工效率计算,每天需要喷浆料 $50m^3$,每天需要碎石和砂各约 $35m^3$,考虑供货及时性等各种不利因素,砂石存储量各不宜小于 $70m^3$。

(3)集水池及沉淀池:在城市进行地铁建设,暗挖施工时地下渗漏水排放是现场施工的关键环节。首先隧道内渗漏水及多余施工用水需要及时排出,从而确保洞内施工安全及文明施工,另一方面,在城市内进行施工,隧道内排出的水需要排入市政管网,所以在设置沉淀池和集水池前需仔细研读施工区域地勘报告,了解地下水情况。根据青岛地区滨海地质硬岩隧道施工经验,因地下水供给丰富,每个竖井或斜井在施工高峰期平均每天排水量在 $2000\sim4000m^3$,在地下水较丰富地段每天排水量达 $5000\sim8000m^3$,而在大连地区隧道施工时某个竖井每日排水量甚至可达 $20000m^3$ 以上。为防止市政管道淤积,需要对隧道内排出的水进行多级沉淀,沉淀池设置时至少要经过三级沉淀,沉淀池的容积需要根据出水量在竖斜井平面布置时统筹考虑。

(4)箱变和发电机房:外接电源是确保施工正常进行的保障,城市内施工外电源接入现场方便,供电线路稳定可靠,但施工时需要根据现场临建、用电机具数量等综合考虑箱变装机容量,通常为 $600\sim1000kV\cdot A$,表2-4为暗挖施工常用用电设备。

暗挖施工主要用电设备清单　　　　表2-4

序号	设备名称	数量	功率(kW)	总功率(kW)
1	混凝土搅拌机	1	55	55
2	桥式起重机	1	54	54
3	喷油双螺杆压缩机	2	132	264
4	锚杆注浆机	1	5.5	5.5
5	注浆泵	1	7.5	7.5
6	砂浆搅拌机	1	4	4
7	振捣器	4	2.2	8.8
8	工程钻机	2	18.5	37

续上表

序号	设备名称	数量	功率(kW)	总功率(kW)
9	办公室照明	20	0.02	0.4
10	场地照明	3	1	3
11	风机	1	110	110
12	混凝土喷射机	3	7.5	22.5
13	二衬台车	2	30	60
14	混凝土输送泵	1	75	75
15	施工照明	50	0.2	10
16	水泵	15	10	150
17	电动机功率			853.3
18	照明容量			13.4
	合计总功率			866.7

(5)临时存渣场:竖井渣土运至地面以后一般不具备直接装车外运条件,尤其是在城市内施工,大型运输车辆在道路高峰期禁止通行,向场外运渣基本集中在夜间,这样就需要在现场设置临时存渣场。在现场平面布置时,需要提前考虑场内临时存渣场的大小,存渣场太大浪费空间,太小则可能造成洞内的渣土出不来,影响洞内连续开挖施工。根据硬岩地层隧道开挖施工效率,单个掌子面每日平均进尺 1.5m 计算,每个竖井单日进尺为 1.5m×4=6m,地铁隧道断面开挖面积约为 40m²,每日出渣量 40×6×1.5=360m³(虚方),所以,临时存渣场面积建议不小于 150m²。

(6)空压机:空压机主要为隧道施工设备供风,主要用风设备为隧道内风动凿岩机、混凝土喷浆机等。在钻爆法隧道施工准备时,需要对供风设备提前考虑,避免发生供风量不足的情况发生。下面举实例介绍钻爆法施工风量计算方法。

风量计算公式:

$$Q = (1 + K_{备}) \cdot (\sum q \cdot K + q_{漏}) \cdot K_m$$

式中:$K_{备}$——空压机备用系数,一般取 75%~90%,取 75%;

$\sum q$——风动机具所需风量(m^3/min),考虑一次投入 8 台风钻,2 台喷浆机同时工作;

$q_{漏}$——管路及附件的漏耗损失,每公里漏风量平均为 1.5~2.0m^3/min,取 2.0m^3/min;

K——同时工作系数,取值为 0.75;

K_m——海拔高度对空压机生产能力的影响系数,取值为 1.0。

施工需风量计算:

$$Q = (1 + K_{备}) \times (\sum q \cdot K + q_{漏}) \cdot K_m$$
$$= (1 + 0.75) \times [(8 \times 1.5 + 2 \times 3) \times 0.75 + 2 \times 0.75] \times 1 = 26.3 m^3/min$$

根据计算结果分析,可配置 2 台 20m³ 空压机,供风即可满足风动设备的需求。

(7)通风风机:在钻爆法隧道施工时,为保证工人健康和施工安全,提高劳动生产率,需要向隧道内输送新鲜空气,排出爆破、设备作业等产生的有害气体,降低粉尘浓度。隧道施工采用的通风方式主要有扩散通风、引射器通风、机械通风和辅助坑道通风等几种形式(图 2-3)。

钻爆法隧道施工中推荐使用机械通风方案,为保证通风效果,一般应用压入式通风。

区间隧道通风采用压入式通风方案,4个掘进方向风机及风管自地面经竖井或斜井及横通道到掌子面,宜两两配置,尽量少设置三通管。施工通风所需风量按洞内同时工作的最多人数、洞内允许最小风速、一次性爆破所需要排除的炮烟量和内燃机械设备总功率分别计算,取其中最大值作为控制风量。

图 2-3 暗挖区间洞口通风设备效果图

【工程实例】

①按洞内同时工作的最多人数计算风量

$$Q = k \cdot m \cdot q$$

式中:k——风量备用系数,取 $k = 1.1 \sim 1.2$;

m——洞内同时工作最多人数,取 40 人/工作面;

q——洞内每人每分钟需要空气量,按 $3\text{m}^3/\text{min}$ 计算。

$$Q = k \cdot m \cdot q = 1.2 \times 40 \times 3 = 144\text{m}^3/\text{min}$$

②按洞内允许最小风速计算风量

$$Q = 60 \cdot V \cdot S$$

式中:V——洞内允许最小风速,取 0.15m/s;

S——隧道断面面积(m^2)。

$$Q = 60 \cdot V \cdot S = 60 \times 0.15 \times 37.3 = 336\text{m}^3/\text{min}$$

③按开挖面爆破排烟所需风量计算

$$Q = \frac{7.18}{t}\sqrt[3]{A\,(F \cdot L)^2}$$

式中:t——通风时间,取 30min;

A——一次爆破炸药消耗量,取 34kg;

F——开挖断面面积,取 37.3m^2;

L——通风换气长度,取 460m。

$$Q = \frac{7.18}{t}\sqrt[3]{A\,(F \cdot L)^2} = 516\text{m}^3/\text{min}$$

④按内燃机械作业所需风量计算

$$Q = (H_s \cdot \alpha_s + H_D \cdot \alpha_D + H_E \cdot \alpha_E) \cdot q$$

式中:H_s——装渣机械总功率,kW;

H_D——运输类汽车总功率,kW;

α_D——运输类汽车的工作效率;

H_E——其他类机械总功率,kW;

α_E——其他类机械的工作效率;

q——内燃机械单位功率供风量,取$3m^3/(min·kW)$。

洞内装渣机械选用小型挖掘机1台,功率116 kW,运渣自卸车2台,功率162 kW。

$$Q = (H_s·\alpha_s + H_D·\alpha_D + H_E·\alpha_E)·q = [116×0.6 + 162×2×0.6]×3 = 792m^3/min$$

所以取最大值$792m^3/min$作为控制风量,再考虑风管平均百米漏风率1%,需用的总风量为:$792÷(1-0.01×713÷100) = 853m^3/min$。

根据计算结果,左右线共设2台55kW轴流式通风机进行供风,总风管选用$\phi1000 \sim \phi1500$软式风管,风供至竖井底部后,分别用$\phi600$的风管向各掌子面供风。

暗挖施工通风以机械通风为主,采用压入式通风方式,为保证通风效果,快速改善工作面环境,隧道掌子面可各设4kW扇风机辅助通风。

(8)其他设施:除上述设施外,一般竖井还需要布置各种材料库房、办公室、应急人员住房等必要设施,以及进出场道路、场内道路、大门等,在场地平面布置设计时也需要一并考虑。

如图2-4所示为青岛地铁13号线某竖井平面布置图,如表2-5所示为竖井临时设施清单。

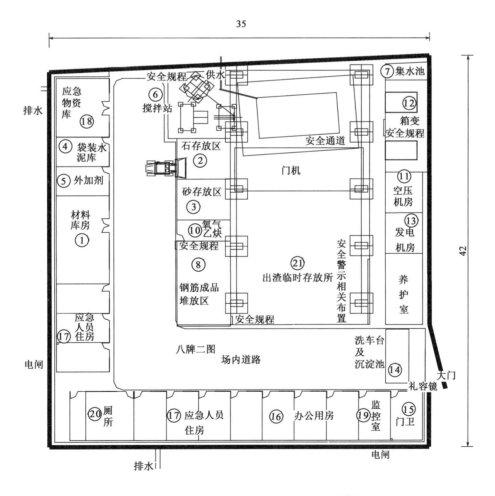

图2-4 青岛地铁13号线某竖井平面布置图(尺寸单位:m)

青岛地铁 13 号线某竖井临时设施清单　　　　　　　　　　　　　　表 2-5

序号	临时工程项目	单位	数量
1	材料库房	m²	64.8
2	碎石存放区	m²	30
3	砂存放区	m²	30
4	袋装水泥库	m²	21.6
5	外加剂库	m²	21.6
6	拌和站	m²	56
7	集水池	m²	24
8	钢筋成品堆放区	m²	61.5
9	周转材料堆放区	m²	
10	氧气乙炔库	m²	15.6
11	发电机房	m²	18
12	箱变	m²	56.6
13	空压机房	m²	18
14	沉淀池及洗车台	m²	17.5
15	门卫室	m²	21.6
16	办公室	m²	21.6×3
17	应急人员住房	m²	21.6×7
18	应急物资库	m²	21.6×2
19	监控室	m²	21.6
20	厕所	m²	43.2
21	临时存渣场	m²	200
	合计	m²	980.6

2)斜井平面布置要点

斜井一般占地面积较大,场地开阔狭长,利于进行场地平面设置,临时设施布置原则与竖井基本相同。另外,因斜井渣土可有洞内经运渣车直接运至洞外,甚至可直接运到弃渣场,所以可以根据现场条件确定是否需要再设置场内临时弃渣场。如图 2-5 所示为青岛地铁 13 号线某斜井平面布置图,如表 2-6 所示为临时设施清单。

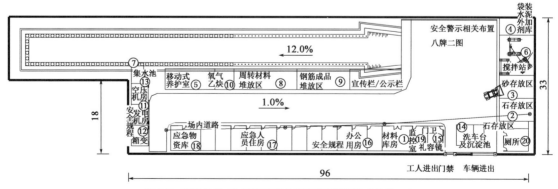

图 2-5　青岛地铁 13 号线某斜井平面布置图(尺寸单位:m)

青岛地铁 13 号线某斜井临时设施清单　　表 2-6

序号	临时工程项目	单位	数量
1	材料库房	m²	64.8
2	碎石存放区	m²	35
3	砂存放区	m²	35
4	袋装水泥库	m²	21.6
5	外加剂库	m²	21.6
6	拌和站	m²	49
7	集水池	m²	20
8	钢筋成品堆放区	m²	60
9	周转材料堆放区	m²	100
10	氧气乙炔库	m²	20
11	发电机房	m²	20
12	箱变	m²	56.6
13	空压机房	m²	20
14	沉淀池及洗车台	m²	32.5
15	门卫室	m²	21.6
16	办公室	m²	21.6×6
17	应急人员住房	m²	21.6×8
18	应急物资库	m²	21.6×2
19	监控室	m²	21.6
20	厕所	m²	43.2
21	现场养护室	m²	40
	合计	m²	1028.1

2.2.3　井口及洞内管线布置

1) 井口管线及布置要点

在竖斜井井口布置的管线主要有:高压风管、通风管、供水管、排水管、动力电线以及照明电线,竖井井口还需要布置混凝土下料管。

高压风管根据风量要求建议采用 $\phi100mm$ 以上的钢管,敷设要求平顺、接头密封、防止漏风,必要时可设置备用管。

通风管在井口部位一般采用 $\phi1000 \sim \phi1300mm$ 的铁皮管或软管,吊挂要平直、管外可设抱箍,与井壁连接牢固。

供水和排水管道根据水量大小可采用 $\phi75 \sim \phi100mm$ 钢管,敷设要求平顺、直、弯头少,接头严密不漏水。

竖井井口管线布置如图 2-6 所示,洞内风水管线布置如图 2-7 所示。

2) 洞内管线及布置要点

洞内管线主要有:高压风管、通风管、供水管、排水管、动力电线以及照明电线。管线布置见图 2-8、图 2-9。

高压风管自井口接入,沿洞内洞壁敷设,敷设要求平顺、接头密封、防止漏风;管道前端至开挖面保持在30m左右,并用高压软管接分风器;分步开挖法通往各工作面软管的长度不宜超过50m;管道应安设在电线路的异侧,与供水管道同侧。

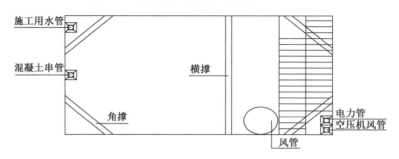

图2-6 竖井井口管线布置图

图2-7 洞内风水管线布置图

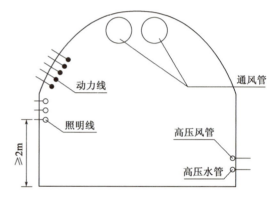

图2-8 洞内管线布置图

图2-9 暗挖区间洞内通风管设置图

通风管采用 $\phi1300 \sim \phi1500\text{mm}$ 的拉链式软风管与井口铁皮管或软管连接,吊挂要平直、拉紧吊稳,避免出现褶皱增加阻力,与横通道交接处要避免死弯。通风管要紧跟掌子面。

供水管道前端至开挖面,一般保持的距离为30m,用直径50mm的高压软管接分水器,中间预留异径三通,至其他工作面供水使用软管的长度不宜超过50m;供水管道应安设在电线路的异侧,不应妨碍运输和行人。

隧道洞内采用三相五线制供电线路。作业地段照明电压是36V,成洞和非作业地段照明电压为220V。

2.2.4 竖井提升设备选择

1) 竖井施工提升设备工效计算

竖井出渣需要垂直提升,所以垂直运输设备的选型至关重要,设备的性能状态、提升能力直接影响着洞内施工,因此提升设备选型必须全盘考虑。下面以青岛地铁13号线五工区朝两1号竖井为例介绍竖井施工提升设备工效计算实例。

(1) 单日出渣量计算

区间隧道4个断面同时开挖时出渣量最大,4个断面每延米开挖方量$42.8 \times 4 = 171.2m^3$,区间起点里程为YCK19+718.196,竖井中心里程为YCK20+146.109,自竖井向区间起点(即小里程方向)掘进长度为427.913m,向区间终点(即大里程方向)掘进长度为353.891m,按工期要求,区间掘进时间为12个月,每日单方向需掘进约$427.913 \div 12 \div 30$(工作日)$\approx 1.2m$,渣土松散系数按1.7考虑,出渣量为$171.2 \times 1.5 \times 1.7 \approx 349m^3/d$。

(2) 单斗单循环出渣时间计算

装渣及提升准备2min,1个吊斗从井底提升至井口时间4min(注:提升机钢丝绳绳速为8m/min,井深29.451m,自井口向上提升高度取5m),吊斗从井口到卸渣完时间为2min,吊斗落至竖井底时间为4min,则一个吊斗进行出渣一个循环总时间为$2+4+2+4=12min$。

(3) 提升设备

单斗单循环出渣时间取18min(包含装渣时间),提升系统出渣时间每日按10h考虑,每日提升次数为:$10 \times 60 \div 18 = 34$次,单斗提升量至少为$349 \div 34 = 10.26m^3$。

选择30t吊钩提升起重机作为出渣及钢筋等材料提升设备,30t于出渣,钢筋及格栅钢架等材料吊放。出渣斗容积选定为$10m^3$,尺寸为2.5m(长)×2m(宽)×2m(高)。

提升挂钩最大静张力为300kN(30t)。$10m^3$出渣斗自重约3.5t,钢丝绳重为$8.5m \times 4 \times 5.05kg/m = 0.17t$,渣土重为$10m^3 \times 1.9t/m^3 = 19t$。则提升挂钩最大提升荷载$= 3.5 + 0.17 + 19 = 22.67t < 30t$,满足荷载要求。

出渣能力检算:

提升系统出渣时间每日按10h考虑,每日提升次数为:$10 \times 60 \div 12 = 50$次,则提升系统一天出渣能力为$10 \times 60 \div 12 \times 10 = 500m^3 > 349m^3$,可满足出渣要求。

竖井通过小型挖掘机进行开挖和装渣,通过自卸车水平运渣,通过提升设备提升料斗出渣。

2) 竖井提升设备选型

常用的竖井提升设备有电动葫芦、门式起重机、桥式起重机、移动式起重机等。其中电动葫芦广泛应用于地铁竖井提升,但近几年由于电动葫芦安全可靠性稍低,目前逐渐被安全性能更高、提升能力更大的门式起重机或桥式起重机取代,移动式起重机一般用于工程量较小的竖井提升工程中。提升设备的起重能力和提升速度一般根据竖井所担负的正线施工的出渣量大小进行综合考虑。

各种竖井提升设备的比选如表2-7所示。

各种竖井提升设备对比情况表　　　表 2-7

起重机类型	优点	缺点	适用范围	备注
电动葫芦	造价低,提升灵活,可多个设备同时工作,提升速度快,安装方便,占地小	起重能力相对小,提升效率低,故障率高,安全可靠性能低	场地小,出渣量少,交叉作业多,施工周期短的竖井	
门式起重机	提升能力大,综合提升效率高,安全可靠性高	造价高,基础等投入大,安拆复杂,一旦出现故障直接影响施工	场地条件好,出渣量大,施工周期长的竖井	
桥式起重机	提升能力大,综合提升效率高,安全可靠性高	造价高,基础等投入大,安拆复杂,一旦出现故障直接影响施工	场地条件好,出渣量大,施工周期长的竖井	
移动式起重机	提升能力可根据需要灵活选择,进出场灵活,不受场地限制	出渣成本高,提升效率低,安全可靠性能低	场地小,出渣量少,施工周期短或临时出渣的竖井	

2.2.5　斜井坡道与错车道的设置

斜井坡道设计应考虑斜井长度和坡度,坡度设计一般为 10% ~ 15%(图 2-10),坡度过小增加斜井长度,坡度过大影响运输能力。

为方便错车,斜井每隔 100m 宜设置一处错车洞,错车洞段断面加宽,错车洞宽度应大于 7m,长度一般为 15 ~ 20m,宜设置成平坡。标准段与错车洞之间采用渐变过渡,渐变时可采用单侧加宽,也可以采用双侧加宽。错车道开挖方法同洞身断面开挖。当斜井施工到达错车道里程时,缩短进尺并严格控制隧道超挖,由测量队放样,向右扩挖至错车道的边墙位置,再按台阶法进行错车道施工。

图 2-10　斜井 12% 坡道现场照片

当错车道开挖至临近设计结束里程时,严格控制循环进尺,以防止进入正洞后过度超挖。错车道开挖施工完成后由测量队放样,在掌子面上放出正洞开挖轮廓及方向点后,严格控制进入正洞的方向。然后钻孔放炮,交界应力集中处支护可适当加强。暗洞错车道平面示意图如图 2-11 ~ 图 2-13 所示。

2.2.6　隧道内水平运输设备选择

在硬岩地层进行钻爆法暗挖施工时,为保证作业效率,开挖和运输是影响快速掘进的两个关键环节,尤其在城市地铁施工,爆破时间有严格的限制,如青岛地区正常爆破时间为 7:00 ~ 19:00,要做到每天掘进两个循环即爆破两次,需要对开挖和运输环节进行不断优化。

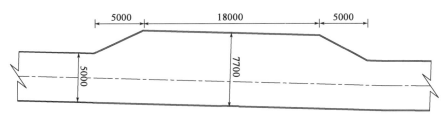

图 2-11　暗洞单侧加宽错车道平面示意图(尺寸单位:mm)

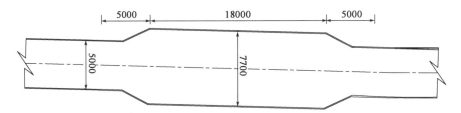

图 2-12　暗洞错车道双侧加宽平面示意图(尺寸单位:mm)

图 2-13　暗洞错车道现场照片

通过对每循环各工序的作业时间进行统计分析,出渣、喷射混凝土的运输、钢筋网及钢架运输等时间占整个循环时间的 40%~60%,见钻爆法开挖每循环各工序时间统计表(表 2-8)。

钻爆法开挖每循环各工序时间统计表　　表 2-8

序　号	每循环作业内容	平均工序时间(h)
1	打炮眼	2
2	装药、爆破	1
3	开挖、出渣	3.5
4	立架挂网及超前支护	3.5
5	喷射混凝土	2
	合计	12

1)装运方式的选择

目前,国内隧道施工常用的运输方式有三大类:

(1)有轨装渣、有轨运输模式,适用于机械开挖长距离小断面隧道,如盾构法施工隧道。

(2)无轨装渣、有轨运输模式,适用于长距离中断面隧道,如普通铁路单线隧道。

(3)无轨装渣、无轨运输模式,适用于大断面隧道或短距离中小断面隧道,如公路隧道。

城市地铁钻爆法施工隧道单个掌子面掘进长度一般在 1km 以内,运输方式宜选用无轨装渣、无轨运输模式。

2)装运设备选型原则

(1)设备外型尺寸应与隧道净空匹配

地铁隧道净空尺寸较铁路隧道和公路隧道均小的多,地铁隧道标准断面开挖轮廓线宽度和高度一般均在 7m 以内,机械设备的外形尺寸要保证其在洞内作业空间运转自如,交叉作业的机械设备应能满足相互之间安全距离的要求,例如需要考虑装载机和出渣自卸车的型号是否能满足在有限的隧道空间内进行装渣作业。

(2)机械设备的性能及生产能力应于施工工筹相适应

每种设备的生产应与其工作有关的其他设备相互匹配,如装渣设备应与运渣设备匹配;机械设备的动力性能应满足隧道的坡度,尤其是使用斜井作为施工通道时,必须要根据斜井的坡度合理配置设备,设备生产能力即数量的配置要与每循环工作量相适应,在满足工期的前提下,尽量降低总的设备投入。

(3)注意设备的适应能力

城市地铁钻爆法隧道施工,一般围岩变化大、变化频繁,在装运设备选择时应充分考虑设备对各种围岩渣土的适应性,使之适应多种环境的作业要求。

(4)优选通用性设备

隧道内设备发生故障,因作业空间有限,容易堵塞通道,造成其他工序无法进行,从而影响整个洞内运输。通用设备是指设备生产厂家、型号等较常见,其应具有配件充足、维修方便快捷的特点,从而使设备故障对施工的影响降至最低。

(5)优选环保性设备

隧道内施工属于有限空间作业,通风是其一大难题,所以在设备选型时应优选低污染或无污染的设备,以最大限度地减少隧道内空气污染源。

3)装运设备选型典型案例

案例一:如青岛地铁 13 号线某竖井及正线区间施工,4 个掌子面同时掘进,高峰每天共掘进 6m,平均开挖断面 $40m^2$,隧道初支净空约 6.6m,单个掌子面掘进约 400m。

(1)设备选型

①扒渣设备:受洞内空间限制,上台阶扒渣设备选用小型挖掘机,型号为 SY65C,铲斗容量为 $0.22m^2$,设备占地小,不需要在新爆围岩下作业,操作安全灵活,扒渣时可同时进行装运渣作业。

②装渣设备:装渣设备选用侧翻装载机,型号为 ZLC50C,铲斗容量为 $3m^3$,长×宽×高为:$8100 \times 2990 \times 3430$,实际装渣效率约为 $1.3m^3/$斗。

③运渣设备:竖井运渣设备选型时应根据竖井提升设备渣斗容量而定,该竖井提升设备渣斗容量为 $12m^3$,另外考虑到装渣时需和侧翻装载机并行,所以选用额定装渣量为 $6m^3$ 的自卸车,两车装满提升设备渣斗。

(2)设备数量选择

①扒渣设备：采用小型挖掘机，爆破面找顶耗时约 0.5h，扒渣耗时约 2h，现场 4 个掌子面同时施工，每天至少 6 个循环，理论作业时间为 15h，考虑到 4 个作业面爆破间隔较短，施工时前期配置两台，后期随着掘进长度加长，增加至 3 台。

②装渣设备：与扒渣效率相比较，侧翻装载机实际装渣效率较高，配置两台可满足现场施工。

③运渣设备：竖井运渣设备数量受竖井提升能力影响，考虑竖井提升设备不间歇作业，4 部自卸车可满足运渣要求，根据正线掘进长短可进行增减。

案例二：如青岛地铁 13 号线某斜井及正线区间施工，四个掌子面同时掘进，高峰每天共掘进 9m，平均开挖断面 40m²，隧道初支净空约 6.6m，单个掌子面掘进约 500m。

（1）设备选型

①扒渣设备：受洞内空间限制，上台阶扒渣设备前期选用小型挖掘机，型号为 SY65C。但后续在施工中发现，找顶及扒渣耗时太长，后选用中型 EC210B 反铲挖掘机扒渣，虽操作灵活度降低，但找顶及扒渣时间由 2.5h 降低为 0.5h，效率大大增加。

②装渣设备：装渣设备选用侧翻装载机，型号为 ZLC50C，铲斗容量为 3m³，长×宽×高为 8100mm×2990mm×3430mm，实际装渣效率约为 1.3m³/斗。

③运渣设备：斜井运渣设备选型不受提升系统限制，只需考虑到装渣时侧翻装载机并行，所以选用额定装渣量为 10m³ 的自卸车。

（2）设备数量选择

①扒渣设备：EC210B 反铲挖掘机扒渣效率高，配置一台即可满足现场施工需要，另根据优化，可另配置 1~2 台小型挖掘机，提前进行爆破面找顶，可进一步提升扒渣设备作业效率。

②装渣设备：前期配置两台可满足现场施工，但后续随着洞深增加，因斜井出渣效率高，需适当增加，另考虑到其他材料运输，该斜井最高峰增加至 4 台。

③运渣设备：斜井运渣设备数量可随每日开挖量灵活配置，不受其他条件限制，该斜井配置六部自卸车，可满足运渣要求。

2.2.7 小结

在硬岩地层进行暗挖施工时，竖斜井的设置方案与正线施工效率密切相关，所以在开工之前就需做好谋划，重点考虑以下几点：

（1）根据竖斜井正线施工工效，预估正线施工时间，竖斜井设置完成后应使区间正线贯通时间尽量一致。

（2）井口设置时应尽量靠近正线，但不宜设置在正线正上方，当双线隧道线间距较小时，竖井不宜设置在两线之间。

（3）城市地铁施工时，竖斜井设置要充分考虑大型车辆在市内运输受限影响，地上宜设置尽可能大的临时存渣场，以避免出渣受交通堵塞、戒严、限行等影响。

（4）一般竖斜井横通道需要挑高或扩大洞径，应提前分析地质报告，尽量选择围岩等级较好地段设置竖斜井，这样有利于尽快进洞，展开正线施工。

（5）竖斜井地上场地一般面积较小，在临时设施布置时要根据正线作业安排综合考虑，避免发生配电总装功率不足、空压机风力供应不足、竖井提升能力不足等问题。

2.3 钻爆法隧道开挖与支护

2.3.1 支护结构理论及演变

(1)传统支护力学理论及现代支护力学理论的要点及区别

随着人类对地下空间需求越来越多,对地下工程的实践与理论研究也取得了突飞猛进的发展。在大量地下工程实践中,人们普遍认识到隧道及地下工程的核心问题都归结在开挖和支护两个关键工序上,即如何开挖才能更有利于洞室的稳定和便于支护。在隧道工程中,围绕着其核心问题的实践和研究,在不同时期人们提出了不同的理论并逐步建立了不同的理论体系。一种理论是20世纪20年代由代表人物太沙基和普罗托基雅可诺夫等人提出的松弛荷载理论,其核心内容是稳定的岩体有自稳能力不产生荷载,不稳定的岩体则可能产生坍塌需要支护结构予以支撑。同时该理论也是在传统钻爆法理论上提出来的,它类似于地面工程考虑问题的思路。另一种理论是20世纪50年代由该理论的代表人物纳布希维兹、米勒费切尔、芬纳塔罗勃和卡斯特奈等人提出的岩承理论,其核心内容是围岩稳定显然是岩体有自稳能力,不稳定围岩丧失稳定性有一个过程,如果在这个过程中提供必要的帮助式限制,则围岩仍然能够进入稳定状态。在工程实践和认识基础上,以纳布希维兹为首的奥地利岩石力学工程小组比较完整地提出了现代支护理论的雏形,并将其命名为新奥法。

传统支护理论中所涉及的力学有土力学、结构力学等。土力学视围岩为散粒体,计算其对支撑结构产生的荷载大小和分布,而在结构力学视支撑和衬砌为承载结构,验算其内力并使之合理。通过建立"荷载 - 结构"力学体系,以最不利荷载组合作为结构设计荷载。在按该理论实施时,应认真遵守以下要点:①开挖后围岩产生松弛是必然的,但产生坍塌是偶然的,故应该准确判断各类围岩产生坍塌的可能性大小;②即使围岩不产生坍塌,但松弛同样向支护结构施加荷载,故应准确确定荷载的大小、分布;③为保证围岩稳定,应根据荷载的大小和分布设计临时支撑和永久衬砌作为承载结构,并使结构受力合理;④尽管承载结构是按最不利组合荷载来设计的,但施工时应尽量避免松弛的发展和坍塌的产生。

现代支护理论中所涉及的力学有:岩体力学、弹性力学、弹塑性力学等,视围岩为应力岩体,分析计算应力 - 应变状态及变化过程,并视支护为应力岩体的边界条件,其控制围岩的应力应变作用。检验作用的效果并使之优化,同时建立围岩 - 支护力学体系,以实际的应力应变状态作为支护的设计状态。

在按该理论实施时,应认真遵守以下要点:①围岩是主要承载部分,故在施工中应尽可能地保护围岩,减少扰动;②初期支护和永久衬砌仅对围岩起约束作用,应即允许围岩产生有限变形,以发挥其承载能力,又阻止围岩过度变形而产生失稳,故初期支护中宜采用薄壁柔性结构;③围岩的应力—应变动态预示着它是否进入稳定状态,因此,以监控量测作为手段掌握围岩动态进行施工监控和修正设计以便适时提供适当支护;④整体失稳通常是由局部破坏发展所致,故支护结构应尽早封闭,全面约束围岩,尤其是围岩破碎软弱时应及时封闭成环,发挥岩体自身承载力。

从上述介绍可以看出,松弛荷载理论注重结果和对结果的处理,岩承理论更加注意过程和过程的控制,因此产生了两种截然不同的支护理念。

(2)隧道支护体系的发展

基于以上两种支护计算理念,加之施工材料与工艺方面的进步,隧道支护体系也在发生相应的变革。

最初的隧道支护因受施工工艺与"松弛理论"的影响,在隧道开挖后多采用木材或型钢进行强支护,这种支护方法导致支护体系受力大,浪费大量木材或钢材,同时占用大量施工空间。

近几十年来,按照现代岩体力学原则设计隧道支护体系的基本出发点,隧道结构体是由围岩和支护结构共同构成的,其中围岩是承载结构的主体,支护结构起着辅助围岩承载的作用,但通常也是必不可少的,在某些情况下,支护结构也是主要承载单元。

因此,隧道一经开挖暴露宜及时施作初期喷锚支护以保护和加强围岩的强度和自稳能力,当围岩与初期支护体系逐渐稳定下来,则采取二次衬砌以保证隧道的永久稳定和安全。初期支护和二次衬砌构成了隧道的复合式支护。

随着锚杆、喷射混凝土等材料的广泛运用,喷锚支护在工程实践中被广泛应用,并不断发展和完善,特别是在复杂地质条件下显示了很大的优越性,同时也积累了大量工程实践经验,不仅总结了一整套完善和先进的施工方法,而且提出了喷锚支护的设计原理和原则,为科学地建设隧道工程指明了方向。

喷射混凝土是将一定比例的水泥、砂子和碎石均匀搅拌后,通过混凝土喷射机与水混合后以较高速度(30~100m/s)喷射到围岩表面上并快速凝结硬化而形成的支护层。由于混凝土是在一定压力下喷射的,使砂、石骨料和水泥颗粒重复碰撞冲击,相当于受到连续的冲实和压密,而且喷射工艺又可以使用较小的水灰比,这就保证了喷射混凝土具有较高的物理力学性能。

锚杆支护是通过插入岩体中的锚杆,达到改善围岩受力状态、实现加固围岩的目的。

在支护作用原理上,喷锚支护能充分发挥围岩的自承能力,从而使围岩压力降低;在施工工艺上,实施机械化程度较高的联合作业,从而有利于减轻劳动强度和提高工效;在经济效益上,喷锚支护比传统的支护衬砌厚度薄,用量少,据有关统计,喷射混凝土支护与浇注混凝土支护相比,支护厚度可减薄1/3~1/2,节省岩石开挖量10%~15%,加快支护速度2~4倍,节省劳动力50%以上,降低支护成本30%以上。在工程质量上,通过国内外大量工程实践表明是可靠的。在我国各类地下工程中采用喷锚支护技术,解决了一大批用传统支护难以解决的技术难题,显示出喷锚支护具有明显的优越性。

20世纪80年代以来,在大量工程实践中,我国又创新出"浅埋暗挖法"隧道施工理念,超前锚杆、超前管棚、超前小导管、超前注浆加固等各种超前处理措施,丰富了隧道支护体系。

(3)锚杆支护原理

锚杆率先于1912年在煤矿中得以应用,目前主要有树脂锚杆、砂浆锚杆、管缝式锚杆等类型。关于锚杆作用机理尚在讨论中,主流观点以悬吊作用、组合作用、挤压作用、减跨作用为主。锚杆支护作用原理见表2-9。

锚杆支护作用原理 表2-9

序号	锚杆支护作用	简图	原理
1	悬吊作用	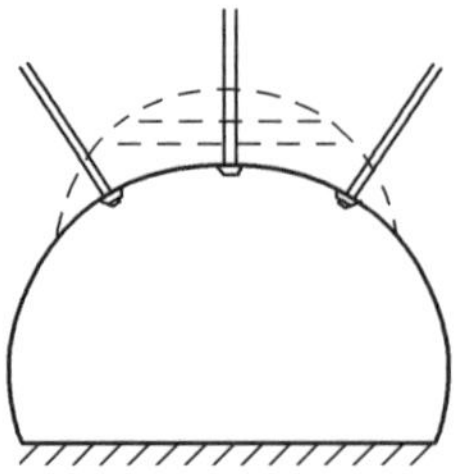	在块状结构或裂隙岩体中,使用锚杆可将松动的岩块固定在稳定的岩体上,阻止松动块体的滑移和塌落,或者把由节理切割成的岩块连接在一起,锚杆本身受到松动块体的拉力作用,这种作用称为悬吊作用
2	减跨作用	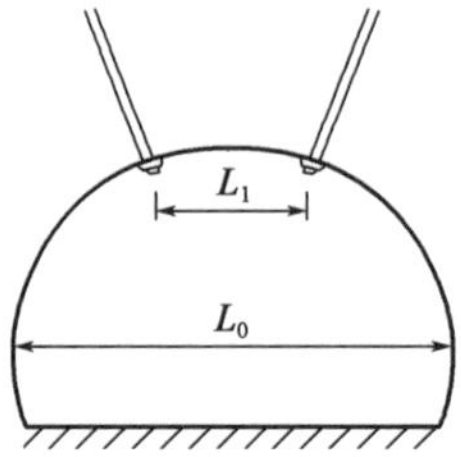	在隧道顶板岩层中插入锚杆,相当于在顶板中增加了支点,使隧道跨度由 L_0 缩短为 L_1,从而使顶板的围岩应力减小,起到维护围岩稳定的作用
3	组合作用	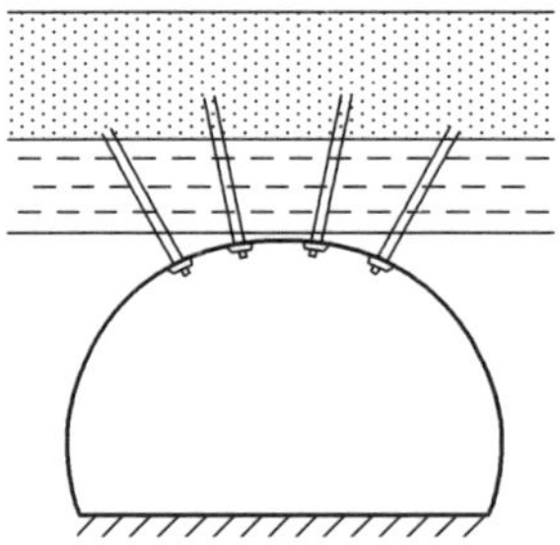	在层状结构,尤其是薄层状结构的围岩中打入锚杆,把若干薄层岩层锚固在一起,组合成一厚层的板或梁,从而提高了围岩的整体承载能力,起到加固围岩的稳定作用
4	挤压作用	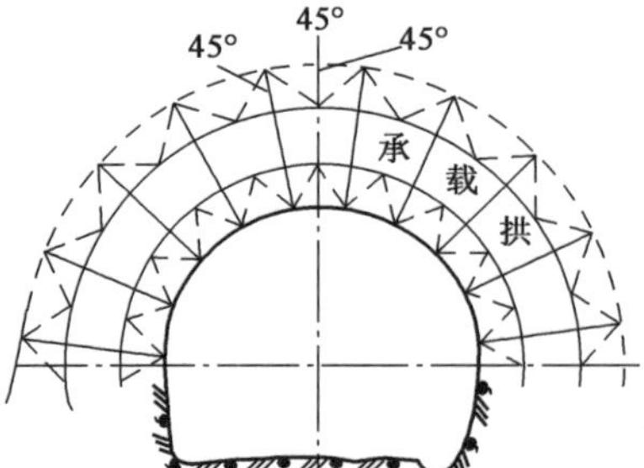	预应力系统锚杆加固围岩,两端附近岩体形成圆锥形挤压区,按一定间距排列的锚杆在预应力作用下形成一个均匀的挤压带,形成承载拱,起拱形支架的作用;无预应力的黏结式锚杆,虽然荷载作用方式不同,但也有类似的挤压作用,围岩位移变形使锚杆受拉,同时锚杆也给围岩以约束力,相邻两锚杆间的围岩在约束力的挤压下,呈拱形稳定状态

(4)喷射混凝土发展历史

喷射混凝土是由喷射水泥浆发展而来的。1914年在美国的矿山和土木建筑工程中首先使用喷射水泥浆。1942年瑞士阿利瓦公司研制成转子式混凝土喷射机,1947年联邦德国BSM

公司研制成双罐式混凝土喷射机。1948—1953年间兴建的奥地利卡普隆水力发电站的米尔隧道最早使用喷射混凝土支护。以后,瑞士、西德、法国、瑞典、美国、英国、加拿大、苏联、日本等国相继在土木建筑工程中采用了喷射混凝土技术。我国冶金、水电部门于20世纪60年代初期着手研究混凝土喷射机械及喷射混凝土技术,1965年11月,冶金部建筑研究院与第三冶金建设公司合作,成功地在鞍钢弓长岭铁矿建成了一条用喷射混凝土支护的矿山运输巷道。70年代以来,国内外加强了对喷射混凝土的研究开发工作,技术上取得了许多突破,使之在地下工程、薄壁结构工程、维修加固工程、岩土工程、防护工程等领域获得广泛发展。

喷射混凝土和泵送混凝土是两个概念,前者主要应用于地下工程、岩土工程、市政工程,尤其是水利工程、隧道工程施工,经常使用锚杆喷射快硬混凝土进行早期支护,迅速稳定洞壁后即可继续进行掌子面爆破开挖,大大降低塌方可能,加快施工进度,现在已经大面积普及。其混凝土无非就是加入早强剂,并没有太多发展余地,主要发展空间在于喷射机的改进。

干式混凝土喷射机输送距离长,设备简单耐用。但由于它是使干拌和混凝土在喷嘴外与水混和,故而施工粉尘、回弹均较大,干喷作业产生的粉尘危害工人健康,尤其是巷道工程中粉尘污染更为严重。

从20世纪60年代起在,在西方发达国家中,湿喷技术开始逐渐推行,各种湿式混凝土喷射机也陆续开发出来,其基本原理是将加水搅拌好的成品混凝土加入湿式喷射机,输送至喷嘴处,经掺加速凝剂后形成料束喷至施工面。

在国内,目前由于种种原因,干喷机仍是主要的喷射作业设备。但是随着人们环保意识的增强以及对喷射混凝土质量要求的提高,已有越来越多的湿式混凝土喷射机进入使用,如蒙华重载铁路工程。湿式混凝土喷射机主要优点是:

(1)大大降低了机旁和喷嘴外的粉尘浓度,消除了对工人健康的危害。

(2)生产率高。干式混凝土喷射机一般不超过 $5m^3/h$。而使用湿式混凝土喷射机,人工作业时可达 $10mm^3/h$;采用机械手作业时,则可达 $20m^3/h$。

(3)回弹度低。干喷时,混凝土回弹度可达15%~50%。采用湿喷技术,回弹率可降低到10%以下。

(4)湿喷时,由于水灰比易于控制,混凝土水化程度高,故可大大改善喷射混凝土的品质,提高混凝土的匀质性,而干喷时,混凝土的水灰比是由喷射手根据经验及肉眼观察来进行调节的,混凝土的品质在很大程度上取决于机手操作正确与否。

2.3.2 超前支护

20世纪80年代以来,在大量工程实践中,根据不同围岩等级,超前锚杆、超前管棚、超前小导管等各种超前处理措施得到广泛应用,丰富了隧道支护体系。在硬岩地层钻爆法隧道施工时,超前支护同样也是保证施工安全的必要措施。

主要超前支护措施有超前锚杆、超前管棚、超前小导管超前预注浆等多种形式,在青岛地区硬岩地层隧道中的应用情况统计如表2-10所示。

主要超前支护形式应用情况统计表　　　　　　表2-10

超前支护措施	应用环境	具体参数	特　点
超前锚杆	Ⅲ、Ⅳ级围岩	采用普通热轧带肋钢筋或中空注浆锚杆，φ20~φ30mm，长度2~4m	适用于围岩结构整体较好，局部裂隙发育地段
超前小导管	Ⅳ、Ⅴ、Ⅵ级围岩	φ30~φ42mm无缝钢管，长度2~4m	在钻爆法隧道施工中应用最广，一般应用在拱部软弱地段
超前管棚	Ⅴ、Ⅵ围岩	φ89~φ108mm无缝钢管，对于大断面、承重荷载大的隧道可采用φ114以上的大管棚，长度一般20~40m	应用在大断面、不良地质段、暗挖进洞、马头门、下穿建筑物等特殊地段
超前注浆	流泥流沙等不良地质段、破碎带或断裂带	如洞内半断面预注浆、全断面预注浆，有条件也可采用地表预注浆	适用于含水或地下水丰富的地层，采用预注浆固结地层，防止塌方

1）超前锚杆主要施工参数

（1）工艺参数：超前锚杆一般适用于硬岩地层围岩结构整体较好，局部裂隙发育地段。采用普通热轧带肋钢筋或中空注浆锚杆，φ20~φ30mm，长度2~4m。

（2）施工工艺。

按照设计要求布设锚杆，利用YT-28风枪进行钻孔，成孔后进行清孔。将安装好锚头的中空注浆锚杆插入孔底，安装止浆塞、垫板、螺母，然后连接注浆管，用注浆泵通过尾部向孔内注浆，浆液采用水泥浆，注浆压力控制在0.5~1.0MPa。注浆顺序自下而上逐根进行。注浆后将止浆塞塞入钻孔，用速凝水泥封孔。

①布孔：在开挖验收合格后的岩面，根据图纸的设计要求，放线布孔并用红漆作出明显标记，钻孔应清除岩面上的浮石和危石，锚杆孔方向应与岩面按设计角度施工，局部根据岩体情况与岩层主要节理裂隙面垂直。

②钻孔：钻孔设备采用风钻钻孔，钻孔的深度，孔径应符合设计和规范要求，孔距误差要小于5cm，孔斜不得偏差大于5‰，钻孔要平直，孔径要求比锚杆直径大30~40mm以上，锚杆孔必须经验收合格后才能安插锚杆。

③清孔：在注浆前，利用清水及高压风把孔内的岩粉和积水清除干净。

④中空锚杆安装：按设计尺寸购买或定做，中空锚杆按照详细说明书进行安装。将安装好锚头的中空锚杆注浆杆，插入孔孔底，安装止浆塞、垫板、螺母，连接注浆管。锚杆外露长度不宜大于100mm，在有水地段安装锚杆时，将孔内水引出后，再安装锚杆。

⑤注浆：中空锚杆杆体兼作注浆管（图2-14），可采用电动注浆泵注浆，灌浆压力无设计要求时可控制在0.4MPa以内。注浆顺序自下而上逐根进行。注浆后将止浆塞塞入钻孔，用速凝水泥封孔。灌浆必须饱满密实，如浆液不满及时补注。中空灌浆锚杆应注意排气问题，待排气孔出浆后，方可停止灌浆。在灌浆开始或中途停止注浆超过30分钟后再进行注浆时，以清水润滑灌浆罐及其管路。

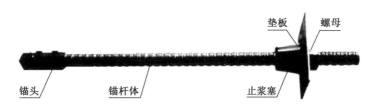

图 2-14　中空注浆锚杆样品示意图

（3）特殊情况处理。

①注浆中断：找出注浆中断的原因，尽快解决，及早恢复注浆。如不能立即恢复注浆，则立即冲洗钻孔，而后再恢复注浆。

②串浆：为防止串浆可采取跳打施工，即先施工奇数孔序，再施工偶数孔序。对串浆孔与注浆孔同时注浆，采用分浆器，利用一台注浆泵同时对多根锚杆注浆。发生大量漏浆时，采用低压、浓浆、限流、限量、间歇注浆的方法进行灌注或注入其他充填料先堵大通道再对串浆孔与注浆孔同时注浆，采用分浆器，利用一台注浆泵同时对多根锚杆注浆。

③涌水处理：在孔口有涌水的注浆孔段，注浆前测量记录涌水压力、涌水量，然后根据涌水情况选用下列综合措施处理。第一，采用较高的压力，自上而下分段注浆；第二，采用浓浆进行屏浆 1~24h 后再闭浆，并待凝；第三，采用纯压式注浆；第四，用速凝浆液处理。

2）超前小导管主要施工参数

超前小导管是硬岩地层暗挖施工较常用的超前支护手段，小导管一般采用 $\phi 42 \times 3.5mm$ 无缝钢管，小导管支护参数由设计单位根据围岩等级设置（图 2-15、图 2-16）。

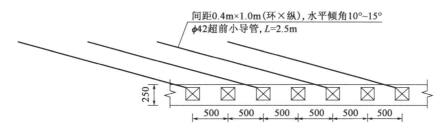

图 2-15　单排小导管设计参数示例（尺寸单位：mm）

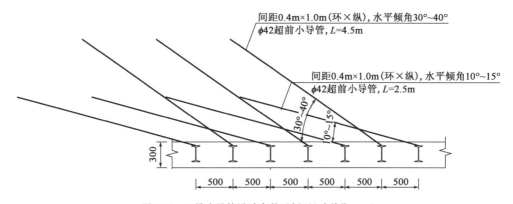

图 2-16　双排小导管设计参数示例（尺寸单位：mm）

(1)小导管加工

为方便小导管注浆,需对管身进行钻孔,注浆孔采用 $\phi 8 \sim \phi 10mm$ 圆孔,钢管尾部 0.5m 不钻孔,间距 15cm,梅花形布置,钢管前端加工成锥形,见图 2-17 所示。

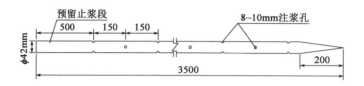

图 2-17 小导管加工示意图(尺寸单位:mm)

(2)钻孔

首先进行测量放样,先将小导管的孔位用红油漆标出。钻孔的方向应与开挖面外插角成 15°,采用风钻成孔。钻孔钻进避免钻杆摆动,保证孔位顺直。钻至设计孔深后,用吹管将碎渣吹出,注意避免塌孔。部分钻孔位于钻孔灌注桩上面,成孔较为困难,钻孔位置可适当调整。

(3)安装小导管

根据青岛地区地质特点,小导管采用钻孔打入法,先钻孔,再采用风枪顶入,顶管至设计孔深,孔口外露 30cm。钢管尾部与钢架焊接牢固。超前小导管施工钻孔外插角允许偏差 5‰,顶入长度不小于钢管长度的 90%,钻孔直径比钢管直径大 $30 \sim 40mm$,钻孔深度大于导管长度 $3 \sim 5cm$。钻孔孔口间距 ±50mm。

(4)注浆

①掌子面喷 C25 喷混凝土作为止浆墙,以防漏浆。

②注浆前先冲洗管内沉积物,由下至上顺序进行。

③超前小导管注浆压力应符合设计要求,浆液必须充满钢管及其周围的空隙(图 2-18)。设计注浆压力一般为 $0.5 \sim 1.0MPa$,注浆水灰比为 $1:1 \sim 1:1.5$(质量比)。

④采用球阀止浆,注浆结束标准为:当压力达到设计注浆终压并稳定 10min,注浆量达到设计注浆量的 80% 以上时,可结束该孔注浆。停止时先停泵再关闭球阀,最后清洗管路。

⑤注浆机要配备流量仪,注浆施工中要认真填写注浆记录,随时分析和改进作业,并注意观察施工支护工作面的状态。注浆参数应根据注浆试验结果及现场情况调整。

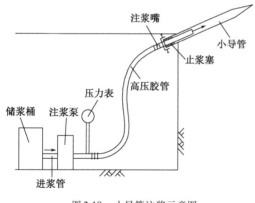

图 2-18 小导管注浆示意图

(5)注浆异常现象处理

①窜浆时应采用分浆器多孔注浆或堵塞串浆孔隔孔注浆,及时堵塞窜浆孔。

②当注浆压力突然升高时应停机查明原因。

③进浆量很大,压力不变时,应重新调整浆液浓度及配合比,缩短胶凝时间。

2.3.3 隧道爆破

硬岩地层隧道采用钻爆法爆破施工,根据区间隧道、联络通道的断面尺寸、地质条件、周边环境、爆破振动允许安全距离、保护对象类型、属性、允许安全振动标准等要求,选择相应的开挖及爆破方法、设计断面起爆网络形式和单段起爆最大药量,确定爆破循环进尺。对于施工范围内有管线且无法迁移的,根据产权单位要求,制定爆破专项施工方案。

爆破作业可能影响施工安全的主要是爆破振动、飞石、空气冲击波及炮烟等有害效应;爆破作业环境对确保爆破施工安全极其重要,就城市地铁硬岩地层隧道施工而言,爆破位于城市街区,周围人员和管线复杂、建筑物众多,爆破作业整体环境较差,爆破作业所产生的负效应主要有爆破震动、爆破飞石、空气冲击波和爆破噪声危害等。可能对周边安全造成影响的主要是爆破飞石和爆破振动危害。所以,要严格控制单段最大起爆药量确保其不超过安全允许值。施工前要及时与有关部门和周围居民协调,做好管线迁移保护工作,制定交通导行方案,确保安全施工。

在入洞初期爆破阶段,由于覆盖层较薄,围岩稳定性差,要查明洞口部位地质水文情况,采取合理的开挖工艺,降低爆破地震波强度,减轻对保留岩体的扰动,防止发生掉块、塌方事故,确保施工安全。隧道内爆破作业时,根据作业面地质水文情况和断面尺寸,确定开挖工艺,选择合理的爆破参数,降低爆破地震波对保留围岩体及支护结构的扰动破坏;起爆前进行清场,洞内所有人员、可移动设备撤至洞外避炮,对各类管线及不可移动设施进行遮挡防护;爆破后,启动排风设施,将洞内炮烟排出,待炮烟全部散尽,安检人员方可进洞排险、安检,确认安全后,继续下一循环作业。

1) 爆破地震波安全距离计算与校核

依据《爆破安全规程》(GB 6722—2014)规定,地面建筑物的爆破振动判据,采用保护对象所在地基础质点峰值振动速度和主振频率两个指标,爆破振动安全允许标准见表2-11。

爆破振动安全允许标准 表2-11

序 号	保护对象类别	安全允许质点振动速度 v(cm/s)		
		≤10Hz	10~50Hz	>50Hz
1	土窑洞、土坯房、毛石房屋	0.15~0.45	0.45~0.9	0.9~1.5
2	一般民用建筑物	1.5~2.0	2.0~2.5	2.5~3.0
3	工业和商业建筑物	2.5~3.5	3.5~4.5	4.5~5.0
4	一般古建筑与古迹	0.1~0.2	0.2~0.3	0.3~0.5
5	运行中的水电站及发电厂中心控制室设备	0.5~0.6	0.6~0.7	0.7~0.9
6	水工隧洞	7~8	8~10	10~15
7	交通隧道	10~12	12~15	15~20
8	矿山巷道	15~18	18~25	25~30
9	永久性岩石高边坡	5~9	8~12	10~15

续上表

序号	保护对象类别	安全允许质点振动速度 v(cm/s)		
		≤10Hz	10~50Hz	>50Hz
10	新浇大体积混凝土(C20) 龄期:初凝~3d 龄期:3d~7d 龄期:7d~28d	1.5~2.0 3.0~4.0 7.0~8.0	2.0~2.5 4.0~5.0 8.0~10.0	2.5~3.0 5.0~7.0 10.0~12.0

爆破振动监测应同时测定质点振动相互垂直的三个分量。

注:1. 表中质点振动速度为三个分量中的最大值,振动频率为主动频率。
  2. 频率范围根据现场实测波形确定或按如下数据选取:硐室爆破 $f<20$Hz;露天深孔爆破 10~60Hz;露天浅孔爆破 40~100Hz;地下深孔爆破 30~100Hz;地下浅孔爆破 60~300Hz。

a. 选取建筑物安全允许质点振速时,应综合考虑建筑物的重要性、建筑质量、新旧程度、自振频率、地基条件等因素。
b. 省级以上(含省级)重点保护古建筑与古迹的安全允许质点振速,应经专家论证选取。
c. 选取隧道、巷道安全允许质点振速时,应综合考虑构筑物的重要性、围岩分类、支护状况、开挖跨度、埋深大小、爆源方向、周边环境等因素。
d. 非挡水新浇大体积混凝土的安全允许质点振速,可按本表给出的上限值选取。
e. 永久性岩石高边坡,应综合考虑边坡的重要性、边坡的初始稳定性、支护状况、开挖高度等

就城市地铁施工而言,爆破施工需要重点保护的对象为周围房屋和周边管线。在场区施工时,每次爆破的震源与需保护目标之间的距离是已知的,可用《爆破安全规程》给出的萨道夫斯基公式,计算出爆破允许的最大起爆药量或延时爆破最大一段起爆药量。其公式如下:

$$Q_{max} = R^3 (V/K)^{3/\alpha}$$

式中:Q_{max}——一次爆破装药量,延时爆破最大一段装药量,kg;
   R——爆破点震源至保护对象距离,m;
   V——保护对象所在地安全允许质点振速,cm/s;
   K、α——与爆破计算保护对象间的地形、地质条件有关的系数和衰减指数。

公式中 K、α 可以从表2-12中查得,也可通过现场试验确定。

爆区不同岩性的 K、α 值   表2-12

岩 性	K	α
坚硬岩石	50~150	1.3~1.5
中硬岩石	150~250	1.5~1.8
软岩石	250~350	1.8~2.0

表中 K、α 的取值范围较大,一般根据工程类比选取,本工程根据场区地形、地势和岩石性质,结合多年的实践经验,与爆破点至计算保护对象间的地形、地质条件有关的系数 K 值取200,衰减指数 α 值取1.65。

2)硬岩地层隧道爆破参数设计

根据民用爆破市场的现状,在城市地铁硬岩地层进行爆破作业时所采用的火工品通常是乳化炸药、非电毫秒雷管(1~20段位)、导爆索等。

(1) 钻孔设计

①炮孔直径

爆破采用直径为 32mm 的乳化炸药,所以钻孔直径 $d=42$mm。

②孔深

根据地质条件和爆破施工规程,隧道开挖进尺为 0.5~1.5m,所以掘进孔深 $L=0.6$~1.8m,掏槽孔加深 20mm,$L=0.8$~2.0m。

③每掘进循环需用炸药总量

$$Q = qV = qSL_b\eta$$

式中:q——单位耗药量,kg/m^3;

η——炮孔利用率,一般为 0.8~0.95;

S——隧道掘进断面面积,m^2。

L_b——炮孔深度,按崩落孔深度计算,m。

④炮孔参数设计

最小抵抗线 W:$W=(0.4$~$1.0)L$;

孔距 a:$a=500$~700mm;

排距 b:$b=500$~700mm;

⑤单孔装药量

$$Q = qabH$$

式中:q——单位炸药消耗量,可设 0.8~1.2kg/m^3;

a——孔距,m;

b——排距,m;

H——掘进深度,m。

具体各炮孔装药量,详见各爆破参数表。

⑥单段最大药量

可根据《爆破安全规程》规定及施工经验,结合场区地质条件,计算单段最大药量,青岛地区可选岩性 k、α 值为 $k=200$,$\alpha=1.65$,利用萨氏公式 $V_{max}=k(Q^{1/3}/R)^{\alpha}$,反算出所允许的单段最大装药量 $Q_{max}=R^3(V/K)^{3/\alpha}$,根据超前地质预报调整 k、α,并在施工中根据监测结果及爆破效果来调整单段装药量。

(2) 掏槽形式的选择

掏槽是爆破成败的关键,通常也是产生爆破最大振速的主要震源。为了达到减震的目的,掏槽方式根据开挖工法和断面尺寸大小,分别采用楔形掏槽和直孔掏槽充分利用楔形掏槽的易抛掷特点,最大限度地减轻振动,为后续爆破创造临空面,如图 2-19、图 2-20 所示。

(3) 装药结构及填塞

装药结构与单孔装药量:掏槽孔、辅助孔采用连续装药结构,每个炮孔装药后的剩余空间全部用炮泥填塞。炮泥可采用 1:3 的黏土与砂混合物,标准即手攥成团,手捏成松散状,或用纸筒装砂土制成药卷状亦可。装药结构图见图 2-21。

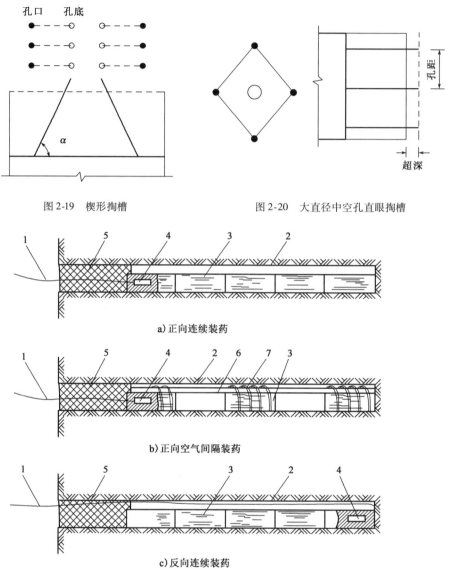

图 2-19 楔形掏槽　　　　图 2-20 大直径中空孔直眼掏槽

a) 正向连续装药

b) 正向空气间隔装药

c) 反向连续装药

图 2-21 装药结构图
1-导爆管；2-炮眼壁；3-药卷；4-雷管；5-炮泥；6-竹条和导爆索；7-绑绳

通常装药使用直径 32mm、长 30cm、质量 300g 的卷状乳化炸药。周边孔可采用不耦合间隔装药结构，使用直径 20mm、长 20cm、质量 100g 的卷状炸药，并加强孔口堵塞。

（4）布孔方式

首先选择掏槽方式和掏槽孔的位置，然后布置周边孔，最后根据断面大小布置辅助孔。掏槽孔一般布置在开挖面中央偏下，并比其他炮孔超深 20cm 左右；周边眼一般布置在掘进断面轮廓线上，并符合光面爆破要求，孔底应超出设计轮廓线 10cm 左右；底孔孔口要高出底板设计水平 15cm 左右，孔底应达到底板水平下 10～20cm，以防欠挖，孔距和抵抗线与辅助孔相同。采用直孔掏槽时，中空孔一次打 10m 深度。

根据围岩等级及断面大小采用不同爆破法开挖,Ⅱ级围岩可采用全断面法爆破施工,Ⅲ、Ⅳ、Ⅴ级围岩采用上下台阶法爆破施工,楔形掏槽方式,导爆管雷管1~20段延期进行光面爆破。根据不同围岩的支护结构设计循环进尺,青岛地区根据地质特点及相关要求,各级围岩开挖进尺控制如下:Ⅱ、Ⅲ级围岩进尺控制在1.5m,Ⅳ级围岩进尺控制在1m或0.75m,Ⅴ级围岩进尺0.5m,重难点地段根据地质和振速要求调整循环进尺。具体爆破参数见表2-13~表2-17,其对应的炮眼布置见图2-22~图2-26。

区间隧道Ⅱ级围岩全断面爆破参数表　　　　　表2-13

序号	段别（段）	名称	数量（个）	孔排距（最小抵抗线）(m)	孔间距(m)	钻孔角度(°)	孔深(m)	单孔装药量(kg)	最大一次（段）起爆药量(kg)
Ⅱ级围岩爆破参数									
1	1号	1级掏槽眼	4	1	0.6	70	1.0	0.6	2.4
2	3号	2级掏槽眼	6	0.6	0.6	73	2.1	0.8	4.8
3	5号	辅助眼	7	0.8	0.8	90	1.8	0.7	4.9
4	7号	辅助眼	7	0.8	0.8	90	1.8	0.7	4.9
5	9号	辅助眼	5	0.8	0.8	90	1.8	0.7	3.5
6	10号	辅助眼	5	0.8	0.8	90	1.8	0.7	3.5
7	11号	辅助眼	5	0.8	0.8	90	1.8	0.7	3.5
8	12号	内圈眼	8	0.6	0.6	90	1.8	0.7	5.6
9	13号	内圈眼	8	0.6	0.6	90	1.8	0.7	5.6
10	14号	内圈眼	8	0.6	0.6	90	1.8	0.7	5.6
11	15号	内圈眼	7	0.6	0.6	90	1.8	0.7	4.9
12	16号	周边眼	11	0.6	0.4	92	1.8	0.45	5.0
13	17号	周边眼	11	0.6	0.4	92	1.8	0.45	5.0
14	18号	周边眼	11	0.6	0.4	92	1.8	0.45	5.0
15	19号	周边眼	10	0.6	0.4	92	1.8	0.45	4.5
16	20号	周边眼	11	0.6	0.4	92	1.8	0.45	5.0

主要经济技术指标:
全断面面积:40m²,进尺:1.5m;
炮孔数量:124个,总药量:73.7kg;
平均单耗:1.2kg/m³,方量:60m³;
雷管数量:135个

地下暗挖区间隧道的钻孔方式为倾斜孔和水平孔。除掏槽孔、周边眼为倾斜孔外,其余炮孔均为水平孔。

区间隧道Ⅲ、Ⅳ级围岩上台阶爆破参数表

表 2-14

序号	段别（段）	名称	数量（个）	孔排距（最小抵抗线）(m)	孔间距（m）	钻孔角度（°）	孔深（m）	单孔装药量（kg）	最大一次（段）起爆药量(kg)
1	1号	1级掏槽眼	4	1	0.5	75	1.55	0.5	2
2	3号	2级掏槽眼	6	0.7	0.5	80	1.52	0.4	2.4
3	5号	辅助眼	6	0.6	0.7	90	1.3	0.3	2
4	7号	辅助眼	4	0.6	0.7	90	1.3	0.3	1.2
5	9号	辅助眼	7	0.6	0.75	90	1.3	0.4	2.8
6	10号	辅助眼	7	0.6	0.75	90	1.3	0.4	2.8
7	11号	周边眼	13	0.5	0.4	93	1.3	0.3	3.9
8	12号	周边眼	13	0.5	0.4	93	1.3	0.3	3.9
9	13号	底孔	5	0.6	0.7	93	1.3	0.3	1.5
10	14号	底孔	5	0.6	0.7	93	1.3	0.3	1.5

主要经济技术指标：
上台阶面积:22 m², 进尺:1m；
炮孔数量:70个, 总药量:23.8kg；
单耗:1.08kg/m³, 方量:22 m³；
雷管数量:77个

区间隧道Ⅲ、Ⅳ级围岩下台阶爆破参数表

表 2-15

序号	段别（段）	名称	数量（个）	孔排距（最小抵抗线）(m)	孔间距（m）	钻孔角度（°）	孔深（m）	单孔装药量（kg）	最大一次（段）起爆药量(kg)
1	1号	掘进眼	5	0.8	1	90	1.3	0.6	3.0
2	3号	掘进眼	5	0.8	1	90	1.3	0.6	3.0
3	5号	掘进眼	4	0.6	1	90	1.3	0.6	2.4
4	7号	掘进眼	5	0.7	0.75	90	1.3	0.4	2
5	9号	掘进眼	6	0.7	0.75	90	1.3	0.4	2.4
6	11号	周边眼	11	0.6	0.5	93	1.3	0.3	3.3
7	13号	周边眼	11	0.6	0.5	93	1.3	0.3	3.3

主要经济技术指标：
下台阶面积:20 m², 进尺:1.0m；
炮孔数量:47个, 总药量:19kg；
单耗:0.8kg/m³, 方量:20 m³；
雷管数量:51个

区间隧道V级围岩上台阶爆破参数表　　　　　　　　　　　　　　　　　　表 2-16

序号	段别（段）	名称	数量（个）	孔排距（最小抵抗线）(m)	孔间距(m)	钻孔角度(°)	孔深(m)	单孔装药量(kg)	最大一次（段）起爆药量(kg)
\multicolumn{10}{l}{V级围岩上台阶爆破参数}
1	1号	1级掏槽眼	6	1	0.5	70	1.2	0.5	3
2	3号	辅助眼	6	0.5	0.5	80	1.2	0.2	1.2
3	5号	辅助眼	6	0.5	0.6	90	1	0.2	1.2
4	7号	辅助眼	6	0.5	0.6	90	1	0.2	1.2
5	9号	辅助眼	6	0.5	0.6	90	1	0.2	1.2
6	11号	辅助眼	4	0.5	0.6	90	1	0.2	0.8
7	13号	内圈眼	7	0.5	0.4	90	1	0.2	1.4
8	14号	内圈眼	8	0.5	0.4	90	1	0.2	1.6
9	15号	周边眼	18	0.4	0.3	93	1	0.15	2.7
10	16号	周边眼	19	0.4	0.3	93	1	0.15	2.85
11	17号	底边眼	11	0.5	0.6	93	1	0.2	2.2

主要经济技术指标：
上台阶面积:22m³，进尺:1m
炮孔数量:97个，总药量:17.55kg
单耗:0.79kg/m³，方量:22 m³
雷管数量:106

区间隧道V级围岩下台阶爆破参数表　　　　　　　　　　　　　　　　　　表 2-17

序号	段别（段）	名称	数量（个）	孔排距（最小抵抗线）(m)	孔间距(m)	钻孔角度(°)	孔深(m)	单孔装药量(kg)	最大一次（段）起爆药量(kg)
\multicolumn{10}{l}{V级围岩下台阶爆破参数}
1	1号	掘进眼	8	0.6	0.7	90	1	0.25	2
2	3号	掘进眼	7	0.6	0.7	90	1	0.25	1.8
3	5号	掘进眼	6	0.6	0.7	90	1	0.25	1.5
4	7号	掘进眼	3	0.6	0.7	90	1	0.25	0.8
5	9号	内圈眼	7	0.5	0.6	90	1	0.2	1.4
6	11号	内圈眼	8	0.5	0.6	90	1	0.2	1.6
7	13号	周边眼	13	0.5	0.4	93	1.1	0.2	2.6
8	15号	周边眼	14	0.5	0.4	93	1.1	0.2	2.8

主要经济技术指标：
下台阶面积:20m³，进尺:0.75m；
炮孔数量:66个，总药量:14.5kg；
单耗:0.7kg/m³，方量:20 m³；
雷管数量:71

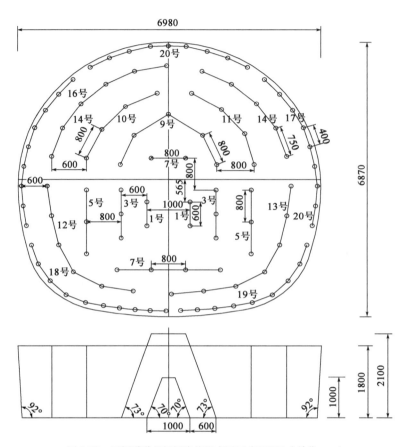

图 2-22　区间隧道Ⅱ级围岩炮眼布置示意图(尺寸单位:mm)

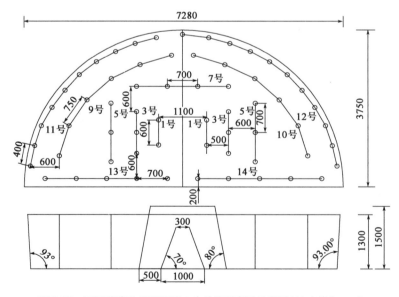

图 2-23　区间隧道Ⅲ、Ⅳ级围岩上台阶炮眼布置示意图(尺寸单位:mm)

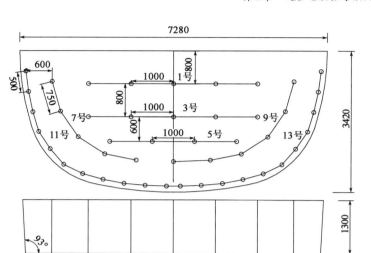

图 2-24　区间隧道Ⅲ、Ⅳ级围岩下台阶炮眼布置示意图（尺寸单位：mm）

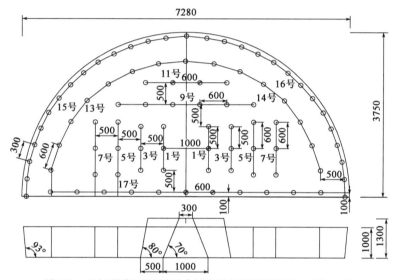

图 2-25　区间隧道Ⅴ级围岩上台阶炮眼布置示意图（尺寸单位：mm）

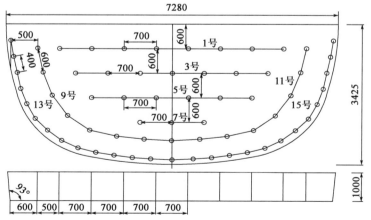

图 2-26　区间隧道Ⅴ级围岩下台阶炮眼布置示意图（尺寸单位：mm）

(5) 起爆网络设计

硬岩地层隧道开挖应采用光面爆破技术,各炮孔起爆顺序为:掏槽眼→辅助眼(掘进眼)→周边眼→底边眼,由里向外逐层起爆;下台阶爆破时各炮孔起爆顺序为:上排眼→下排眼→周边眼→由里向外或由上至下逐层起爆。

为了保证后起爆的网络不被先起爆的炸断,建议采用孔内毫秒延时的起爆网络,孔外采用 5 号或 7 号雷管引爆,确保网络安全。根据炮眼布置图可确定起爆网路图,典型案例如图 2-27、图 2-28 所示。

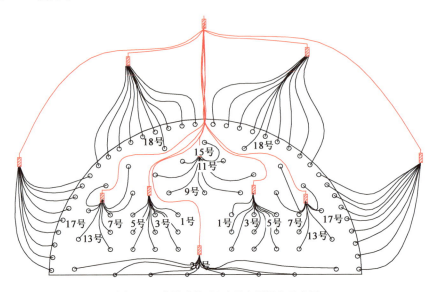

图 2-27　某隧道断面上台阶起爆网络示意图

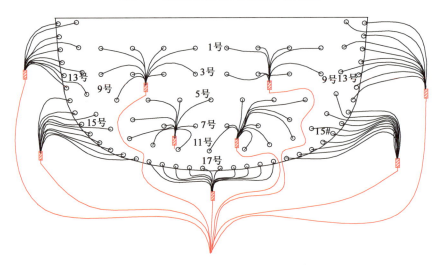

图 2-28　某隧道断面下台阶起爆网络示意图

(6) 爆破施工主要管理制度

① 民用爆炸物品管理制度

a. 火工品现场临时存放应征得当地公安部门的同意,在工地修建临时存放点。所有火工品在临时存放点统一储存和管理,每次领用未用完的火工品必须当天由相关单位回收管理,严禁私自存放火工品。工地临时存放点严格按有关要求修建。

b.临时存放点设置治安保卫机构或者配备治安保卫人员,设置技术防范措施,防止民用爆炸物品丢失、被盗、被抢。

c.所有火工品由临时存放点统一实行专运和回收,爆破器材必须保存在专用贮存柜内,健全领退登记制度,账物相符。

d.健全爆炸物品的收入、发放、清退等账卡,做到计划、实领、消耗、清退四对口,账卡物三相符,日清日结。手续不齐不得发放,清退数量双方当面清点,交接清楚,签字后分存分放。

e.无关人员一律不准进入临时库房,必须入库时,要经负责人批准后登记入内。严格现场交接班签字手续,搞好库内、外清洁卫生。

f.掌握消防知识,对各种消防器材要做到熟练操作,认真做好消防工作。

g.落实好安全防范措施,若发生案件或事故,要注意保护好现场,并立即报告保卫部门和公安机关调查处理。因工作不负责任,人为造成的爆炸物品被盗丢失等,将按有关法律规定追究其责任。

h.严格爆破器材的出入库管理,并跟踪爆破作业,严禁爆破器材外流,必须由经过专门培训并取得上岗证的人员管理及搬运。

i.在工地范围内搬运火工品必须遵守以下规定:雷管与炸药应放置在带盖的容器内分别运送;爆破器材前后30m内,设最少2人护送,直接送到工作地点,严禁中途逗留;每人一次运送炸药数量不得超过20kg或原包装一箱。

j.工作面所用炸药、雷管应分别存放在加锁的专用爆破器材箱内,不应乱扔乱放。爆破器材箱应放在顶板稳定、支架完整、无机械电器设备的地点。每次起爆时都应将爆破器材箱放置于警戒线以外的安全地点。

②火工品临时配送制度

a.运输爆炸物品,必须遵守《中华人民共和国民用爆炸物品管理条例》。

b.装卸爆炸物品,必须遵守以下搬运装卸制度:

(a)装卸人员必须懂的民爆物品的安全常识,遵守操作规程,严禁抛掷、拖曳民爆物品或在包装箱上踩踏。

(b)装卸人员在作业时,不准化纤衣物或带钉子的鞋,不准携带火具、火种。

(c)遇暴风雨或雷雨时,禁止装卸。

(d)装卸时,汽车必须熄火,制动,驾驶员不得离开驾驶室。

c.运输爆破物品时押运员必须随车押运,车内不得乘坐闲杂人员,不得将载有爆炸物品的车辆停留在公共成所或人群密集的地方。

d.汽车行驶在能见度良好时不超过40km/h,能见度低时至少减半。遇有雷雨时,车辆应该停留在远离建筑物的空旷地带,寒冷天气时;必须采取防滑措施。

e.禁止在上、下班或人员集中时运输,车头、车尾分别安装特制的危险品标志。

f.押运员和库管员必须对民爆物品搬运装卸实行全过程监督。

g.运输民爆物品的车辆,必须办理公安部门签发的《民爆物品运输许可证》,必须在有效期内运输,不得提前或推后运输。

③民爆器材领用发放清退制度

a.爆破作业单位应当根据爆破设计方案、爆破图表和施工实际编制当班使用爆破器材计划,经现场技术负责人签字确认,事前通知爆破器材临时存放点。

b.领取爆破器材应当在爆破作业现场技术负责人签字确认后进行。

c.领取爆破器材必须持有《爆破作业人员许可证》的爆破员进行,发放爆破器材必须由持有《爆破作业人员许可证》的保管员进行,领取、发放过程必须有安全员全程监督。

d.保管员应查验确认领取人员为持证上岗的当班作业人员,确认已经批准领取,按照通知的计划发放爆破器材。不得向未经确认为当班作业人员身份的人员发放爆破器材;不得超过批准计划的种类和数量发放爆破器材。

e.在领取发放的同时填写火工品台账,记录领发时间、领取发放双方人员、爆破器材品种、数量、时间,由双方签字确认;同时采集领取发放电子信息。

f.爆破作业结束后,应当及时将剩余的爆破器材撤离爆破作业面清退至临时存放点。

g.保管员在接收清退的同时填写火工品台账,记录清退时间、交接双方人员、爆破器材品种、数量、时间等,由交接双方签字确认。

④火工品现场运输制度

a.爆破员每天根据爆破量亲自领取火工品,不得他人带领,保管员要如实做好火工品领取、发放记录,包括数量、编号以及领取发放人员姓名。技术负责人、安全员应全程监督火工品的领取、发放、运输。

b.爆破员领取火工品后应立即运往爆破作业地点。不得携带火工品在人群聚集的地方停留,禁止乱放乱丢。

c.领取火工品后,炸药、雷管应分开运输。每人一次运送炸药数量不得超过20kg或原包装一箱。

d.运输火工品经过竖井时,禁止在进口停留。

e.人员上下集中的时间,禁止升降火工品。

f.升降火工品前,要首先通知起重机司机和信号工,信号要准确,操作要细心。

g.火工品运输至爆破作业点后,炸药、雷管要分开放置,并派专人看管。

(7)爆破监测

爆破振动具有瞬时性,是居民对隧道施工最直接的感受,对居民的生活产生较大干扰,同时也引发居民对建筑安全的担心和质疑。因此必须进行爆破振动监测,严格将爆破震动危害控制在允许的范围内,监测对象安全评价,为后续施工提供精确可靠的数据和指导后续施工爆破方案设计等是爆破振动监测的主要目的。

①监测原理

由于炸药在岩石中的爆炸作用,使安装布置在监测质点上的传感器随质点振动而振动,使传感器内部的磁系统、空气隙、线圈之间作相对的运动,变成电动势信号,电动势信号通过导线输入可变增益放大器将信号放大,进入 AD 转换,再通过时钟、触发电路,同时也通过存储器信号保护,再通过 CPU 系统输入计算机,采用波形显示和数据处理软件进行波形分析和数据处理。

②监测仪器

以中国科学院成都测控研究所生产的 TC-4850 高精度爆破测振仪为例,该仪器具有质量轻、可防水、防尘、耐压抗击、精度高、应用面广等特点。增强的 4850 型仪器可以在现场通过按键和液晶屏快速设置参数,从而达到信号快速、准确采集的目的。同时,仪器可以在现场通过仪器本身的功能读出特征值,还能大致预览到已经采集到的信号波形。仪器采用自适应量程,采集时无须做量程调整(图 2-29)。

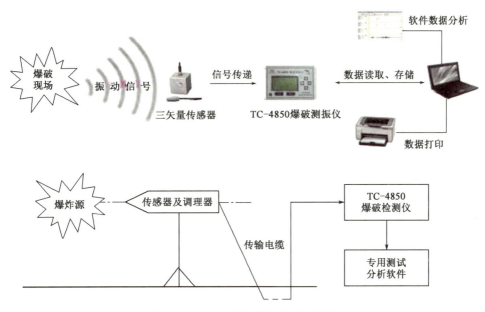

图 2-29　TC-4850 爆破测振仪工作示意图

爆破测振仪宜使用分离式振动传感器,可对微小振动及超强振动进行测量。数据记录功能为连续模式,振动分析仪能同时显示物理量、主频及记录发生时刻。主要技术指标如表 2-18 所示,记录仪组成见图 2-30。

TC-4850 振动测试记录仪主要技术指标　　　　表 2-18

TC-4850 振动测试记录仪	
通道数	并行三通道
显示方式	全中文液晶屏显示
供电方式	内置可充电锂电池供电
采样率	1～50kHz,多挡可调
A/D 分辨率	16Bit
频响范围	0～20kHz
采集方式	并行三通道采集,多组级联
记录时长	1～160s 可调
触发模式	内触发,外触发
量程	自适应量程,无需设置,最大输入值 10V(35cm/s)
触发方式	连续触发记录可达 128～1000 次
触发电平	0～10V(0～35cm/s)任意可调

续上表

TC-4850 振动测试记录仪	
存储空间大小	1M SRAM，128 M flash
记录精度	0.05mV(0.5mm/s)
读数精度	1‰
时钟精度	1 个月≤5s
数据接口	USB 2.0
电池续航时间	≥60h
适应环境	－10～75 ℃(20%～100%)RH
尺寸大小	168mm × 99mm × 64mm
重量	1000g

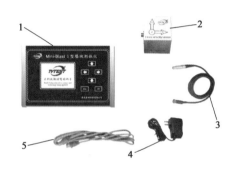

图 2-30　TC-4850 振动测试记录仪
1-Blast I 型爆破测振仪;2-三向振动速度传感器;
3-速度传感器线缆;4-电源充电器;5-网络线缆

③监测实施方法

爆破振动监测是实时监测,所以在爆破前根据实地调查结果进行细致的准备工作,并严格按照工作流程进行工作。根据开挖爆破方案和爆破参数设计,对爆源周边一定范围内的振动敏感部位进行振动监测。

为确保监测的准确可靠,首先对爆破点附近的监测对象进行详细准确的调查后,确定监测对象,然后在爆破前对监测系统进行检查、检测和标定,同时根据监测对象与爆破点相对位置关系,确定测点位置及布置方法,提前进入现场进行安置,根据爆破时间进行监测。

a. 测点布置

根据设计要求,将爆破振动测点布置在所需监测的地表、建筑物结构支撑柱、隧道侧壁上。安装传感器时必须安装稳固,否则质点的速度监测数据将产生失真现象,一般采用石膏固定传感器效果较好。还应注意对传感器的保护,使其避免受到爆破碎石或其他物体的物理性损伤。另外必须注意传感器的方向性。

b. 测点布置遵循的原则

(a)最大振动断面发生的位置和方向监测;

(b)爆破地震效应跟踪监测;

(c)爆破地震波衰减规律监测。

c. 测点的布置方法

按照上述原则和爆破地震的传播规律和以往的经验,隧道爆破振动监测点布置在隧道一侧底部,每次监测选择离爆破点最近的 2 个测点,每个测点布置垂直方向、水平方向和水平切向的传感器;地面建构筑物的测点布置在距爆破中心最近的建构筑物及其地表面,即靠近开挖隧道一侧(迎爆面)。

对于暗挖隧道,左右洞不同开挖进尺,在即将进行爆破的隧道的相邻隧道掌子面、初支

(均临近爆破点)布设爆破振动监测点,以得出隧道开挖爆破对相邻隧道影响,测点布置如图 2-31~图 2-33 所示。

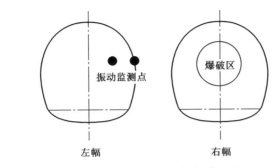

图 2-31 隧道内爆破振动测点布置图

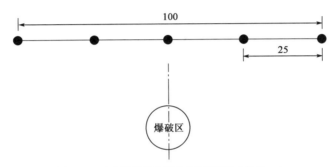

图 2-32 地表爆破振动测点布置图(尺寸单位:m)

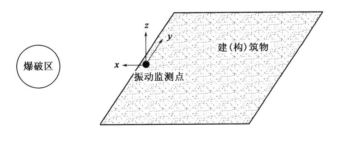

图 2-33 振动监测点布置示意图

对于建构筑物测点选取基础上表面,若基础埋于土层下,则选择最近基础且坚实的区域作为测点。

2.3.4 隧道主要开挖方法

1) 全断面法施工方法及程序

在硬岩地层城市地铁隧道施工中,Ⅱ、Ⅲ级围岩隧道可采用全断面法施工。开挖前测量放线断面开挖外轮廓线,钻爆全断面开挖,施做初期支护,铺设仰拱防水层,施作仰拱二衬,铺设拱部及边墙防水层并施作二衬,每循环开挖进尺控制在 1.5m。

全断面法开挖步序(图 2-34)为:

①全断面开挖隧道断面,施作初期支护。

②铺设仰拱防水层,施作仰拱二次衬砌。
③铺设拱部及边墙防水层并施作二次衬砌。

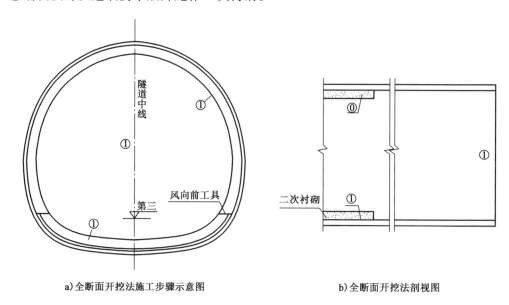

a)全断面开挖法施工步骤示意图　　　　b)全断面开挖法剖视图

图 2-34　全断面法施工程序示意图

2)台阶法施工方法及程序

Ⅳ、Ⅴ、Ⅵ级围岩隧道根据地质情况均可采用台阶法施工。开挖前按围岩类别先沿初衬拱圈施打超前小导管或超前锚杆,注浆加固地层,然后钻爆开挖上台阶岩体,初喷混凝土,架钢架,施打中空锚杆,挂网喷混凝土。为防止拱脚下沉,拱脚打设锁脚锚杆,或采用加大拱脚的方法初喷混凝土后架设下台阶钢架,施打锚杆,喷混凝土封闭处理。上台阶开挖 3～5m 时(短台阶法上台阶开挖不大于 3m 时),开挖下台阶,围岩情况较差时,为保证开挖安全,上台阶需预留部分核心土。

台阶法施工工序见图 2-35、图 2-36。

(1)台阶法开挖步序为:

①开挖隧道上台阶①部,施作上台阶初期支护;
②开挖隧道下台阶②部,施作下台阶初期支护;
③铺设仰拱防水层,施做仰拱二次衬砌;
④铺设拱部及边墙防水层并施做二次衬砌。

(2)台阶法开挖断面分块及台阶长度的控制

一般情况下,台阶长度控制在 6～8m,地质较差时控制在 5m 以内,在遇富水地层或上台阶处于砂层等软弱地层时台阶长度适当缩短,上台阶采用爆破开挖土石方,欠挖采用补炮或人工风镐处理,为方便设备操作,上台阶净空不宜小于 3.5m。

开挖循环进尺根据设计和规范要求进行。

下台阶采用爆破加人工配合机械开挖,开挖机械选用挖掘机,挖掘机挖土后装到自卸车运出。

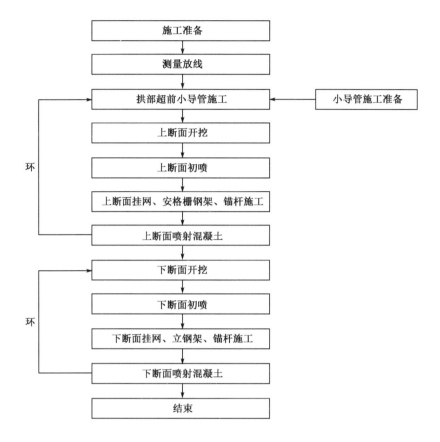

图 2-35 台阶法施工工艺流程图

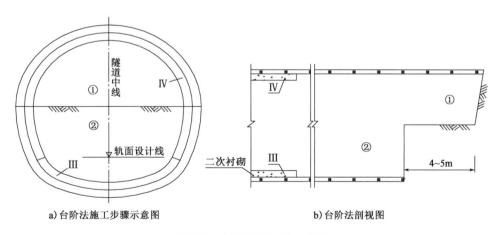

a) 台阶法施工步骤示意图　　b) 台阶法剖视图

图 2-36 台阶法施工工序示意图

3) 中隔壁法（CD 法）

CD 法施工适用于浅埋及不良地质段隧道开挖。开挖前按围岩类别先沿初衬拱圈施打超前小导管，注浆加固地层，然后钻爆开挖上台阶左侧岩体，初喷混凝土，架钢架，安装临时竖向中隔板，施打中空锚杆，挂网喷混凝土。为防止拱脚下沉，拱脚和临时竖向中隔板打设锁脚锚杆,然后开挖下台阶左侧岩体,喷混凝土后架设下台阶钢架及临时中隔板,施打锚杆,喷混凝土封闭处理。最后继续施工右侧上台阶右侧和下台阶右侧初期支护,单侧台阶开挖 3~5m 时(短台阶法上台阶开挖不大于 3m 时),开挖下道工序台阶。每循环开挖进尺为 0.5m。

(1)CD 法开挖步序(图 2-37)

①开挖隧道上台阶①部,施作上台阶初期支护及临时中隔板;
②开挖隧道下台阶②部,施作下台阶初期支护及临时中隔板;
③开挖隧道下台阶③部,施作下台阶初期支护;
④开挖隧道下台阶④部,施作下台阶初期支护;
⑤拆除临时中隔板,铺设仰拱防水层,施作仰拱二次衬砌;
⑥铺设拱部及边墙防水层并施作二次衬砌。

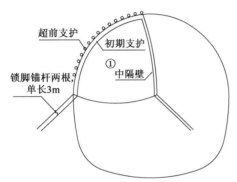
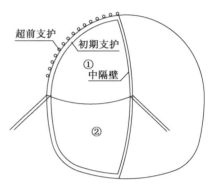
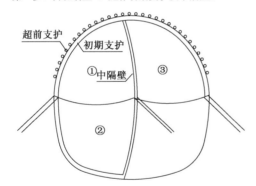
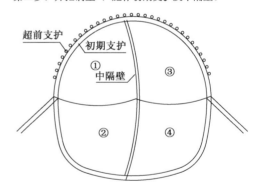

图 2-37 CD 法施工工序示意图

(2)CD 法开挖断面分块及台阶长度的控制

一般情况下,台阶长度控制在 3~5m 以内,在遇富水地层及围岩差的地层台阶长度适当缩短,采用爆破开挖土石方,欠挖采用补炮或人工风镐处理,开挖循环进尺 V 级围岩为一榀钢架间距,即 0.5m。

4)交叉中隔壁法(CRD 法)

CRD 法通常应用于大断面、大跨度隧道施工。开挖前按围岩类别先沿初衬拱圈施打超前小导管,注浆加固地层,然后钻爆开挖上台阶左侧岩体,初喷混凝土,架钢架,安装临时竖向及横向中隔板,施打中空锚杆,挂网喷混凝土。为防止拱脚下沉,拱脚和临时竖向中隔板打设锁脚锚杆,然后开挖下台阶左侧岩体,喷混凝土后架设下台阶钢架及临时中隔板,施打锚杆,喷混凝土封闭处理。最后继续施工右侧上台阶右侧和下台阶右侧初期支护,单侧台阶开挖3~5m时(短台阶法上台阶开挖不大于3m时),开挖下道工序台阶。每循环开挖进尺为0.5m。

(1) CRD法开挖步序(图2-38)

①开挖隧道上台阶①部,施作上台阶初期支护及临时横向中隔板和竖向中隔板;
②开挖隧道下台阶②部,施作下台阶初期支护及临时中隔板;
③开挖隧道下台阶③部,施作下台阶初期支护及临时横向中隔板;
④开挖隧道下台阶④部,施作下台阶初期支护;
⑤拆除临时中隔板,铺设仰拱防水层,施作仰拱二次衬砌;
⑥铺设拱部及边墙防水层并施作二次衬砌。

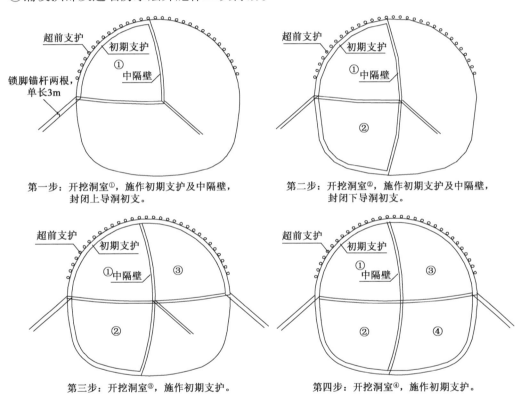

图2-38 CRD法施工工序示意图

(2) CRD法开挖断面分块及台阶长度的控制

一般情况下,台阶长度控制在3~5m以内,在遇富水地层及围岩差的地层台阶长度适当缩短,采用爆破开挖土石方,欠挖采用补炮或人工风镐处理,开挖循环进尺Ⅴ级围岩为一榀钢架间距,即0.5m。

5) 中导洞法

中导洞法开挖在城市地铁施工中一般应用于交叉联络线、小间距隧道等特殊地段。如图2-39所示,开挖前按围岩类别先在连拱隧道中间设置一个中导洞,沿中导洞初衬拱圈施打

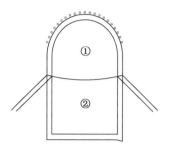
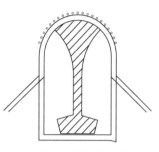

一、施作中导洞超前支护,台阶法施工中导洞1、2,上下台阶错开3~5m。开挖完成后施作初期支护,封闭中导洞。

二、待中导洞全部贯通后铺设中隔墙下部及顶部防水层,浇筑中隔墙二衬结构。中隔墙与中洞、侧洞二衬连接处预埋钢筋接驳器及后期防水层铺设接头。

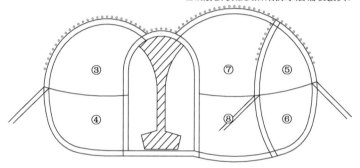

三、待中隔墙浇筑完毕后,台阶法开挖左侧主洞3、4,CD法开挖右侧主洞5、6、7、8,上下台阶错开3~5m。

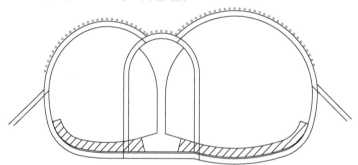

四、分段局部破除中隔壁(步长6~8m),敷设抑拱防水层,施作仰拱二次衬砌。

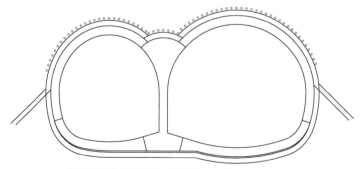

五、继续敷设拱部防水板,施作拱部二次衬砌,形成封闭二衬。待连拱断面二衬施工完毕后方可进行下一洞室的开挖。

图 2-39 中导洞法施工工序示意图

超前小导管,注浆加固地层,然后用台阶法完成中导洞的开挖及初期支护。待中导洞全部贯通后铺设中隔墙下部及顶部防水层,浇筑中隔墙二衬结构。待中隔墙浇筑完毕后,台阶法开挖左侧主洞(断面较小),CD法开挖右侧主洞(断面较大),待连拱断面贯通后,分段局部破除中隔壁(步长6~8m),敷设仰拱防水层,施作仰拱及拱部二次衬砌。单个洞室台阶步距为3~5m(短台阶法上台阶开挖不大于3m时),每循环开挖进尺为0.5m。

2.3.5 钢拱架支护技术要点

(1)钢架加工制作时,构件的连接是关键性工艺,应严格按有关规范规定执行,确保各类焊缝的质量。加工过程应注意以下要求:

①在加工过程中须严格按设计要求标准化制作,做好样台、放线、复核和试拼,并作上号码标记,确保制作精度。

②钢架由钢筋加工场制作加工,所有钢架加工时均焊接连接板,便于钢架连接牢固。

③构件的连接是钢架加工制作的关键工艺,应严格按有关规范规定执行,确保各类焊缝的质量。

④钢架加工后应试拼,其允许误差满足规范要求,经监理验收合格后,投入使用。

钢架加工后应放在水泥地面上试拼,其允许误差见表2-19。

钢架加工与组装检验标准   表2-19

序号	项 目		允许偏差(mm)	检验频率		检验方法
				范围	点数	
1	钢架加工	拱架矢高及弧长	+20,0	榀	1	用钢尺量
		墙架长度	±20		1	
		墙架横断面尺寸(高、宽)	+10,0		2	
2	钢架预拼装	高度	±30		3	
		宽度	±20			
		扭曲度	20			

(2)钢架安装时,先准确测量出中线、水平桩点,安装时保证其安装的精度符合设计轮廓的要求(表2-20)。钢架间按设计间距设连接钢筋。钢架与围岩间满足设计3cm保护层的间隙。严禁在钢架背后用碎石或块石填充。钢架应与设计径向锚杆的尾部焊接牢固。

钢架安装偏差检验标准   表2-20

序号	项 目	允许偏差(mm)	检验频率		检验方法
			范围	点数	
1	钢架纵向	±50	每榀	3	查对工程检查证、用钢尺量
2	钢架横向	±30		2	
3	高程偏差	±30			
4	垂直度	5‰		3	
5	钢架保护层厚度	-5mm			

(3)钢架与围岩应楔紧,钢架在安设过程中当钢架和初喷层之间有较大间隙应设垫块。如图2-40~图2-42所示。

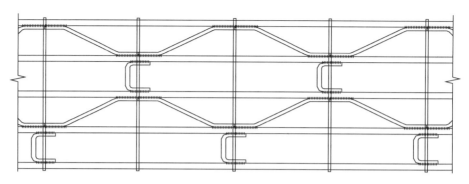

图 2-40 格栅钢架展开图

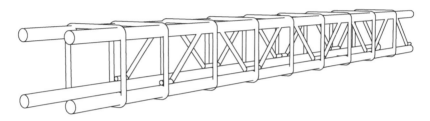

图 2-41 格栅钢架三维立体图

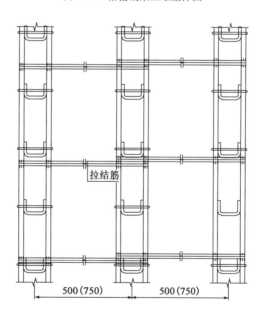

图 2-42 格栅钢架竖向连接示意图(尺寸单位:mm)

2.3.6 喷射混凝土支护技术要点

喷射混凝土支护是使用混凝土喷射机将提前按一定的配合比拌和好的混合料,掺入速凝剂,经过混凝土喷射机喷嘴喷射到岩壁表面上,使之迅速凝固而形成一层支护结构,从而对围岩起到支护作用。根据加水时间的不同,喷射混凝土通常分为干喷、潮喷、湿喷三种施工方式。喷射混凝土施工方式及相关特点比较如表 2-21 所示。

喷射混凝土施工方式及相关特点比较 表2-21

项目	干喷	潮喷	湿喷
加水时间	在喷嘴处将水与干拌和料混合	在混合料拌和时加入部分水,在喷头处根据配合比二次加水	将配合比所有的水加入混合料
混凝土质量	质量取决于操作人员水平,不易控制	拌和均匀,质量好	对拌制好的混凝土要求高,喷射质量易管理
作业难易程度	现场拌制,供料限制少	现场拌制,供料限制少	设备占用空间大,限制多
工艺及操作	喷射及时,人工操作	喷射及时,人工操作	喷射不及时,机械手操作
回弹量	较多	少	硬岩少、软岩多,大断面少、小断面多
故障处理及养护	容易	容易	麻烦
粉尘	多	较少	少
对人体微汗	粉尘大,损伤呼吸道	损伤呼吸道	损伤皮肤

(1)喷射混凝土原材料符合下列规定:

①水泥:选用P.O42.5水泥,性能符合现行水泥标准;

②粗集料:采用5~10mm碎石,各项性能满足规范要求;集料级配通过各筛径累计重量百分比应符合规范要求;

③水:采用饮用水;

④速凝剂:质量合格,速凝剂进场时,水泥净浆初、终凝结时间应按进场检验批次采用实际使用的原材料和配合比与上批留样进行平行对比试验,其允许偏差应为±1min。

(2)混凝土喷射机应具有良好的密封性,输送连续均匀,输料能力应满足混凝土施工需要。

(3)原材料的称量累计误差为:水泥、速凝剂±2%,砂石±3%。

(4)喷前准备及清理岩面。

①喷射施工前清理受喷面,清除开挖面浮石、石渣或堆积物,挖除欠挖部分,用高压风水枪冲洗受喷面;对于潮湿的泥化岩石,采用高压风清扫岩面;

②受喷面验收合格后,在锚筋上设立喷厚标志;

③喷混凝土前进行地质资料的收集和整理,并配合监理人及设计地质工程师进行地质素描。

(5)喷射混凝土在开挖面暴露后立即进行,作业应符合下列要求:

①喷射混凝土作业应分段、分片、依次自下而上,呈"S"形运动,并先喷格栅钢架与岩壁间隙部分,后喷两钢架之间部分;

②喷射混凝土分层进行,一次喷射厚度根据喷射部位和设计厚度而定,后喷一层应在先喷一层终凝固前进行;

③喷层混凝土回弹量,边墙不宜大于15%;

④湿喷时,由于工作风压较大,因此喷头与受喷面需拉开合适的距离(以湿喷机说明书参数为准),以免压缩空气将混凝土拌合料吹走,使粗集料的回弹量增大;

⑤喷射时,喷头与受喷面应保持垂直,若受喷面被格栅、钢筋网覆盖,可将喷头稍加倾斜,但不宜小于70°;

⑥喷射混凝土混合料存放时间不应超过20min;

⑦当喷射混凝土的设计厚度大于一次喷射厚度时,应分层进行喷射。两次喷射的最小时间间隔,复喷前应喷水湿润;

⑧在喷射混凝土2h后开始洒水养护。养护时间和喷水次数,根据水泥品种和空气湿度自行拟定,但在任何情况下,养护时间不得小于14d。

(6)在喷锚衬砌段,为了满足喷射面平整的要求,喷射施工时要注意:喷射作业区域内应有充分的照明;喷嘴要经常保持与喷射面成直角、适当的距离和喷射压力;要在不使混凝土流淌的厚度范围内进行喷射,反复喷射到规定的厚度;喷射后要确认其厚度,不足的部位要补喷;喷射完成后应进行表面处理整平。

(7)喷射混凝土表面应密实、平整,无裂缝、脱落、漏喷、漏筋、空鼓、渗漏水等现象,不平整度允许偏差为±30mm,且矢弦比不应大于1/6。

(8)渗漏、渗水岩面施工补充方法:

受喷面岩石有漏、渗水时,应做好处理,以排为主,先排后堵;在潮湿岩面上喷射混凝土时,适当减少水灰比和加大喷射时的风压,喷混凝土时用高压风吹去岩面水珠后立即施喷,漏、渗水处理后,喷射混凝土时要从远离漏、渗水处,渐向水线附近施喷。

(9)爆破作业时,喷射混凝土终凝到下一循环放炮间隔时间不应小于3h。

(10)喷射混凝土施工气温和混合料进入喷射机温度均不得低于+5℃。

(11)抗压强度试件制作:喷射混凝土试件不能像普通混凝土那样直接制作试件,宜根据施工条件,现场喷射混凝土板,然后根据规范规定切割成标准或非标准抗压强度试件,同一配合比每喷射20m、不超过100m³混凝土,拱和墙各制作强度检查试件不少于2组,不足100m³时也应制作1组抗压强度试件。当材料或配合比变化时,应分别制作试件。

(12)喷层与围岩以及喷层之间粘结应用锤击法检查,对喷层厚度,每10m(区间20m)检查一个断面,每个断面从拱顶中线起,每2m凿孔检查1个点,断面检查点60%以上喷射厚度不小于设计厚度,最小值不小于设计厚度1/3,厚度总平均值不小于设计厚度时,方为合格。

2.3.7　初支背后注浆

为了保证初期支护和围岩紧贴密实,防止围岩变形,同时为了提高防水质量,沿隧道纵向每3m左右于初支拱部环向间距1.5m为宜,侧墙环向间距3m左右,梅花形布置,注浆深度建议为初支背后0.5m,每个导洞初支封闭成环3~5m后,需及时注浆,详见图2-43。

预埋注浆管通常采用$\phi42$钢管,以露出初支表面3~5cm为宜,初支完成后,及时对初支与围岩之间空腔进行注浆。建议采用注浆泵注水灰比为1:1水泥浆,注浆压力$P=0.3~0.5$MPa,凡出现滴漏和湿渍处,均反复压注浆液,直至无湿渍,以封闭水路。

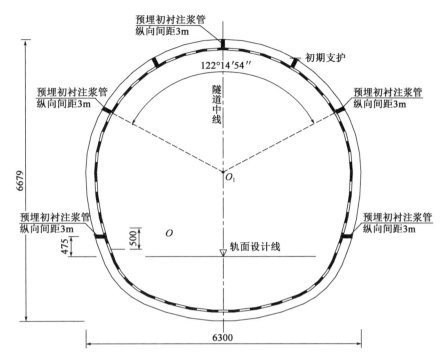

图 2-43 初衬预埋注浆管布置图(尺寸单位:mm)

2.3.8 小结

硬岩地层钻爆法隧道开挖与支护工艺虽已相对成熟,但在城市中施工受周边环境影响,技术难度发生很大变化,应十分重视对周边建筑物的保护,控制好爆破振速。重点做好以下几点:

(1)城市施工,受环境影响,施工场地狭小,场地布置应坚持紧凑原则,竖井面积 $1000m^2$ ~ $1500 m^2$ 较为合理。有条件的区域应优先选用斜井进洞方案,斜井的出渣效率是竖井的两倍以上,若不良地质发育,斜井暗挖段不良地质段(如拱顶砂层)超过100m,不应选用斜井进洞方案。

(2)城市内进行钻爆法施工,爆破设计时要"多打眼、少装药、微震爆破",建议采用自动化振速监测手段,落实好火工品各项管理制度。

(3)施工设备的选择很重要,竖井的出渣设备应满足要求,斜井中装渣设备很重要,可选用 ZL50 型侧翻装载机。

(4)火工品供应是影响城市地铁施工效率的关键一环,应加强组织,力争每个工作面早晚各爆破一次,每个掌子面一天两个循环。

(5)工法的选择对工效影响很大,应根据地质情况选择并及时调整,若围岩条件好,Ⅱ、Ⅲ级围岩可采用全断面光面爆破,进尺控制在 1.5~2m 范围内,若地质条件不好,应选用上下台阶法,采用"小步快跑"的方式,应控制进尺,控制装药量,应按"十八字方针"快速封闭。

(6)隧道施工时,支护要及时,格栅钢架建议在加工厂集中加工,不但能节省现场作业空间,还能保证加工质量,提高作业效率。

(7)初支背后注浆在隧道开挖成环后即可分段进行,及时填充背后孔洞,对渗漏水严重地段进行重点注浆,为后续二衬施工提供良好的工作面。

2.4 钻爆法隧道防水施工技术

2.4.1 防水体系

目前隧道防水的类型主要有全包式防水、半包式防水、防排结合的控制性防排水等三种形式,各种防排水方式的优劣及对各地区的适应性目前尚无确切定论,都有成功或失败的案例,所以加强过程控制是防水施工的重中之重。

暗挖隧道共设置三道防水防线:

第一道防线:初期支护+背后注浆。

第二道防线:柔性防水夹层防水。防水层采用非黑色非沥青基高分子自粘胶膜防水板(卷材)(YPS 1.5mm-GB/T 23457—2009)。

第三道防线:结构自防水。二次衬砌采用C45、P10的防水钢筋混凝土,并对二衬及防水层间进行二次注浆。

暗挖结构防水体系如图2-44所示:

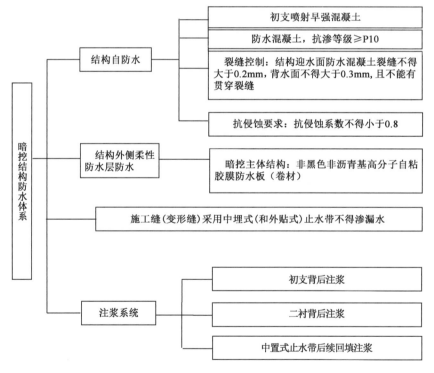

图2-44 暗挖结构防水体系图

2.4.2 防水基面处理

基面处理是防水板(卷材)施工前的一道重要工序,主要包括渗漏水处理和基面平整度处理。这一工序做不好,将直接影响防水板(卷材)施工质量。初支渗漏水处理是一个系统工程,应根据渗水量大小制定具体的处理方案。

【工程实例】 青岛地铁 13 号线某区间初支渗漏水处理案例

1）有钢架地段处理措施

有钢架地段多为中等富水区,裂隙呈网状连通,初期支护喷射混凝土厚度在 200mm 以上。防水分区的设置:在施工区域的端头、富水区(渗漏严重地段)两端及每 100～50m 根据情况设置防水分区幕墙;防水幕墙沿隧道环向设置:即沿法线方向设置两环钻孔,孔距 0.4×2.0m,孔深 4.0m。

钻孔及注浆:

（1）钻孔及预埋注浆管

①拱部:拱顶 120 度范围内设置钻孔,孔深 4000cm,纵向孔距 2.0m;

②边墙:上下断面分界上下各 1.0m 处钻设孔位,纵向孔距 3.0m,孔深 80cm,两侧交错设置。

③预埋注 $\phi 32$ 的钢管作为浆管,钢管尾部 40mm 范围内设置丝扣,装入孔内后采用锚固锚固,待强度达到后安装控制阀准备注浆,具体如图 2-45 所示。

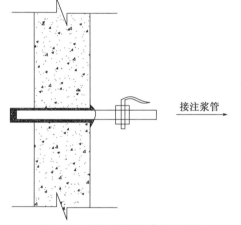

图 2-45 钻孔及预埋注浆管示意图

（2）注浆。

①注浆管路系统的试运转:设备就位后,用 1.5～2 倍的注浆终压对系统进行吸水试验检查,并接好风、水、电;检查管路系统能否耐压,有无漏水;检查管路连接是否正确;检查设备、机具性能是否正常,进行试运转,时间一般为 20min。

②注浆浆液。

用水泥浆,为实现连续注浆,配备 1～2 个储浆桶。

a. 注浆材料及配比水泥:

采用活性高,出厂日期不超过 3 个月的 P.O42.5 级以上普通硅酸盐水泥。水为饮用水,水温不低于 6℃,pH 值在 5～8。

b. 注浆配比:

浆液水灰比为:1:0.8～1:1.5。

③注浆顺序。

先压注无水孔,后压注有水孔。根据降水漏斗的原理,从拱顶顺序向下压注,如遇串浆或跑浆,则间隔一孔或几孔压注,相邻孔内流浆后及时堵塞继续压注浆液,确保达到预定压力。

④注浆压力的控制。

注浆压力由注浆泵的油压控制调节,控制在 0.3～0.5MPa。为防止压浆速度过大,造成升压过快返浆、漏浆,进行间歇性反复注浆。

（3）施作顺序

为防止串浆,钻孔、注浆按上、下、左、右孔错开顺序进行。注浆终孔后及时关闭止浆阀。注浆停止 2 天后,根据隧道的渗漏情况分区域重点注浆。

2)无钢架地段处理措施

无钢架地段一般设计为Ⅱ、Ⅲ级围岩支护形式,该段以地下裂隙水为主,局部地段节理微发育,裂隙水较少,堵漏顺序:先拱部,后边墙,后隧底,初期支护堵漏方法如下:

(1)集中出水点的堵漏

水量小且出水范围集中的部位采用堵漏剂堵漏,水量大且或出水范围散乱的部位采用深孔注浆堵漏。

(2)堵漏剂堵漏

将出水部位松弱混凝土层凿除后,采用布片或棉纱填塞减小水压后,按堵漏剂说明操作堵水。

(3)深孔注浆堵漏

①集中出水点注浆孔的布设于出水点四周1.0m范围内,孔深2.0m,孔布设具体如图2-46所示:

②注浆。

a. 注浆材料及配比水泥:

采用活性高,出厂日期不超过3个月的普通硅酸盐水泥,水灰比是1:1。水为饮用水,水温不低于6℃,pH值在5~8。

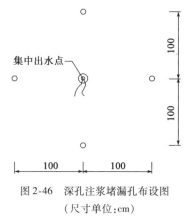

图2-46 深孔注浆堵漏孔布设图
(尺寸单位:cm)

b. 注浆控制参数:

注浆压力:终压力 0.3~0.5MPa,注浆持续 5~6min;

单孔注浆扩散半径:$R = 0.8 \sim 1.8 \mathrm{m}$;有效扩散半径:$R = 60 \sim 80 \mathrm{cm}$。

单孔注浆量:以终孔压力控制。

(4)隧底仰拱清理

隧底回填渣土清除后,将仰拱冲洗干净,将出水点周围的松弱喷混凝土凿除,找出围岩裂隙,钻孔埋管 $\phi 32$ 钢管(尾部带丝扣),先透水然后再补喷混凝土或浇筑防水混凝土使仰拱再次全部封闭。待混凝土强度达到60%以上后,拆除钢管末端的软管,采用环氧水泥砂浆封堵钢管,对于出水点散乱的面渗或面流,设钻注浆,按深孔注浆堵漏技术进行堵漏。

(5)基面验收

防水施工前需要对基面进行施工前条件验收,主要验收内容包括:初支净空尺寸及贯通测量满足设计要求、初支面的平整度满足设计要求、初支无明显渗漏水现象,初支渗漏水处理标准设计和规范一般无明确要求,在现场控制时可参考二衬防水要求,大的渗漏水应在初支阶段进行彻底处理。

2.4.3 防水板(卷材)施工

【工程实例】 青岛地铁13号线某区间防水板(卷材)施工案例

1)EVA防水板施工

防水层材料的规格:土工布缓冲层一般设计为$400 \mathrm{g/m^2}$;EVA防水板1.5mm。为减少防水板纵向之间焊缝,防水板按照仰拱及拱墙弧长采用定尺卷材,其中松铺推荐按照1:0.8控制。

固定土工布采用射钉枪,热熔垫圈与防水板间焊接采用压焊器,防水板间环向焊接采用双缝爬焊机,修补防水板采用电烙铁。

(1)缓冲层铺设

仰拱采用空铺法铺设防水板,边墙和拱顶防水板施工采用EVA垫片固定法。

缓冲层材料采用单位重量不小于400g/㎡的土工布;用水泥钉和与防水板相配套的热熔衬垫(EVA材质)将缓冲层固定在基面上,水泥钉采用射钉枪固定,拱顶固定点间距400mm,拱墙固定点间距800mm,梅花形布置。基面低洼处应增设布点,以免吊空,避免打二衬混凝土时弄破防水层,且钉子不得超出垫片平面,否则及易刺破防水层。

铺设无纺布,首先用作业台车将单幅无纺布固定到预定位置,然后用热熔衬垫、金属垫片、射钉结合(材料规格:热熔热直径70mm、厚度5~6mm,金属垫片直径20mm、厚度2mm,射钉长度25~30mm),采用射钉枪作业,射击固定无纺布,由下至上循环固定,无纺布搭接宽度不小于50mm。专用热熔衬垫及射钉按梅花形布置,拱部间距0.4m,边墙0.8m。无纺布与喷混凝土表面密贴,铺设应平顺、无隆起、无褶皱。安装完毕,检查热熔垫片是否完好,确定能否达到防水板安装要求,如不合要求,需补钉热熔垫片(图2-47)。

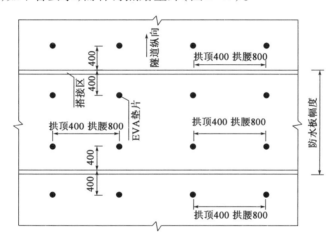

图2-47 土工布固定示意图(尺寸单位:mm)

施工时应仔细检查钉子是否超出垫片,有超出的可以用铁锤敲入。

(2)铺设防水板

①防水板铺设的方法,应以减少T字形焊缝和十字焊缝的数量、减少手工焊接为目的,以保证防水效果。

②防水板采用热熔法手工焊接在塑料圆垫片上,焊接应牢固可靠,避免浇筑和振捣混凝土时防水板脱落。

③防水板固定时应注意不得拉得过紧或出现大的鼓包,铺设好的防水板应与基面凹凸起伏一致,保持自然、平整、服帖,以免影响二衬灌注混凝土的尺寸或使防水板脱离圆垫片。

④铺设防水板:将防水板固定到预定位置,然后用手动电热熔压焊器加热,电压$\langle V \rangle$为220V,功率$\langle P \rangle$为500W,加热温度0~450℃,由下至上循环热熔固定,开始时电热熔压焊发热较慢,半小时后发热正常,压焊每块热熔垫片需3~5min,压焊器热熔头适宜温度在300~400℃。手动电热熔压焊器与防水板之间采用隔热布垫层,防止加热时损坏防水板。使防水板焊接在固定无纺布的专用热熔垫片上。

⑤环向、纵向焊缝施工:由于采用全包防水,仰拱衬砌及拱墙衬砌分开施工,存在环向及纵向焊缝。防水板焊缝缝采用采用自动双缝防水板爬焊机;温度控制部分采用自动恒温 PID 控制;速度控制部分采用脉宽调制〔PWM〕自动稳压稳速电路;直流伺服电机驱动,输出力矩大,行走平稳。按预定的温度、速度焊接,电压(V):220V,频率(f):50Hz,功率(P):800W,焊接速度(v):0.5~5m/min,加热温度(T):0~450℃。焊接环向单道接头需要 25~30min(循环长度 28m 左右),温度需要操作员调控,按实际施作需求撑握调接,适宜温度在 350℃~400℃之间。搭接宽度:100mm,两条焊缝的宽度不小于 15mm,中间空腔 12~20mm。焊接后两条缝间有一条空气道,用于器密性试验仪检测焊接质量。焊接前先除尽防水板表面的灰尘再焊接,焊接时注意搭接 10cm 宽准确度,不能偏斜焊接,不能起包焊接,要平顺焊接,由上至下循环焊接,确保接缝的密实度(图 2-48)。

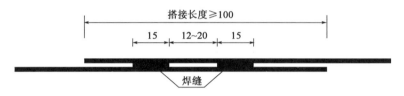

图 2-48　防水板焊缝示意图(尺寸单位:cm)

⑥防水板焊缝质量检查:防水板之间接缝采用双焊缝进行热熔焊接,搭接宽度 10cm。焊接完毕后采用进行充气检测,先堵住空气道的一端,然后用气密性试验仪从另一端打气加压,充气压力为 0.25MPa,保持该压力不少于 15min,允许压力下降 10%。如压力持续下降,应查出漏气部位并对漏气部位进行全面的手工补焊。

2)防水卷材施工

本工程暗挖隧道柔性防水层采用预铺式非黑色非沥青基高分子自黏胶膜防水卷材(YP S 1.5mm-GB/T 23457—2009),卷材的材质由高密度的聚乙烯片材、高分子自黏胶膜和特殊性能要求的颗粒防黏层构成,是为实现与混凝土结构融合的非沥青基高分子预铺防水卷材,高分子自黏胶膜和混凝土中未初凝的水泥浆在压力作用下,通过蠕变,相向渗过防黏层,形成有效的互穿黏结和巨大的分子间力。混凝土固化后,防水卷材和结构主体之间的空隙得到最大限度的永久密封,彻底消除了窜水通道。采用"外防内贴法"铺设,平面部位采用空铺法铺设,立面采用机械固定法铺设。铺设顺序为先铺设仰拱和侧墙,再铺设拱顶和两边墙(图 2-49)。

(1)防水卷材施工工艺流程

基层处理验收铺设加强层防水卷材铺设固定、压边验收防水卷材保护层混凝土浇筑。

(2)对防水层基面的要求

①铺设防水层的基层表面应清理干净,平整度应满足:$D/L \leqslant 1/50$,D 为相邻两凸面间的最大深度,L 为相邻两凸面间的最小距离。并要求凹凸起伏部位应圆滑平缓。所有不满足上述要求的凸出部位应凿除,并用 1:2.5 的水泥砂浆进行找平;凹坑部位采用 1:2.5 水泥砂浆填平。基面应洁净、平整、坚实,不得有疏松、起砂、起皮现象。

②任何不平整部位均采用 1:2.5 水泥砂浆圆顺地覆盖处理,当基面条件较差时,可先铺设 400g/m² 的土工布缓冲层。

③基层表面可微潮,但不得有明水流,否则应进行堵水处理或临时引排。

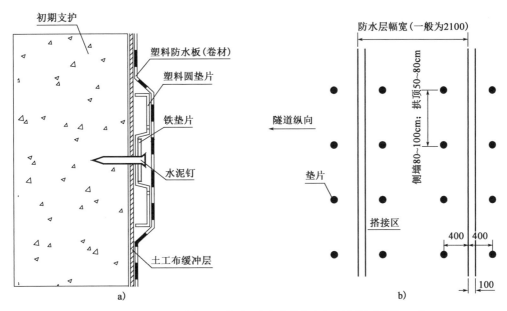

图 2-49 防水卷材固定方法示意图和防水卷材垫片布置图(尺寸单位:mm)

④所有阴角均采用 1:2.5 水泥砂浆做成 5cm×5cm 的钝角或 $R \geq 5$cm 圆角,阳角做成 2cm×2cm 的钝角或 $R \geq 2$cm 的圆角。

(3)防水层铺设施工

①防水层采用自粘胶膜防水卷材时,靠近初支一侧的隔离膜可不撕掉,与现浇混凝土结构表面密贴的隔离膜应在浇筑混凝土前撕掉。

②防水层甩头采用机械固定法固定于初支上,固定点距卷材边缘 2cm,钉距不大于 50cm,钉长不得小于 27mm,且配合垫片将防水层牢固地固定在基层表面,垫片直径不小于 2cm,避免浇筑混凝土时脱落。

③相邻两幅卷材的有效搭接宽度为 10cm(不包括钉孔)。要求上幅压下幅进行搭接。搭接时,搭接缝范围内、防水卷材两侧的隔离膜均要求撕掉。短边搭接缝应错开 1m 以上。

④防水层铺设完毕后,在所有施工缝、变形缝部位骑缝铺设加强层,施工缝加强层宽度 50cm,变形缝加强层宽度 1m,其中施工缝加强层与防水层自粘满粘,变形缝两侧各 10cm 范围内防水层表面的隔离膜不应撕掉(即此范围防水层与加强层不粘贴),其他部位满粘结。

⑤卷材接缝应采用聚硫建筑密封胶封严,宽度不应小于 10mm。

⑥防水卷材施作时,在连接钢筋或其他可能产生火花作业时,要采取设置临时性移动保护板或石棉板等措施,以免钢筋刺穿或电火花灼伤防水卷材。

⑦排除卷材下面的空气,应辊压粘贴牢固,卷材表面不得有扭曲、皱折和起泡现象;边墙卷材铺贴完成后,应将卷材端头固定;低温施工时,应对防水卷材和基面适当的加热,再进行铺设。

仰拱防水层铺设完毕,除掉防水卷材的隔离膜,并立即浇筑 70mm 厚 C20 细石混凝土保护层,侧墙防水层施工完成以后,在后续钢筋施工时,应注重对防水卷材的保护,避免钢筋戳坏防水层。如果已经损坏,应及时安排防水人员采用同材质的材料进行修补,补丁满粘在破损部位,补丁四周距离破损边缘的最小距离不小于10cm,补丁胶粘层应面向现浇混凝土。

2.4.4 施工缝和变形缝

1)施工缝

施工缝分为环向施工缝及纵向施工缝,施工缝防水构造见图2-50。

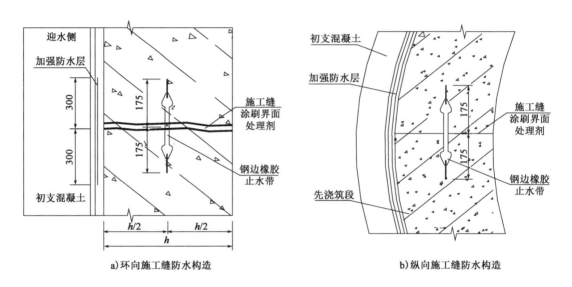

图 2-50 施工缝防水构造图(尺寸单位:mm)

(1)区间环向施工缝间距为10m,保证台车二衬施工时施工缝对应设置。

(2)水平施工缝不宜留在剪力与弯矩最大处或板与侧墙的交接处,应留在高出边墙与仰拱相交点300mm的墙体,墙体有预留孔洞时,施工缝距孔洞边缘不应小于300mm。

(3)垂直施工缝浇筑混凝土前,应将其表面清理干净,再涂刷混凝土界面处理剂或水泥基渗透结晶型防水涂料,并应及时浇筑混凝土。

(4)水平施工缝浇筑混凝土前,应将其表面浮浆和杂物清除、然后铺设净浆或涂刷混凝土界面处理剂、水泥基结晶型防水涂料等材料,再铺30~50mm厚的1:1水泥砂浆,并及时浇筑混凝土。

(5)施工缝中部设置一道钢边橡胶止水带加注浆管;所有环向施工缝外侧加设600mm宽附加防水层,其防水材料应选择能实现与主体结构黏结的防水板(卷材)。

2)变形缝

变形缝设置见图2-51。

(1)区间变形缝设置按照图纸进行设置,一般区间与车站接口处及横通道与隧道正线交接处设置,变形缝宽度一般采用20mm。

(2)变形缝一旦出现渗漏水后较难进行堵漏维修处理,变形缝处除辅助外防水层外设置三道各自成环的止水线加强处理:

①在变形缝部位的模筑混凝土外侧设置背贴式止水带,利用背贴式止水带表面突起的齿条与模筑防水混凝土之间的密实咬合进行密封止水,同时在背贴式止水带两翼的最外侧齿条的内侧根部固定注浆管,利用注浆管表面的出浆孔将浆液均匀地填充在止水带与混凝土的空隙部位,达到密封止水的目的。

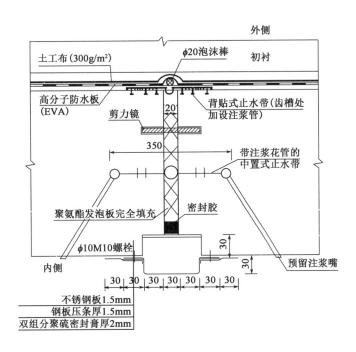

图 2-51　变形缝防水构造图(尺寸单位:mm)

②变形缝中部设置带注浆管的橡胶止水带(中心带气孔型),形成一道封闭的防水线。

③变形缝处拱部及边墙内侧设置不锈钢接水槽,将少量渗水有组织地引入排水沟并排入车站或区间废水泵房。

(3)变形缝内侧采用密封膏进行嵌缝密封止水,密封膏要求沿变形缝环向封闭,任何部位均不得出现断点,以免出现窜水现象。

2.4.5　小结

防水是暗挖施工的关键环节,关系到暗挖工程的成败,防水的三道防线都是施工中控制的重点。在防水施工时重点做好以下几点工作:

(1)抓好初支堵漏,严格采取验收制度。保证初支基面干燥是做好防水板(卷材)施工的前提,所以初支堵漏工作是隧道施工中最重要的环节之一,若设计采用全包防水,则更是要确保的项目。初支堵漏应建立统一的量化标准,建立基面条件验收制度,每段验收长度不得少于100m,选用专业的堵水队伍,采用最严格的措施保证初支堵水质量。

(2)防水板(卷材)施工的质量与操作人员、验收人员的责任心密切相关,所以,在防水施工时需严格落实质量追溯制度,每条防水接缝均实行实名制管理,建立操作人员、验收人员档案,记录每条缝的检查结果,提高一线作业人员的责任意识,才能从根本上提高防水施工质量。

(3)防水板(卷材)保护要做细做实。防水板(卷材)的破坏往往发生在工序交接阶段,如钢筋绑扎损坏防水板(卷材)、台车加固损伤防水板(卷材)、混凝土浇筑损伤防水板(卷材)等,所以,应加强全过程控制,才能切实做好防水板(卷材)的施工质量。

(4)防水板(卷材)的选择也很重要,建议选用自黏式高分子材料。

2.5 隧道二次衬砌施工技术

2.5.1 二衬施工准备

钻爆法隧道二次衬砌采用模板台车进行施工,施工按照先仰拱,后拱墙的顺序实施二衬,拱、墙一次衬砌成形,以减少施工缝,提高二衬自防水能力。仰拱与拱墙纵向施工缝宜设于设计轨面高程上100mm附近,二次衬砌采用纵向分段施工方法,仰拱分段长度20~25m,拱墙分段长度依据区间曲线半径,各断面的长度可按9m、10.5m、12m进行分段。

1)施工准备

(1)暗挖隧道初期支护完成后,及时对前期的量测资料进行技术分析,当量测结果反馈信息具备以下条件:

①位移速率有明显减缓趋势。

②净空收敛小于0.15mm/d。

③已发生的位移量占总位移量的80%以上。

则表明隧道初期支护变形已基本稳定,可进行二次衬砌施工。

(2)做好材料的送检及新进场设备的报审、商品混凝土厂家的选定等相关前期工作。

(3)依据设计图纸,及时加工衬砌钢筋。

2)清底、基面处理

初期支护封闭成环,根据监测值拱顶沉降趋于稳定,经测量检查隧道净空满足要求后,在防水板(卷材)铺设前需进行基面处理,基面处理应达到坚实、平整、圆顺、无明显凹凸物,分为初支背后回填注浆密实、堵水→引水堵塞→捡底→欠挖处理→补喷→基面突出尖锐物的割除或混凝土鼓包的凿平→基面抹平等几个步骤进行处理。

3)防水板(卷材)及土工布施工

2.5.2 二次衬砌施工技术

【工程实例】 青岛地铁13号线某区间二次衬砌施工案例。

1)细石混凝土防水保护层施工

仰拱防水板(卷材)上需铺设细石混凝土保护层,以防止钢筋破坏(图2-52)。施作时可在地表将商品混凝土用混凝土泵车运至作业面,在防水板(卷材)上从仰拱底往边墙上按环向1m宽为一幅,沿隧道纵向单方向后退式一次性抹贴50mm厚。施工人员不能穿硬底鞋直接踩于防水板(卷材)上面,或在防水板(卷材)上铺设一层土工布或木板做临时保护。

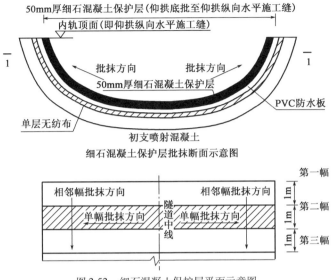

图 2-52 细石混凝土保护层平面示意图

2）衬砌钢筋加工施工

（1）二衬钢筋下料。

（2）钢筋加工：第一组仰拱钢筋采取在地表预制；剩余的二衬钢筋采取在已衬砌的二衬仰拱混凝土上铺钢板，并在钢板上测量画出钢筋加工弧线，并依次弧线烧焊钢筋头成钢筋加工模子；钢筋加工时，采取将钢筋弯曲机吊至井底运至隧道内的钢筋加工场，同时将钢筋原材料在地表用竖井提升系统吊至井底，人工用板车运至加工场加工；加工时先用钢筋弯曲机预弯钢筋，然后利用钢筋弧线模子借助工料具人工定型。隧道内的钢筋加工厂随各组衬砌进度随机换位。

（3）仰拱防水层及保护层施作完成后进行钢筋绑扎施工，先施作仰拱钢筋，待仰拱混凝土拆模后施作拱墙钢筋。

（4）仰拱钢筋绑扎采取人工直接绑扎，边墙拱部钢筋绑扎采取多功能简易台架绑扎。

（5）环向主筋连接及纵向分布筋连接均采用机械连接。钢筋十字交叉采用扎丝绑扎固定。

（6）受力钢筋的接头宜设置在受力较小处，钢筋接头要相互错开，在 $35D$ 范围内接头面积占总的钢筋面积不应大于 50%。

（7）仰拱钢筋保护层及两层钢筋间距的控制：底层钢筋保护层采用同强度等级混凝土垫块进行控制，双层钢筋之间的间距用马凳控制。

（8）边墙、拱部钢筋绑扎施工，利用简易台架一次性绑扎成型，然后支模浇筑混凝土。

（9）拱部钢筋绑扎时要按照设计要求预埋注浆管，以备衬砌完成后进行背后填充注浆。

（10）钢筋保护层施工：钢筋保护层用 50（长）×50（宽）×40mm（厚）的与二衬混凝土同强度等级的混凝土垫块，挂设间距 1000mm（环向）×1000mm（纵向），呈梅花形交错布置。混凝土垫块采取在地表预制，预制时预埋扎丝，待混凝土垫块强度满足要求后利用混凝土垫块上的预埋扎丝与钢筋绑扎固定牢固。

3) 衬砌钢筋连接施工

(1) 工艺流程

钢筋丝头加工:切割下料、钢筋端面平头→剥肋滚压螺纹→丝头质量检验→带帽保护(必要时带套筒保护)→丝头质量抽检→存放待用。

钢筋连接:钢筋就位→拧下钢筋保护帽或套筒保护盖→丝头旋入套筒→接头拧紧→自检→作标记→施工检验。

(2) 施工方法

①切割下料、接头施工。对端部不直的钢筋要预先调直,按规程要求,切口的端面应于轴线垂直,钢筋端面平头,宜采用砂轮切割或其他专用切断设备,严禁气割。

②剥肋滚压螺纹。剥肋滚压螺纹直螺纹,操作人员自检丝头质量。

③带帽保护(必要时带套筒保护)。带帽保护(必要时带套筒保护)防止螺纹被磕碰或被污染。

④丝头质量检验。质量检验部门对丝头质量进行抽检。

⑤存放待用。按规格型号及类型进行分类存放。

⑥钢筋连接。对接钢筋不能自由转动的或不十分方便转动的场合,先将套筒预先部分或全部拧入一个被连接钢筋的螺纹内,而转动连接钢筋或反拧套筒到预定位置,最后用扳手转动连接钢筋,使其相互对顶锁定连接套筒;对于钢筋完全不能转动,如弯折钢筋,或还要调节钢筋内力的场合,如施工缝、后浇带,可将锁定螺母和连接套筒预先拧入加长的螺纹内,再反拧入另一根钢筋端头螺纹上,最后用锁定螺母锁定连接套筒,或配套应用带有正反丝扣的丝牙和套筒,以便从一个方向上,能松开或拧紧两根钢筋,以达到锁定的连接效果。

对已经拧紧的接头作标记与未拧紧的接头区分开。单边外露丝扣长度不应超过 $2P$(P 为螺距),对施工完的接头进行质量检验。

(3) 丝头检验

①螺纹牙形及直径:目测并用螺纹环通、止规进行检验。要求牙形完整,牙形宽度在于 $0.3P$ 的不完整丝扣累计长度不得超过两个螺纹周长。环通规能顺利旋入螺纹,环止规旋入量不应超过 $3P$(P 为螺距)。

②丝头长度:用卡尺或专用量规,其长度应为标准型套筒长度的 1/2。

③操作人员每加工 10 个丝头时需用环通规、环止规各检查一次,外观检验应逐个进行,丝头表面不得有影响接头性能的损坏及锈蚀。

④经自检合格的接头,应由质检员随机抽样进行检验,以一个工作班内秤的丝头为一个检验批,随机抽检 10%,且不少于 10 个。当合格率小于 95% 时,应另抽取同样数量的丝头重新检验,当两次检验总的合格率不小于 95% 时,该批产品为合格。否则,加工该批次丝头的设备应停止加工,查明原因并解决后再继续加工丝头,同时应对该批钢筋丝头逐个进行检验,合格者方可使用,并对不合格丝头进行分析处理。

(4) 接头现场检验及验收

①外观质量检验:接头拧紧后单边外露丝扣长度不应超过 $2P$。

②拧紧力矩检验。

拧紧力矩不应小于表 2-22 中相关规定。

滚轧直螺纹钢筋接头拧紧力矩值　　　表 2-22

钢筋直径(mm)	≤16	18~20	22~25	28~32	36~40
拧紧扭矩(N·m)	100	200	260	320	360

③单向拉伸抗拉强度试验。

按检验批进行,在同一施工条件下采用同一批材料的同等级、同形式、同规格接头以连续生产的 500 个为一个检验批,进行检验作验收,不足 500 个也按一个检验批计算;

对每一检验批接头应于正在施工的结构中随机截取三个接头试件(特殊情况可在加工完成的钢筋丝头中随机抽取 3 个接头试件)做单向拉伸抗拉强度试验。

当三个接头试件抗拉强度均符合《钢筋机械连接通用技术规程》的要求时该验收批评为合格。有一个试件的抗拉强度不符合要求,应再取六个试件进行复检。复检中仍有一个试件的强度不符合要求,则该验收批判为不合格。

钢筋剥肋滚压直螺纹接头的单向拉伸试验破坏形式有三种:钢筋母材拉断、套筒拉断、钢筋从套筒中滑脱。只要满足强度要求,任何破坏形式均可判断为合格。

现场截取抽样试件后,原接头位置的钢筋允许采用同等规格的钢筋进行搭接、连接或采用焊接及其他机械连接方法补偿。

对抽检不合格的接头检验批,应与设计、监理等有关方面研究后提出处理方案。

④成品保护。

钢筋连接用套筒放入包装箱存放在库房内,不得露天存放,防止雨淋潮湿。加工好的丝头,带好保护帽或套筒防止磕碰螺纹,防止污物损坏螺纹。加工设备尽量放置在防雨篷,下雨天保护电机及电器部分不受潮湿和雨水浸蚀。

⑤对于现场预留的出渣孔等需要进行后浇带施工的部位,必需提前在浇筑混凝土时留置钢筋接驳器,为防止水泥浆在施工时灌入接驳器,需将沾有黄油的棉布条塞入其中并扣好保护盖。

4)仰拱衬砌施工

(1)仰拱施工条件

隧底支护封闭成环,根据监测值拱顶沉降趋于稳定,经测量检查隧道净空满足要求后,在防水板(卷材)铺设前需进行隧底基面处理,基面处理应达到坚实、平整、圆顺、无明显凹凸物,分为初支背后回填注浆密实、堵水→引水堵塞→捡底→欠挖处理→补喷→基面突出尖锐物的割除或混凝土鼓包的凿平→基面抹平等几个步骤进行处理。

(2)仰拱防水板(卷材)铺设

基面验收达到要求后,铺设仰拱防水板(卷材),检查达到要求后,方可进行下一工序施工。防水板(卷材)铺设过程中注意保护防水板(卷材)不受破坏。

(3)防水板(卷材)保护垫层施作

为防止底板衬砌钢筋绑扎时损坏防水板,在防水板(卷材)上铺设 7cm 厚细石混凝土垫层。垫层混凝土用人工手推胶轮车输送,人工摊铺。施工过程中注意加强对防水板(卷材)的保护,施工人员在操作过程中注意轻拿轻放,避免扎破防水板(卷材)。

(4）仰拱钢筋连接

环向钢筋柱纵向钢筋之间采取绑扎连接，箍筋采取绑扎定位。依据中线及高程，现场绑扎定位。钢筋底部要求布设足够的混凝土垫块，以保证底部结构混凝土保护层厚度。仰拱衬砌绑扎过程中注意保护防水板（卷材），架立定位过程中尽量避免焊接，以免烧伤防水板（卷材）。

（5）仰拱模板支立、止水带安装

检查衬砌钢筋净空满足要求后，进行底板模板架立。底板与边墙拐角部位，需焊接模板支架以固定边墙模板，必要时加设横撑加固，边模架立时注意控制保护层厚度。

堵头模板关模前，环向施工缝部位安装环向止水带，止水带安设计要求安设，并用堵头模板固定牢固。施工缝止水条安装前，先将已衬砌的施工缝及止水条预留槽清理干净，涂抹胶粘剂，将止水条粘贴在施工缝凹槽中，止水条接头部位用高强钉加强固定。

（6）仰拱混凝土浇筑

为保证仰拱混凝土的密实度和流动性，混凝土坍落度为 16cm±2cm。从两侧边模处对称进行混凝土浇筑，采用人工插入式振动器振捣。用插入式振捣器振捣时要轻提轻放以免破坏防水层和止水带。底板混凝土浇筑时，为便于控制底部弧度，施工时预先加工和仰拱弧度一致的钢模型，抹面时作为控制弧度的标准。仰拱混凝土为非承重结构，强度达到 70% 即可拆模，拆模后立即用土工布覆盖洒水养护，防水混凝土养护不少于 14d。

5）拱墙衬砌施工

（1）拱墙防水板（卷材）铺设

防水层采用防水板（卷材）及土工布全包处理。施工工艺详见防水施工章节。

（2）拱墙衬砌钢筋绑扎

依据放设的隧道中线、标高，绑扎拱墙衬砌钢筋，避免不稳定撞破防水板（卷材）。绑扎钢筋尽量减少现场焊接，若必须焊接，应在防水板（卷材）上面加垫木板或石棉板隔热层，以免防水板（卷材）被烧坏。钢筋与模板间应设置足够数量和强度的混凝土保护层垫块，以确保钢筋的保护层厚度。

（3）拱墙模板台车混凝土施工

①模板台车支撑体系

拱墙混凝土浇筑采用定制走行式钢模板台车，根据线路平纵断面和工期要求，左右线各配备一台模板台车，为防止二衬错台过大，保证二衬施工质量，选用长度为 9m 的台车，拱模、侧模、底模均采用液压缸伸缩整个模板，以适用正洞曲线断面要求。为保证台车面板和内支撑系统的强度和刚度，台车面板采用厚度为 8mm 的钢板，台车拱模纵梁及行走纵梁上设置活动钢支撑，以防止台车上浮及向内位移，台车的行走钢轨采用 24kg/m 标准轨，行走速度 6~8m/min，电机电源为 380V/50Hz，台车的制动设卡轨钳。

模板台车上设置纵向五排、每排 3 口共 15 个灌注窗口。拱顶的三个灌注口设置灌注管以便于和混凝土输送管连接，其余灌注口采用活动盖板，可灵活打开或关闭，既可作灌注口，又可作振捣口和观察口使用。所有灌注口和台车连接处要作加强处理，和台车的接缝要严密，确保二次衬砌成形效果。在模板台车上墙脚上方 1m 处设置附着式平板振动器，数量为 6 台，适当微振捣，增加该处的混凝土密实度。区间隧道模板台车支撑侧视图，见图 2-53；区间隧道模板台车支撑立面图，见图 2-54。

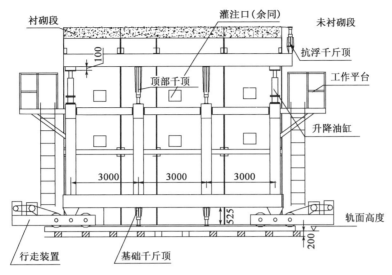

图 2-53　区间隧道模板台车支撑侧视图(尺寸单位:mm)

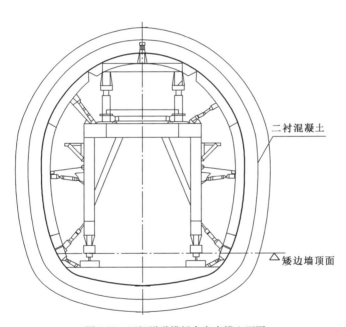

图 2-54　区间隧道模板台车支撑立面图

②台车定位

在仰拱或隧底回填混凝土达到设计强度后,在洞内组装轨行式模板台车,同时进行隧道净空测量,放出中线及控制高程点。台车组装好后,进入已放线的隧道区段,首先对中,然后按设计参数调整高度和宽度(隧道整体外放 30mm,预留沉降值),满足净空要求。台车调整好后必须经监理复查合格后方可进行混凝土灌筑,台车定位流程见图 2-55。

③各尺寸允许误差

台车拱顶高程:+10mm、0mm;台车的中线与线路中线偏移值误差:10mm;净空各尺寸误差:+20mm、0mm。

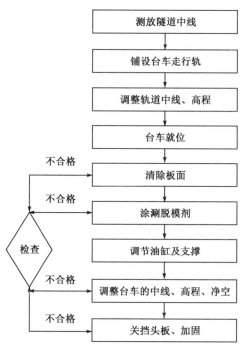

图 2-55 模板台车定位流程图

④拱墙混凝土施工

拱墙混凝土为 C45 防水钢筋混凝土,混凝土抗渗等级为 P10,为保证混凝土的流动性,坍落度宜采用 120~160mm,粗集料采用 5~20mm 的级配良好的碎石。混凝土灌注时应按照台车两侧设置的窗口进行分层、对称灌注。浇筑混凝土时,混凝土最大下落高度不能超过 2m,台车前后混凝土高度差不能超过 0.6m,左右混凝土高度不能超过 0.5m,严禁单侧一次浇筑高度超过 1m 以上,浇筑混凝土时不得直接冲刷台车模板表面流至浇筑位置,以防混凝土离析,混凝土浇筑过程中严禁私自加水,混凝土边浇筑边捣固,振捣采用附着式振动器振捣,配合插入式振动器,振捣时不得触及防水层、钢筋、预埋件及堵头板。

灌注混凝土在边墙位置时应连续进行,混凝土浇筑至墙拱交界处可适当间歇后连续浇注拱部混凝土。在拱顶部位采用泵送挤压法灌注混凝土,施工方法为:先浇筑靠近已完成衬砌的一端二衬,然后通过后退挤压的方式依次浇筑台车中间部位及台车另一端拱部混凝土。拱部浇筑混凝土时,在台车拱部堵头处预留观察孔,应派专人通过强力探照灯对拱部混凝土浇筑情况进行观察,拱部混凝土浇筑刚满时,立即停止混凝土输送,避免台车压爆。为保证衬砌拱部混凝土密实,台车上安装预留 5 根注浆管(ϕ42 钢管,长 90cm,两端用棉布封闭),二衬混凝土达到设计强度后,进行二衬背后回填注浆。

混凝土浇筑采用地泵送料,由输送管接至二衬台车拱顶操作平台。采用直径 ϕ200 的软管从拱顶操作平台将混凝土输送至台车各个下料窗口。衬砌台车两侧各 5 层下料窗,每层下料窗为 3 个,总体成梅花形布置。浇筑原则从左侧矮边墙第一层下料窗开始浇筑,混凝土分别从三个窗口下料,当混凝土高度到达 50cm 后移动软管至右侧矮边墙第一层下料窗。左侧混凝土工使用插入式振捣棒进行振捣,右侧浇筑混凝土至左侧相对高度再进行换管、振捣混凝土,混凝土左右依次浇筑两侧混凝土高度不能超过50cm。

根据洞内的混凝土硬化时的强度增长规律和施工经验,混凝土拆模一般在24～36h后进行,拆模后混凝土应立即养护,采用专人洒水,养护时间不少于14d。台车脱模后,及时清理台车表面,下一组就位前应对台车表面涂刷脱模剂,脱模剂采用人工涂刷,并且在定位之前涂刷,以避免脱模剂污染钢筋和脱模时混凝土黏附在台车上。

二衬作业施工流程见图2-56。

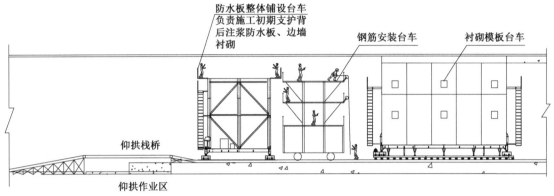

图2-56 二衬作业施工流程图

⑤混凝土施工注意事项

混凝土灌筑前应对模板(或台车)、钢筋、预埋件、预留孔洞、施工缝、变形缝止水带等进行检查,清除模板内杂物,隐蔽验收合格后,方可灌筑混凝土。混凝土灌筑过程中应随时观察模板(或台车)、支撑、防水板(卷材)、钢筋、预埋件、预留孔洞等情况,发现问题及时处理。

利用拱顶灌注孔,检查拱顶混凝土灌筑是否密实。

6)二衬回填注浆施工

隧道模筑衬砌施工由于混凝土的局限性,致使衬砌混凝土背后特别是拱顶会出现孔洞,混凝土不密实,极大地影响了衬砌混凝土的整体强度;同时,注浆在一定程度上具有防渗功能,因此,在我们的隧道施工中,必须以回填注浆来密实衬砌混凝土背后出现的孔洞,确保衬砌混凝土的整体强度,增强防水功能。沿隧道纵向每3m于初支拱部预设3根注浆短管,边墙2根,仰拱1根,预埋注浆管采用 $\phi 32$ 钢管,已露出二衬表面3～5cm为宜,详见图2-57。

(1)施工准备

①将自行式简易台架推至注浆位置,就位稳定;接设气管、水管到达注浆位置,安设注浆设备,进行注浆试验,确保注浆过程顺畅。

②对预留注浆孔进行清理、修复,确保注浆孔洞圆顺、规则。

③水泥浆(在富水地段,宜采用双液)的拌制必须具有良好的可灌性,水灰比宜控制在0.5～1.0,锚固体强度不低于25MPa,固结后有一定的抗压、抗拉强度、稳定性好,水泥浆的拌制严格按照实验室出具的配合比执行,不得在灌注过程中加水稀释水泥浆。

(2)衬砌混凝土强度达到设计强度70%时,即可进行注浆作业;注浆分为两步进行:第一次注浆压力为0.2～0.3MPa,注浆结束标准以达到结束压力后,恒压5min,以不进浆为结束标准。

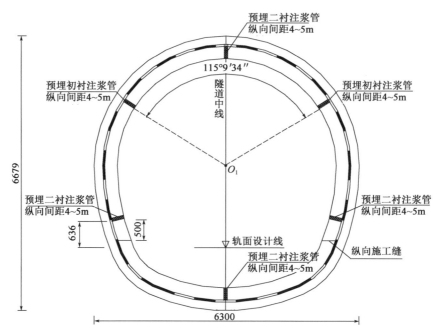

图 2-57 二衬预埋注浆管布置图(尺寸单位:mm)

(3)每序孔灌浆均按由低向高的顺序进行灌注。将低处的第一个孔作进浆孔,临近的孔作为排水、排气用,如出现串浆,可将其封堵后继续灌浆,直至该孔结束。同一断面上的灌浆顺序应从拱两侧到顶对称,以保证灌浆质量。

(4)灌浆工作应连续进行,因故中断时,应尽早恢复灌浆,恢复灌浆后,注入率较中断前减少很多,并且很快停止耗浆,该孔应扫孔复灌。

(5)灌浆过程中用灌浆自动记录仪全程监控、记录,确保灌浆质量。

2.5.3 小结

二衬施工是暗挖区间施工的最后环节,需要重点注意二衬施工准备时基面的验收;另外,因青岛地区地质的特殊性,应特别注意混凝土的耐久性指标,严格控制钢筋混凝土保护层。相关要点如下:

(1)混凝土自防水是暗挖防水体系的一道重要防线,为提高防水能力,除了混凝土本身质量外,还要加强振捣,在模板台车上合理设置平板振动器数量和位置,在施工过程中需通过不断改进,优化配置参数。漏振或振捣不足会造成混凝土不密实、蜂窝麻面等通病,过振则可能导致新浇混凝土受损,造成混凝土砂线、漏浆,严重的还可能对模板台车造成损害。

(2)混凝土自防水是暗挖防水体系的一道重要防线,为提高防水能力,首先应加强混凝土本身的质量管理,若有条件施工单位应设自建混凝土拌和站,以便于质量控制。对商品混凝土拌和站应选用综合实力强、信誉好的厂家,建立一套质量管理措施,例如:监理驻站检验、抽查砂石料含泥量及级配、选用好的减水剂等。

(3)要加强振捣,在模板台车上合理设置平板振动器数量和位置,在施工过程中需通过不断改进,优化配置参数。漏振或振捣不足会造成混凝土不密实、蜂窝麻面等通病,过振则可能导致新浇混凝土受损,造成混凝土砂线、漏浆,严重的还可能对模板台车造成损害。二衬施工时一般工作面多,混凝土浇筑时间长,在市内施工时要重点关注混凝土的供应,必要时提前定好备用商混站,避免因混凝土供应问题造成冷缝等质量问题。

(4)做好施工缝、止水带等细节工作,矮边墙混凝土施工缝的凿毛要引起注意,必须按要求认真抓好,水平施工缝和环向施工缝的钢边止水带的预埋必须居中,符合要求。

(5)二衬施工的多数工序都有可能对已施工完成的防水板(卷材)产生损坏,例如钢筋绑扎焊接、台车模板端头封堵、施工缝凿毛等,所以施工过程中需要对其重点控制。

(6)二衬背后水泥浆填充质量控制很关键,新浇混凝土受重力影响,拱顶处不易填实,有空间,必须严注浆,保证拱顶密实,同时也是保证施工缝不渗漏的重要环节。

2.6 典型工程案例

2.6.1 下穿(侧穿)建筑物

随着我国城市轨道交通建设的加快,轨道交通隧道下穿现有建筑物也越来越常见,对地表建筑的安全性要求也越来越高,隧道开挖施工工艺直接影响着建筑物的安全,在今后的施工中越来越需求高效快捷且对周边环境影响较小的施工工艺。

对于隧道开挖过程中上部结构临近桩基础的变化机理,国内外学者从试验研究、计算分析和工程对策等方面进行了广泛的研究。试验研究包括离心模型试验和现场试验。Mortoit 等(1979)通过室内模型试验研究了隧道施工对桩基承载力和沉降的影响,他们发现隧道施工对桩基的影响很大,并得出结论:在软弱土的地下工程的设计和施工中,隧道对已有的邻近桩或者上部桩的影响将是主要的考虑问题。Lee 等(1994)报道了一个工程实例,该隧道从新建的七层并带有两层地下室的建筑物桩基之间穿过。尽管估算了总的长期地层沉降,但是对于桩基的可能影响并没有明确指出。Hergardent 等(1996)通过离心模型试验研究了隧道施工对端承桩的影响。在实验中,测试了隧道位于三种不同位置的情况,测量了桩基沉降和地表沉降,并研究了隧道施工对桩基承载力的影响。发现当桩距离隧道的水平距离小于0.25倍隧道直径时,桩将受到严重的影响;当桩离隧道的距离达到2倍直径以上时,桩几乎不受影响。对于隧道开挖引起的建筑物损害,国外学者在该方面的研究较为系统和详尽,早先的研究文章可从 20 世纪 50 年代起,至今已经有了一些初步的成果和评价标准,以下作一些简单的介绍。过去对沉降损害的研究工作一般可分为三大基本类:第一种为经验法,该法基于历史案例的编撰及研究损害与易量测或易定义的参数之间的经验关系;第二种方法考虑了结构工程的原理,以便获得基于所选结构尺寸及材料参数的容许极限沉降,并将推导出的极限值与历史实际案例相对比;第三种方法可总结为数值计算与案例统计损害标准相结合。

对于建筑物沉降的控制技术,从地铁施工的工程实例中,有不少借鉴经验。B. P. Kassap (1992,2000)等人报道了美国波士顿 I-93 州际公路北向隧道段下穿地铁 Red Line 南站的工程情况。该隧道位于波士顿市亚特兰大街和飒莫街交叉地段,其上依次叠置有站厅层、MBTA 电车地下车站和 Redline 南站共三层结构。Redline 南站始建于 1914 年,工程采用盖挖法,结构底板距地表约 19m。站体座落于灰色淤泥土和黏土中,钢筋混凝土结构,其状况尚完好。仅局部可见渗水、裂纹和劣化块段,程度轻微,施工前进行了整修并对结构状态进行了全面的评估,认为完全可以承受施工导致的应力、应变的增加。新建隧道为四车道公路隧道,位于既有 Redline 南站正下方,其上部支护结构距既有车站底板约 1.5m。施工采用托换的方法。首先在工区一侧开挖两施工竖井,深约 35m。在既有地铁车站下沿隧道方向平行开挖两导洞,在洞内对其下深 18m 的土体进行注浆加固,形成两道加固土墙体。然后在墙体内分三层开挖导洞,并浇注钢筋混凝土墙,使墙体直接作用于新鲜岩体上。在紧邻既有地铁站的导洞中沿与导洞垂直方向以一定间距开挖小导洞,并在其中采用后张法浇筑钢筋混凝土梁,支撑于混凝土墙上。这样,托换体系完成。托换面积为 $(25 \times 36)m^2$,在该结构的保护下进行隧道开挖。为了保证既有车站及其附属设施的正常运营,对施工过程进行全程 24h 监测,并规定既有结构弯曲变形警戒值为 6mm,极限值为 10mm。

根据《建筑地基基础设计规范》规定,建筑物变形允许值指标见表 2-23。

区间通过主要既有建(构)筑物沉降控制标准表　　　　表 2-23

楼房形式	结构类型	基础类型	预警值(mm)		规范规定最大沉降量(mm)
			沉降(mm)	倾斜	
多层建筑	砖混结构	独立基础 条形基础	25	0.0015	30

城市地铁隧道大多修建在繁华地段,在有限的城市空间中,隧道经常会从一些既有建筑物下方地层穿过。隧道施工不可避免的会对围岩体产生扰动,原有围岩土体平衡遭到破坏,地层原始应力将重新分布,导致地层发生沉降和变形,进而影响地面既有建筑物的安全。因此,需严格控制地层及地面建筑物的沉降和变形。

【工程实例】 青岛地铁 3 号线五江区间下穿高层建筑。

1)项目背景

青岛地铁 3 号线五江区间左线穿越 6 座高层建筑,右侧穿越 4 座高层建筑,穿越建筑物情况见表 2-24。

五江区间下穿建筑物表　　　　表 2-24

方位	建筑物名称	下穿建筑物里程	围岩等级	穿越长度(m)	埋深(m)	设计开挖工法	基础方式
左线	公共资源交易大厅	K7+648－K7+700	Ⅲ	52	23.5	全断面	筏板基础+抗浮锚杆
	假日酒店	K7+736－K7+816	Ⅳ	80	26	台阶法	筏板基础+抗浮锚杆
	新贵都小区	K7+844－K7+860	Ⅲ	16	27.6	全断面	钢筋混凝土柱基毛石条基
	伟东尚城小区 2 号楼	K7+919－K7+939	Ⅲ	20	27.6	全断面	筏板基础+抗浮锚杆
	伟东尚城小区 3 号楼	K7+968－K7+988	Ⅱ	20	27.2	全断面	筏板基础+抗浮锚杆
	伟东尚城小区 4 号楼	K8+031－K8+051	Ⅱ	20	27.2	全断面	筏板基础+抗浮锚杆
右线	公共资源交易大厅	K7+670－K7+705	Ⅲ	35	25.1	全断面	筏板基础+抗浮锚杆
	假日酒店	K7+748－K7+816	Ⅲ	68	26	全断面	筏板基础+抗浮锚杆
	伟东尚城小区 1 号楼	K7+877－K7+897	Ⅲ	20	26.5	全断面	筏板基础+抗浮锚杆
	伟东尚城小区 2 号楼	K7+948－K7+968	Ⅱ	20	27	全断面	筏板基础+抗浮锚杆

以围岩相对较差的下穿假日酒店为例进行介绍。

2)隧道与下穿建筑物位置关系及地质条件

(1)假日酒店地下4层,地上28层,框架结构,筏板基础+抗浮锚杆,建成年代2010年,区间左、右线均正下穿。如图2-58~图2-61所示。

图2-58 假日酒店外景

图2-59 地下室

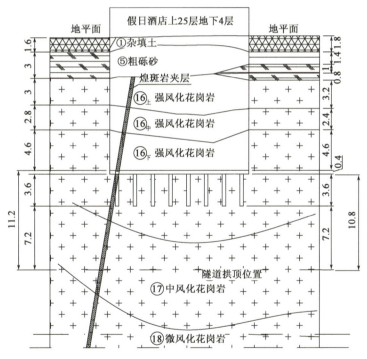

图2-60 假日酒店地质剖面图(尺寸单位:m)

(2)地质资料。

设计为Ⅳ围岩,根据设计及相关资料自上而下地质情况如图2-60所示。

3)爆破开挖采取的主要措施

根据青岛地区地质特点及相关施工经验,爆破振速宜控制在0.5cm/s以内,为控制爆破振速,现场采取的措施如下:

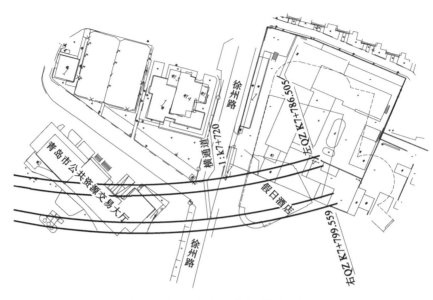

图 2-61 假日酒店与隧道平面关系示意图

(1) 台阶法开挖

针对假日酒店底板距离隧道顶仅有 11.2m 的客观条件,为减少爆破振动对建筑物的影响,并充分考虑到施工进度与施工效率,区间隧道下穿建筑物循环进尺为 0.5~0.9m,YT-28 风枪钻孔,台阶法开挖,台阶高度 3.2m,台阶长度 6~9m,钻爆法开挖,小型挖掘机扒渣,自卸车运送,2 台 10t 提升井架出渣(吊斗 $3m^3$)。施工中,根据围岩情况采用不同的钻眼深度,合理控制装药量,提高围岩爆破效率,尽可能减少超欠挖而引起工料的浪费。施工中合理调整工序,形成钻爆、装渣、运输、支护等流水作业线。隧道开挖后及时施作喷锚支护和监控量测。

(2) 中空大直径直眼掏槽

采取地质钻机,钻眼直径为 150mm,每次钻眼深 30m。在中空直眼四周各布菱形直眼掏槽眼 8 个,辅助眼 8 个,以中心孔为中心分 4 层依次起爆,眼深均为 1.0m。

(3) 周边眼减振孔

周边眼炮眼间距为 35cm,为增加减振效果,周边眼在掏槽眼爆破时兼作减振孔。

(4) 周边眼间隔装药结构

周边眼采用导爆索间隔装药结构,提高周边眼爆破能力。

(5) 加强炮眼堵塞

当临空面确定之后,同一个段别的炮眼爆破引起振动的大小取决于这个段别的炮眼装药量多少。经实际应用证明,隧道炮泥堵塞与隧道常规爆破即炮眼无回填堵塞爆破相比,可节省 20% 炸药。采取炮泥堵塞装药结构,就从根本上减弱了爆破振动。

(6) 起爆顺序与间隔时间

科学、合理地调配炮眼起爆顺序与间隔时间,不但可以提高爆破质量,而且还可以降低爆破振动效应,有利于保护建(构)筑物的安全。目前使用的导爆管非电起爆系统中的毫秒雷管 1~20 段,其 1~6 段间隔时间小于 50ms,而 7 段之后,段与段之间间隔时间大于 50ms。对于隧道爆破掘进,实际爆破表明起爆间隔大于 50ms 后爆破振动基本不叠加。

(7) 严格控制开挖进尺

左线假日酒店Ⅳ级围岩段采用台阶法施工，钢架间距50cm，循环进尺取0.5m，与钢架间距50cm相对应。

(8) 爆破振动速度的监测

坚持每次爆破必测，通过监测调整炮眼装药量、同一段雷管起爆药量和起爆间隔时间。测点选择在建筑物地面，有地下室的建筑物，应在地下室布设监测点，通过监测数据及时调整爆破参数（图2-62）。

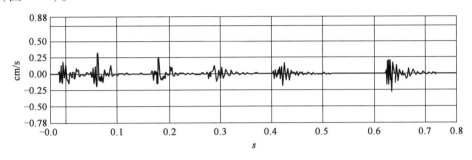

图2-62 爆破振速监测波形图

4) 保护地表建筑物的主要措施

(1) 隧道开挖及支护

隧道下穿建筑物时施工严格遵循"管超前，严注浆，短进尺，弱爆破，强支护，快封闭，勤量测"的原则。严格遵守"先排管，后注浆，再开挖，注浆一段，开挖一段，支护一段，封闭一段"进行施工。施工时严格遵照施工图设计的保护建（构）筑物及管线措施进行开挖和支护，采用台阶法开挖，并加强支护，在原有围岩等级上增加1~2级。必要时，改格栅钢架为工字钢型钢支撑，这样受力快。同时针对具体下穿建构筑物及管线情况分析编制可行的施工工法，确保施工安全可靠。

(2) 建筑物注浆加固

袖阀管环（纵）向间距为1.5m，梅花形布置。注浆采用1:1单液浆，注浆孔距离拱顶最小距离3m，防止压力过大对隧道造成破坏。注浆前应先进行注浆试验，注浆压力控制在0.8~1.5MPa，最终现场试验确定，但不易过大，同时注浆过程中对建筑物进行严密监测，以防注浆压力过大造成地面隆起过大，影响建筑物安全。见建筑物加固立面示意图（图2-63）、洞内建筑物加固立面示意图（图2-64）、建筑物加固平面示意图（图2-65）。

(3) 注浆堵水

① 掌子面注浆堵水

暗挖区间通过集水富水地段地下水状态为Ⅱ、Ⅲ级（Ⅱ级渗水量为10~25L/min·10m；Ⅲ级渗水量为25~125L/min·10m）及以上时，采用径向注浆止水措施，隧道正洞施工过程中如发现其他地段涌水量较大时，亦采用取径向注浆堵水措施。注浆堵水后，地下水状态应达到无水或小于地下水状态Ⅰ级时进行隧道衬砌施工。若施工中出现股水现象，可在股水点附近打一钻孔引流减小股水点处的压力，同时对股水点进行封堵并注浆，然后对新打钻孔处进行注浆。地下水状态为Ⅰ级（Ⅰ级渗水量为<10L/min·10m）时，采用喷混凝土封闭堵水措施进行

施工。

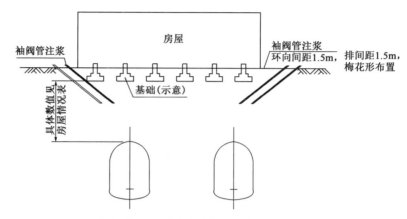

图 2-63 建筑物加固立面示意图

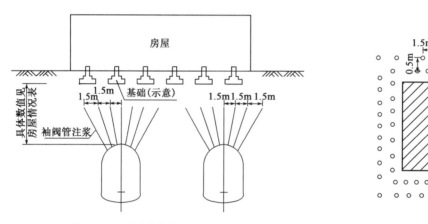

图 2-64 洞内建筑物加固立面示意图　　图 2-65 建筑物加固平面示意图

② 全断面深孔注浆堵水

深孔周边预注浆注浆是通过在掌子面钻注浆孔,再向孔内压注水浆液,浆液挤出开挖断面及其周围一定范围内的岩缝中的水,保证围岩的裂隙被具有一定强度的浆体充填密实,并与岩体固结成一体,形成止水深孔周边预加固区。

③ 开挖后径向补注浆止水

围岩结构整体性较好且涌水量较小地段及深孔周边预注浆局部效果不满意地段,采取在隧道开挖轮廓线外设置环向止水注浆深孔周边预加固区。即隧道开挖后,沿隧道开挖轮廓线设置间距为60cm、长为350cm小导管径向全断面环形布设,采用纯水泥浆注浆,水压较大地段采用特种浆液注浆固结围岩止水。

注浆设计参数:

a. 浆液单孔有效扩散半径为2.0m。

b. 注浆加固有效半径:衬砌开挖轮廓外3.5m。

c. 注浆压力:正常注浆压力为1.5MPa,注浆终压不大于3.0MPa。施工中根据现场注浆试验进行调整。

2.6.2 下穿(侧穿)管线

地下隧道在施工中方法多种多样,各地区的水文条件及土质的特性各异,加上城市中管线繁杂,管线直径、管材、埋置深度、埋置年代等等都有所差异。许多研究都局限于某一类地质条件或某一种管线,对于影响管线变形与受力的各因素分析不够具体。

Ariman.T 的研究表明,管线的自身重量相对于周围土体来说非常小,土层的变形会增加管线的附加应力及变形,管线的应力、应变与变形是由其附近土体变形引起。

Singhal 通过分析不同直径的球墨铸铁管,并结合试验结果推出管线的弯矩、扭矩和抗拔力的计算公式,也得到管线位移公式:

$$E_p I_p \left(\frac{d^4 W_p}{dy^4} \right) + K W_p = K f(y), K = 2K_w$$

式中:E_p——管线弹性模量;
I_p——管线截面惯性矩。

$$K_w = 0.65 \sqrt{\frac{E_s d^4}{E_p I_p}} \cdot \frac{E_s}{1-v_s}$$

式中:K_w——地基反作用模量;
d——所求管线的直径;
E_s——土层的弹性模量;
v_s——土层的泊松比。

此外,许多国内学者对于隧道开挖对既有管线的研究在数值模拟方面也做了大量工作,总结如表 2-25 所示。

国内数值模拟研究总结 表 2-25

作 者	年份(年)	描 述	分析软件
吴波、高波	2002	建立"隧道—土体—管线"结合作用的三维模型,模拟实际施工	ANSYS
吴波	2004	离心机实现与数值模拟相结合	ANSYS
魏刚	2004	研究顶管法施工对管线变形的影响,分析了管线自身各参数、土层自身参数、土体加固措施等因素的影响	—
彭基敏、张孟喜	2005	分析隧道施工对管线的作用,考虑隧道、土层和管线三方的相互影响,分析了隧道与管线的距离、盾构推进、注浆等因素	ANSYS
姜忻良	2005	二维有限元动态模拟分析、与实测数据对比	ABAQUS
毕继红	2006	分析管线材质、埋深、所处土层弹性模量等影响下管线的应力、水平、竖直位移的变化规律	ABAQUS
骆建军	2007	采用"土体—管线—隧道"相互作用模型对多种管线进行分析	FLAC3D
吴为义	2008	建立"管—土—结构"耦合模型,结合深圳某地铁工程,分析该工程中管线受力及变形的规律	FLAC3D
韦凯	2008	考虑掘进推力、开挖顺序和应力释放率的影响	ADINA
马可栓	2008	研究基坑开挖时开挖步、内支撑、管线埋置深度等对管线位移的影响	ABAQUS
漆泰岳	2010	考虑流固耦合作用,对非降水、动态降水和降水三种情况作了对比分析	FLAC3D

穿越各种市政公用管道是城市地铁隧道施工所面临的一个重大难题,尤其是穿越燃气、输水、输油等有压管道时,极易因隧道施工而产生管道沉降、震动等控制指标超限,从而对周边居民造成危害和不良社会影响。但在有限的城市空间中,若将所有在建隧道上方的管道迁改,代价则更加巨大,所以目前在建隧道经常会从一些市政公用管道下方穿过。

隧道下穿管线采用的技术措施与下穿建筑物类似,但要注意在洞内或地上作业时要严格计算好超前加固导管与管线的相对位置,安全距离建议不小于 2m;另外,在燃气、输油等管线附近施工时,爆破施工需采取微震控制爆破。

微震控制爆破通常采取如下技术措施来控制或减弱爆破振速和震动效应:①爆破震速不得大 1.5cm/s;②通过计算、爆破监测,确定合理的爆破规模及正确的爆破设计与施工,调整炸药充用量。充分利用爆炸能的有用功,也就是根据爆破的目的要求和周围环境情况,按最大地震效应原则确定一次允许起爆的最大药量;③ 采用微差爆破降震,根据应力波叠加原理,在等同装药量的情况下,采用微差爆破技术可以使爆破地震波的能量在时空上分散,使主震相的相位错开,从而有效地降低爆破地震强度,一般可降低 1/3~1/2;④采用预裂爆破或减震沟减震,在爆破区域与被保护物体之间,预先钻凿1排或2排密集防震孔、或采用预裂爆破形成一定宽度的预裂缝和预开挖减震沟槽,均可收到明显的减震效果,一般可减弱震动强度 30% ~ 50%;⑤加强爆破震动效应监测,对于网点房采用振动仪表进行爆破安全监测,以掌握网点房在爆破振动作用下的受力状况,并为安全检算提供较为准确的数据。

2.6.3 小间距隧道

两个单线隧道间距小于一倍开挖洞径一般即称为小间距隧道,以青岛地铁 13 号线两北区间小间距隧道为例,因该区间临近出地面段,隧道间净距在 1.2~6.52m,两线隧道施工时相互影响较大,小间距隧道段拱顶埋深在 4.6~6m,为超浅埋暗挖隧道,围岩等级为Ⅵ级。

为确保隧道施工、隧道结构安全,施工方法除采用一般施工工艺外,还需采取下列措施,减少地层扰动,改善受扰动地层的稳定,尤其对所夹岩柱体注浆加固和保护,增强掌子面和围岩稳定性。

①在工序安排上,先施工右线隧道,待右线隧道掌子面错开左线隧道开挖面大于 30m 后,再施工左线隧道掌子面。

②在隧道洞身开挖前,先在拱顶120°范围内打设双排 $\phi 42$ 超前注浆小导管,$L=4m$,环纵间距 $0.4m \times 2m$,打设角度分别为12°、30°。小导管内采用纯水泥浆注浆,浆液水灰比为 0.5∶1,注浆压力控制在 0.5~1MPa。

③隧道采用环形台阶法开挖,严格按照设计工艺工法进行开挖。当采用爆破开挖时,采取微震预裂控制爆破,必要时采用静态爆破措施,尤其是在后建左线隧道的施工爆破中,更要严格控制爆破。开挖顺序及各部搭接时间的确定对岩体的稳定会产生较大的影响,隧道断面分部开挖中,须缩短岩柱体的暴露时间,尽快封闭成环,必要时采用喷混凝土封闭掌子面和增设临时仰拱,对施工及结构安全至关重要。开挖时,一次循环掘进长度控制在一榀钢架间距内。

④先施工隧道在中夹岩体侧边墙埋设 $\phi 42$ 注浆管,注浆管间距 $1.0 \times 1.5m$,$L=3.5m$,梅花形布设。钻孔深度根据中夹岩体间厚度确定,确保中夹岩体能全部注浆加固。注浆浆液采

用水泥浆液。安装注浆管时在注浆管孔口处用胶泥与麻丝缠绕,使之与钻孔孔壁充分挤压塞紧,实现注浆管的止浆和固定。胶泥凝固到有足够强度后方可注浆。注浆结束后及时对注浆效果进行检查,如未达到设计要求时,必须补充孔后再注浆。

⑤必要时对中夹岩体采用对拉锚杆进行加固。对拉锚杆采用 $\phi25mm$ 螺纹钢,每根钢筋必须采用单根钢筋,严禁任何形式的接长。锚杆沿隧道纵轴方向排距75cm,每排4根,间距1.5m,锚杆端部垫层必须用混凝土找平,待混凝土强度达100%后方可进行预应力锚杆张拉。

⑥后施工左线隧道在靠岩柱侧的拱肩至轨面线高度范围内的拱墙部位均增设超前注浆小导管或中空锚杆辅助施工,注意后施工隧道锚杆不得伸入先期施工隧道的初支外轮廓线。后施工隧道初支必须尽快封闭成环。

⑦初期支护施工时在拱部120°范围预埋 $\phi42$ 钢花管作为注浆管,壁厚3.5mm,长4000mm,间距400mm×2000mm,梅花形布置,初期支护闭合成环一定长度后,立即对初衬背后压住水泥浆。开挖后地下水出漏较多地段,初衬及回填后仍有渗漏水地段以及围岩破碎地带应视具体情况向衬砌背后更深层围岩进行注浆。

⑧由于隧道为小间距,洞身的开挖对围岩扰动非常大,所以必须加强对围岩的监控量测。在本隧道施工过程中,主要进行地表下沉、拱顶下沉、周边收敛、爆破振动、锚杆内力及洞内围岩观测等进行监控量测,及时反馈量测信息,保证隧道的施工安全。施工前制定具体的施工监测方案,随时掌握洞内外的变化情况,发现地面沉降量、洞内拱顶下沉量等超过警戒值时,及时采取处理措施。

2.6.4 马头门破除

竖斜井横通道转入正线施工,首先开展的工作就是马头门破除施工,马头门破除改变了原结构的受力状态,如施工不当,容易造成原结构的变形,增大地表的沉陷,严重时甚至引起结构破坏。因此,应根据其结构受力变化特点,选择合理的施工方法和施工顺序,并对结构给予必要的加强和支撑。

总体施工工艺:在施工正线马头门前,先进行区间正线超前地质预报工作,待横通道全部施工完成,先破壁施工右线大里程段马头门,待右线大里程马头门施工完成再进行左线小里程方向马头门施工。依次完成左线大里程和右小里程方向马头门施工。具体开马头门顺序详见图2-66。剖面图见图2-67。

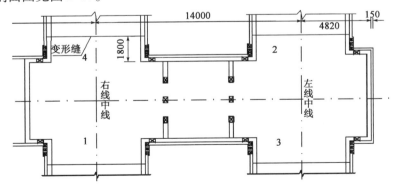

图2-66 正线马头门开门顺序平面图(尺寸单位:mm)

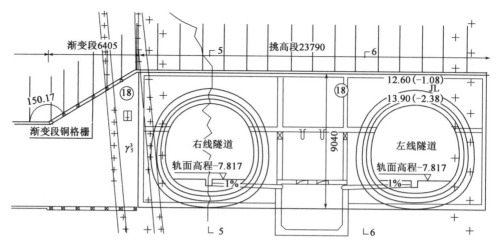

图 2-67　正线马头门与横通道位置剖面图(尺寸单位:mm)

1)具体措施

(1)超前地质预报主要采用地质雷达法,围岩复杂区段应进行超前地质钻孔。

(2)分段凿除横通道范围内初支混凝土,同步分段架设格栅钢架。凿除时按照横通道施工步序进行。

(3)进入正线隧道的马头门设 3 榀并排格栅间距 300mm。

(4)正线隧道上台阶进尺 5~6m 后方能凿出下台阶范围的喷混凝土,进行下台阶施工。

2)主要施工工序

(1)测量放点。

测量班根据马头门的高程,测放出马头门的位置,然后放出中心线位置,再向两侧返坐标点,进而画出整个通道的开挖轮廓线。

(2)破除导洞上台阶马头门。

为了确保破除马头门施工的安全性,将采用钻爆开挖进行破除。首先进行上台阶马头门破除,破除时采取环向破除的方法,沿外轮廓线破除混凝土,割除横通道初支时要保留伸入轮廓线内的钢筋,架立正线隧道格栅钢架时,将其主筋与周围的横通道破除预留下的钢筋焊接牢固,挂网喷射混凝土进行封闭,使其成为一个整体。马头门开口段 3 榀格栅并置,并打设锁脚锚管,以加强交叉口口部的支护。

(3)破除导洞下台阶马头门。

当上台阶开挖、支护距离达到 5m 时封闭掌子面,再进行下台阶马头门破除,割除下台阶马头门部位横通道初支,密排 3 榀通道格栅钢架。下台阶开挖过程中,适当放坡保证开挖的稳定性,安装格栅要与上台阶格栅连接闭合形成整体。

2.6.5　小结

下穿建筑物、管线,小间距隧道施工,马头门破除等工序是城市地铁隧道施工时不得不面对的问题。在上述工序施工时需要根据不同的地质及周边环境情况进行专项方案设计,从而达到安全施工的目的。通过多个工程实践,在此类工序施工时,设计施工各阶段建议重点做好

以下几点工作:

(1)下穿既有建筑物或管线前,对管线信息、建筑物基础、拱顶以上岩层应进行详细调查、勘察,掌握信息,设计单位据此进行专项设计,施工单位制定专项施工方案,在技术方案上保证钻爆开挖下穿既有建筑物或管线是安全可靠的。

(2)钻爆开挖参数控制是施工关键,特殊地段施工前应分析前段类似地层参数、地表沉降控制情况,提前制定特殊地段施工时拟采用爆破参数,采用自动化监测手段,在过程中动态调整。

本章参考文献

[1] 王梦恕. 中国隧道及地下工程修建技术[M]. 北京:人民交通出版社,2010.
[2] 金锋. 隧道掘进钻爆法施工技术的发展探究[J]. 建材与装备,2016,(45):270-271.
[3] 郑赞毅. 浅析隧道二次衬砌施工技术及常见问题解决方法[J]. 江西建材,2016,(20):135-136.
[4] 刘长宇,张青,王卓. 隧道二次衬砌拱顶脱空分析及注浆处理[J]. 市政技术,2016,(05):170-173.
[5] 刘晓伟,梁莎莎,郭一民. 下穿隧道钻爆开挖对既有道路的振动影响分析[J]. 建材与装饰,2016,(35):248-249.
[6] 伍良勇,李小洪. 隧道掘进钻爆法施工技术发展及应用[J]. 建材与装饰,2016,(27):267-268.
[7] 高桂彬. 岩体隧道钻爆法施工技术研究[J]. 黑龙江科技信息,2016,(18):229.
[8] 王利伟,席健,张鲁明. 地铁暗挖区间隧道下穿既有建筑物施工安全分析[J]. 交通世界,2016,(11):79-81.
[9] 于咏妍,高永涛. 钻爆法地铁隧道开挖对地下管线的影响[J]. 工程爆破,2015,(04):6-10.
[10] 邹清祺. 浅埋暗挖法隧道下穿既有建筑物施工技术研究[D]. 西安科技大学,2015.
[11] 李英杰. 隧道工程洞身开挖方案与衬砌施工方法的应用[J]. 常州工学院学报,2010,(05):11-15.
[12] 李帆. 钻爆法地铁跨海隧道工程施工风险管理研究[D]. 青岛理工大学,2015.
[13] 张天天. 隧道钻爆掘进振动对附近天然气管道的影响分析[D]. 重庆交通大学,2014.
[14] 赵鸿鹏. 小间距隧道施工技术浅析[J]. 河南科技,2014,(09):64.
[15] 孙箭林. 钻爆法施工下穿既有隧道的影响研究[D]. 中南大学,2014.
[16] 傅小海. 地铁隧道下穿既有建筑物施工影响研究[D]. 北京交通大学,2014.
[17] 董孝禹. 隧道防水工程施工技术初探[J]. 中华民居(下旬刊),2013,(09):120-121.
[18] 贺康利. 浅谈隧道二次衬砌施工技术[J]. 城市建筑,2013,(14):89 + 122.

第3章 明挖车站施工技术

3.1 明挖车站施工技术概况

明挖法是在一定支护体系的保护下开挖基坑,然后在基坑内施作地下工程主体结构的施工方法。它是我国地铁车站修建中优先使用的一种修建方法,相较于其他技术,明挖法主要的进步表现在基坑的围护结构和开挖方法上,它可以应用于不同的土层结构。在围护结构方面,主要包括人工挖孔桩、地下连续墙、工字钢桩、钢板桩围堰等方法。其中,人工挖孔桩是用桩墙来达到防水和挡土的目的,适用于地下水位较深的地下施工环境,其断面形式可以做成方形或圆形,施工强度也要高于其他技术方法。地下连续墙法适合在饱水沙层的土质环境下进行,可以有效阻隔地下水的渗出,并能控制土压力。

明挖法的优点主要有以下几点:①便于设计:明挖法边坡支护结构、支撑和锚固体系受力比较明确,便于选择合理的设计方案和参数;②便于快速施工:一般情况下,明挖法的施工场地比较开阔,工作面较多,可以组织大量人员、设备、材料、机具等进行快速施工;③便于控制施工安全、质量和进度:明挖法的施工工序和作业面大部分可以直接观察和检查,施工项目便于检测,安全隐患便于发现,安全措施便于制订和落实,应急抢险救援场地条件比较好;④在拆迁量小的情况下,工程造价较低:明挖法和矿山法、盾构法相比,人员投入相对较少,设备相对简单,施工效率相对较高,在拆迁量小的情况下,造价较低。由于明挖法比其他的施工方法都更具优势,故它是地铁车站建设中最先被考虑的方法。

同时,明挖法施工也有一定的缺点:①拆迁工作量大,扰民大,影响交通:在城市采用明挖法施工,一般情况下,需要拆迁建筑物、改移管线和树木,必要时进行交通管制;②受气候、气象条件变化大:在寒冷地区或大风、大雾、雨、雪、冰冻天气,明挖法施工比较困难,容易出现险情;③对环境影响较大:明挖法施工带来的噪声、粉尘、污水、振动等对环境影响比较大,此外,由于降水作业,可能引起地下水位下降、地面沉降、建筑物倾斜及地下管线破坏;④易发生基坑整体失稳破坏:在不良地质和复杂环境中,一旦设计或施工不当,会发生边坡滑移或基坑整体失稳,可能造成重大人员伤亡和灾害。

明挖法施工的核心步骤包括降低地下水位、边坡支护、土方开挖、结构施工和防水技术等。硬岩地区有其施工工艺的特殊性,因此工程人员需要充分了解硬岩地区地铁明挖基坑施工的特点,从管理、工艺、人员三方面入手,及时应对可能出现的突发问题,从而推动地铁建设的全面发展。

3.2 明挖车站基坑开挖施工

3.2.1 施工运输坡道的设置

施工运输坡道出口一般设置在规划出入口交通方便的部位,布置时需考虑以下因素:
①考虑开挖到基底后坡道的坡度及土石方运输车辆的爬坡能力;
②坡道应方便会车及车辆掉头,并考虑基坑周边道路交通状况;
③开挖深度较大后坡道自身的稳定问题,必要时需对坡道两侧进行临时支护;
④坡道设置应方便土石方开挖施工和装车;
⑤坡道对后续开挖和支护施工的影响及收坡道施工是否方便;
⑥场地允许时可将坡道出口向基坑外侧开阔处下挖延伸,以获得较长的放坡距离并方便收坡;
⑦坡底处修筑环行车道,无环行车道时车辆在斜坡道上退车下行、顺车上行。

坡道可紧靠基坑长边方向布置,也可沿基坑对角布置。对于长边方向满足车辆爬坡坡度的基坑,可紧靠基坑长边方向布置坡道。该布置方式会影响坡道布置侧土石方的开挖和支护,但只需考虑坡道单侧坡体的稳定性,有利于保证运输车辆的安全。对于长边方向不满足车辆爬坡坡度的小型基坑,一般沿基坑对角方向布置以获得最长的放坡距离。该布置方式对支护施工的影响较小,但需考虑坡道两侧土石方开挖后的坡体稳定问题。

为减小坡道设置对工期的影响,在基坑施工后期可在已完成支护部位设置备用坡道,以解决坡度部位支护过程中的临时运输问题。

3.2.2 基坑开挖顺序

对第四系富含地下水的土岩组合基坑,基坑开挖前,基坑周边采用截水帷幕,基坑内设置降水井或积水坑疏排坑内地下水,以方便土石方开挖。临时性排水措施应满足地下水、暴雨和施工用水等的排放要求。

基坑开挖一般采用自上而下分层分段开挖、分层分段支护流水作业的开挖顺序。对于位移要求不严格的三级基坑,可采用一次性放坡开挖至基底后再进行简单支护的开挖方式。对于土石方开挖后不稳定或欠稳定的基坑,应根据基坑的地质特征和可能发生的破坏等情况,采取自上而下、分段跳槽、及时支护的施工方法,严禁无序大开挖、大爆破作业。

基坑周边土石方开挖分层厚度应与设计锚杆位置相适应,一般应控制在锚杆下30~50mm并满足锚杆施工机械对工作面的要求。根据工程进度的要求,可采用先周边后中间的开挖方式,以便为支护作业创造工作面。对于不存在软弱土层的岩质基坑,当土石方开挖进度较快时,可在基坑周边预留满足基坑边坡稳定和锚杆施工机械作业面的土石方后先行开挖基坑中间部位土石方。根据支护作业的进度对周边土石方分层分段开挖、分层分段支护。

3.2.3 基坑开挖方法

对土岩组合基坑,先采用挖掘机械对表层土体进行开挖,然后进行岩石部分的开挖。对强风化的硬质岩石和中风化的软质岩石,一般采用机械开挖方式,即采用一种"凿裂法"施工。即用大功率推土机带裂土器(松土器)将岩石裂松成碎块,见图3-1,然后用推土机集料装运。能否采用"凿裂法"开挖,要考虑岩石的风化程度、岩层的倾角和节理发育情况以及裂土器的切入力等因素,并进行现场试验后确定。松土效率和设备操作者的技术与经验密切相关。

图3-1 大功率推土机带裂土器

对中风化、微风化的岩石部分,必须进行爆破开挖,一般先在基坑中央进行起槽爆破,形成一定的临空面,再向周边进行台阶式爆破开挖。在接近支护结构和坡脚附近时,必须采用控制性爆破或静力爆破。对爆破后岩石坡面或基底,常采用风镐或安装在挖掘机械上的液压破碎锤进行修整。

对于周边环境不允许使用炸药爆破的场区,也可采用无震动、无冲击波、无飞石的静力爆破方式来破碎岩石,具有非常高的安全性,但造价相对较高。

3.2.4 基坑开挖案例

青岛地铁13号线黄海东路站地层是典型的"土岩组合",该车站主体结构总长160m,有效站台宽度为11m,有效站台长度80m。车站共设2座出入口、2座风亭、1座消防专用出入口。底板埋深14.3~15.9m,顶板覆土较为均匀,覆土厚度约为3m。黄海东路站主体结构采用明挖法施工,基坑扩大段宽度24.48m,标准段宽度21.7m,基坑深度最深16.95m,基坑最浅16.36m,具体见图3-2。

1)开挖准备工作

①按设计规定的技术标准、地质资料以及周围建筑物和地下管线等的详实资料,严格细致地做好深基坑施工组织设计(包括周围环境的监控措施)和施工操作规程,对开挖中可能遇到的渗水、基坑稳定、涌泥流砂等现象进行技术讨论,提出应急措施并提前进行相关的物资储备。准备好地面排水及基坑内抽排水系统。

②按设计要求加工、购置钢绞线,备足钢腰梁,备好出土、运输和弃土条件,确保连续开挖。

③对基坑周边建筑物进行调查,并对基坑、周围建筑物、地面及地下管线等编制详细的监控和保护方案,预先做好监测点的布设、初始数据的测试和检测仪器的调试等准备工作。

④配备足够的开挖及运输机械设备,做好机械的检测、维修保养等工作,确保机械正常作业。

2)基坑上部的开挖与围护

①开挖冠梁土方,凿除桩头,立模浇筑冠梁,冠梁中预留 $\phi110$ 钢管以便锚索施工,待冠梁强度达到设计要求的90%后方可张拉锚索;冠梁做完后施作挡土墙。

②冠梁施工分段进行,30m左右一段。爆破后采用挖掘机和人工结合开挖。
③围护结构做好后,即开始开挖基坑内土体。

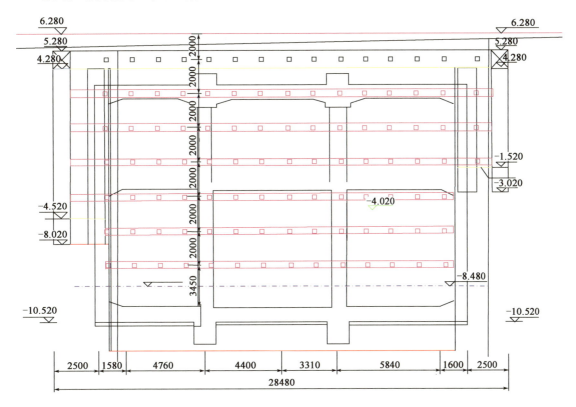

图 3-2　基坑扩大段横剖图(尺寸单位:mm)

3)冠梁施工

(1)冠梁施工安排

车站钻孔桩桩顶设置钢筋混凝土冠梁,将钻孔桩连接为整体,截面尺寸为 1000mm × 1000mm(宽×高)。

冠梁施工安排在钻孔桩完成后分段组织施工,每施工段按 30m 一段考虑。模型采用木模。钢筋在加工场加工,运至现场绑扎,商品混凝土由混凝土输送车运至现场浇筑,插入式振动器振捣密实,洒水养护。

(2)冠梁施工工艺流程

如图 3-3 所示。

(3)冠梁施工方法及技术措施

①钻孔桩每施工段完成后,凿除钻孔桩桩头混凝土。
②清除钻孔桩顶的余土、浮浆,浇筑垫层,调直桩顶钢筋,并用清水清洗干净。
③按设计要求绑扎冠梁钢筋,按照设计预留足够的主筋长度与下节冠梁主筋进行搭接。
④立模加固。
⑤每段冠梁混凝土一次浇筑成型。混凝土浇筑完成后,及时洒水养护,养护时间不少于7d。

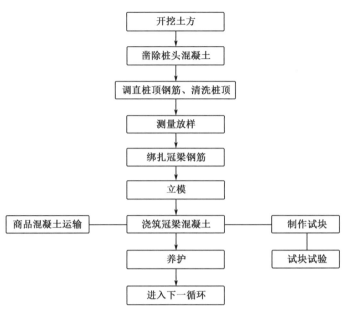

图 3-3 冠梁施工工艺流程图

4)主体基坑开挖

(1)基坑开挖顺序

车站基坑分 9 段开挖,车站开挖施工分段施工示意图如图 3-4 所示。围护结构封闭完后,从车站一端向另一端分段分层开挖。开挖时充分考虑时空效应,尽量分小段开挖,及时打设锚杆,在 6h 内完成为宜。

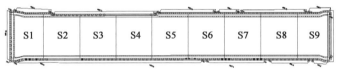

图 3-4 黄海东路站车站主体分段施工示意图

(2)开挖进度安排

基坑开挖单工作面实行三班倒连续作业,单工作面开挖出土约为 950m³/d。

(3)开挖机械设备与劳动组织

基坑开挖采用 300 挖掘机分段台阶法开挖施工,开挖至 8m 以下采用两台挖掘机倒运开挖,挖至基底以上 30cm 采用人工清底,最后剩余土石方采用 20m 长的长臂挖掘机与汽车吊车进行施工。考虑到天气、机械使用效率等他因素的影响,开挖及出渣机械设备与劳动力的配备按平均出土量的 150% 配备。外运弃土的能力充分考虑运输时间、出土量等因素,按开挖土量的 150% 配备外运弃土车辆。

(4)基坑开挖步骤

基坑开挖遵循"竖向分层、水平分段、由上而下、先拉锚后开挖"的原则,分 9 段从西向东进行开挖。具体步骤如下:

第一步:开挖第一层土方至冠梁底部,凿除桩头,施作冠梁及挡土墙,预留钢管,打设第一道锚杆。如图 3-5、图 3-6 所示。

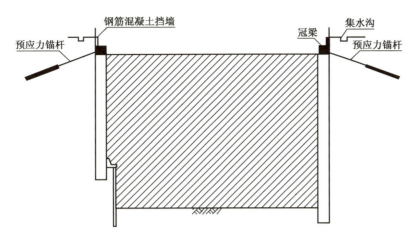

图 3-5　台阶开挖基坑横断面图

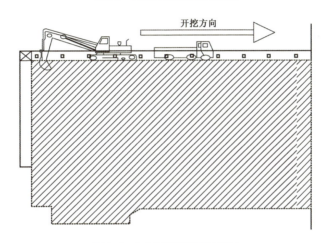

图 3-6　土方开挖纵断面示意图

第二步:开挖台阶高度约为 1.5m,待该层桩间网喷结束后继续向下开挖,开挖至第二道锚索下 0.5m 处,施作第二道锚索。如图 3-7、图 3-8 所示。

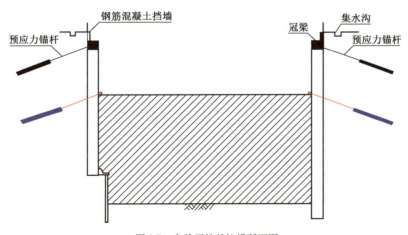

图 3-7　台阶开挖基坑横断面图

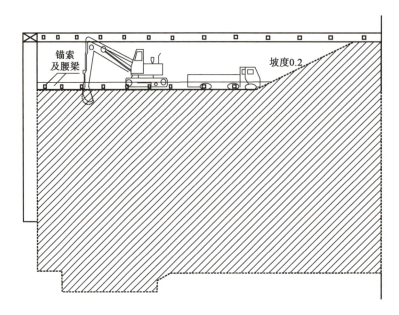

图 3-8　台阶开挖基坑纵断面图

第三步：开挖高度约为 1.5m，待该层桩间网喷结束后继续向下开挖，开挖至第三道锚索下 0.5m 处，施作第三道锚索。如图 3-9、图 3-10 所示。

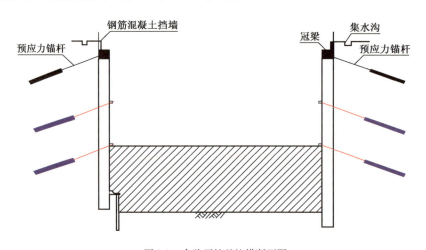

图 3-9　台阶开挖基坑横断面图

第四步：按上述方法开挖至锁脚平台处，施作钢管桩及锁脚梁，打设第四道锚索。如图 3-11、图 3-12 所示。

第五步：同样施工方法开挖，根据砂浆锚杆和锚索高度分层分段分别开挖至锚杆下 0.5m 和锚索下 0.5m，分别打设锚杆和锚索。如图 3-13、图 3-14 所示。

第六步：继续开挖至第二道砂浆锚杆下，打设第二道砂浆锚杆。如图 3-15、图 3-16 所示。

第七步：挖机挖到基地以上 30cm，剩余土石方人工清理至基底，浇筑混凝土垫层。如图 3-17、图 3-18 所示。

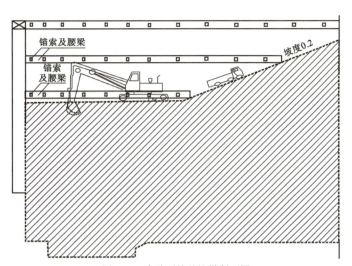

图 3-10　台阶开挖基坑纵断面图

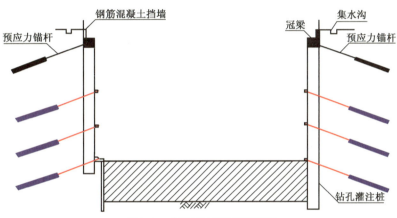

图 3-11　台阶开挖基坑横断面图

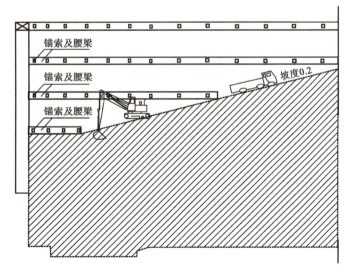

图 3-12　台阶开挖基坑纵断面图

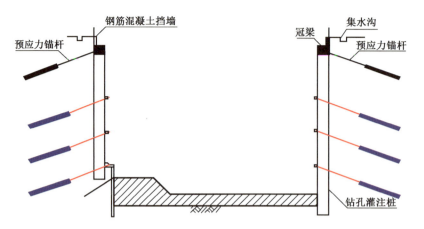

图 3-13　台阶开挖基坑横断面图

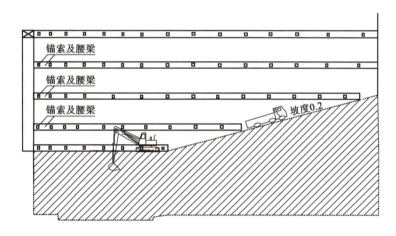

图 3-14　台阶开挖基坑纵断面图

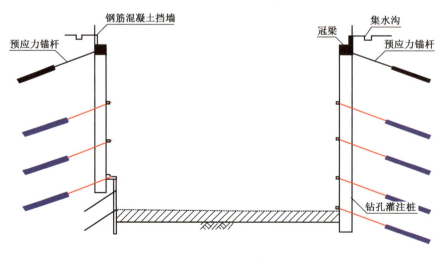

图 3-15　台阶开挖基坑横断面图

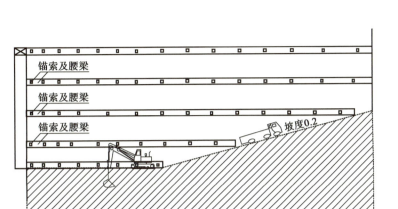

图 3-16　台阶开挖基坑纵断面图

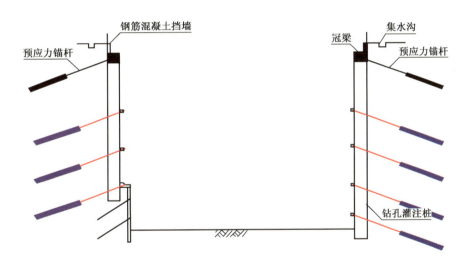

图 3-17　台阶开挖基坑横断面图

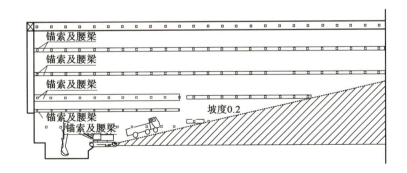

图 3-18　台阶开挖基坑纵断面图

5）开挖及出土方法

基坑开挖采用"纵向分段,竖向分层"的方法施工,基坑开挖过程中随挖随按设计打设锚索和锚杆。

①上层8m左右的土方直接用挖掘机挖装,自卸车运输。

②下层土方采用两台挖掘机倒运开挖,剩余土方采用长臂挖掘机与龙门吊吊车进行施工。

③土渣由挖掘机装入自卸汽车运输至临时弃土场。

④上层1.1m(冠梁以上部分)采用1:1的自然放坡,渣土车坡道始终保持0.2的坡度,基坑内工作平台边坡为1:1.5。

⑤基底以上30cm采用人工配合小型机械突击开挖,严格控制最后一次开挖,控制超挖。

⑥为确保基坑稳定,垫层施作完后尽快将钢筋混凝土底板浇筑完毕。

⑦开挖过程中设专人及时绘制地质素描图,当基底地层与设计不符时,及时上报设计、监理进行处理。

⑧分段开挖时设截流沟和排水沟,渗水及雨水及时泵抽排走。

⑨开挖过程中,按既定的监测方案对基坑及周围环境进行监测,以反馈信息指导施工。

基坑开挖允许偏差与检验方法见表3-1。

基坑开挖允许偏差与检验方法 表3-1

序号	项目	允许偏差(mm)	检验频率 范围	检验频率 点数	检验方法
1	坑底高程	+10,-20	每段基坑或长50m	5	用水准仪
2	纵横轴线	50	每段基坑或长50m	2	用经纬仪,纵横向各侧
3	基坑尺寸	不小于设计	每段基坑或长50m	4	用尺量,每边各计1点
4	基坑边坡	设计的5%	每段基坑或长50m	4	用坡度尺量

3.2.5 小结

本节重点介绍了硬岩地区明挖车站基坑开挖的施工要点,主要包括以下几方面内容:

①施工运输坡道设置时需要考虑多种因素,包括坡道自身的稳定性、车辆运输便利性等问题,坡道设置方式可以是靠基坑长边方向布置,也可以沿基坑对角布置。

②硬岩地区基坑开挖一般采用自上而下分层分段开挖、分层分段支护流水作业的开挖顺序,严禁无序大开挖、大爆破作业;强风化的硬质岩石和中风化的软质岩石,一般采用一种"凿裂法"施工方法。

③若场地条件允许,交通导改易实现,管线迁改量不大,应优先选用车站施工方案,因为对硬岩地质条件明挖车站风险相对较少,施工效率较高。空旷地常可以选择放坡开挖,节约投资且效率高。

④硬岩地质明挖车站应注意爆破队支撑的影响,一般来说,第一道支撑应为钢筋混凝土支撑。同时要严格控制爆破规模,并加炮被防护,防止飞石飞出场地。

⑤明挖车站应充分考虑埋深问题,尤其在国家大力倡导地下综合管廊建设的背景下,车站顶板埋深不应小于3.5m,为地下综合管廊预留条件。

3.3 明挖车站基坑支护形式

深基坑工程及边坡支护形式的应用是由建(构)筑物和地下室层数或埋深、场区工程地质条件、水文地质条件、近围环境条件、施工技术要求和环境保护等多种因素综合效应所决定的。青岛属于典型的"土岩组合"地层,由于土岩组合地质条件的特殊性,一些传统的支护结构常常会因为施工难度太大而无法实施,如传统的水泥土墙支护形式会因为使用施工设备无法入岩而导致嵌固深度不满足,无法直接应用。同样,排桩或地下连续墙在土岩组合地质条件下的应用过程中也会遇到类似情况。目前,地下连续墙结合内支撑的支护体系在土岩组合地质条件下并不多见。这种情况下,对支护技术、施工技术以及环境保护等方面都提出了更高的要求,目前,青岛市常用深基坑及边坡支护形式的应用,由单一形式向多种形式的联(复)合方向发展,并成为支护形式的基本特征。现将青岛市地铁车站常用基坑支护形式列于表3-2。

3.3.1 放坡开挖

1)放坡开挖的概念及特点

在基坑开挖施工中,往往可以通过选择并确定安全合理的基坑边坡坡度,使基坑开挖后的土体在无加固及无支撑的条件下,依靠土体自身的强度,在新的平衡状态下取得稳定的边坡并维护整个基坑的稳定状况,为建造基础或地下室提供安全可靠的作业空间,同时,又能确保基坑周边的工程环境不受影响或满足预定的工程环境要求。这类无支护措施下的基坑开挖方法通常被称作放坡开挖。

放坡开挖适用于地基土质较好、开挖深度不深以及施工现场有足够放坡场所的工程。当基坑深度超过5m采用放坡开挖时,应分级放坡开挖,分级处设过渡平台,平台宽度一般为1~1.5m。岩质边坡的分级平台一般不小于0.5m。软土基坑施工中,当开挖不深(3~5m)、基坑开挖对周边工程环境要求不高或有可靠措施时,采用放坡开挖。一般情况下,放坡开挖法是地铁明挖车站施工首选的施工方法,它主要适用于隧道埋深较浅的地铁工程施工,由于该方法在施工过程中对周围环境的影响相对较小,因此,在施工中只要合理控制放坡率,就可有效控制施工成本和土体结构稳定性。

2)放坡开挖的适用范围

(1)基坑周边有足够放坡空间,周围无邻近建(构)筑物、地下管线等位移敏感设施。

(2)无地下水或地下水不发育。

(3)岩体质量较好的Ⅱ、Ⅲ级岩体,不存在产状与坡面不利组合的结构面。

(4)适应于二、三级基坑。

3)放坡开挖在青岛地铁中的应用

在青岛地铁车站的明挖基坑中,放坡开挖在周边工程环境允许情况下以及在车站出入口的施工中通常采用此种支护型式,放坡比例根据土层情况而定,通常土层采用1:0.5放坡,岩层采用1:0.2放坡,对于不同的岩层与地质,放坡比例可能会根据实际情况调整。另外,放坡开挖由于要占用较大场地,所以一般会结合其他的支护形式,如喷锚支护、复合土钉墙支护、超前支护微型钢管桩等,放坡支护在青岛地铁3号线长沙路站中的应用较有代表性。长沙路

青岛市常用深基坑支护形式与地铁车站基坑对照简表

表 3-2

序号	支护形式	含义与特点	基坑类型	适应性要求	与其他支护形式的联合应用概况	备注
1	放坡开挖	在基坑开挖施工中,往往可以通过选择并确定安全合理的基坑边坡坡度,使基坑开挖后的土体在无加固及无支撑的条件下,依靠土体自身的强度,在新的平衡状态下取得稳定的边坡并维护整个基坑的稳定状况,为建造基础及地下室提供安全可靠而预定的工程环境不受影响或满足预定工程环境要求	(1) 土质;(2) 土岩组合	适用于:(1) 基坑周边有足够放坡空间,周围无邻近建(构)筑物、地下管线等位移敏感设施;(2) 无地下水或地下水不发育;(3) 岩体质量较好的Ⅱ、Ⅲ级岩体,不存在产状与坡面不利组合的结构面;(4) 适应于二、三级基坑	放坡开挖适用于地基土质较好,开挖深度不深以及施工现场有足够放坡所需的工程。当基坑深度超过5m采用放坡开挖时,应分级放坡开挖,分级处放坡平台,平台宽度一般为1~1.5m。岩质边坡的分级放平台一般不小于0.5m	
2	土钉墙支护	在被加固的土体中设置土钉群和在面挂钢筋网喷射砼所构成的一种支护形式,类似挡土式挡墙的作用。具有结构轻,工艺简单,施工快,造价低,应用广泛的特点	(1) 土质;(2) 岩质;(3) 土岩组合	适用于:(1) 地下水位以上或经降水后的基坑;(2) 土层自稳能力较好的基坑。不适用于:①软土、软弱土;②富水的砂卵层;③近邻环境条件复杂,对变形要求严格的基坑不宜使用;③不可作为挡水结构使用	土钉与锚杆联合形成复合土钉墙支护形式,以适用于对基坑变形要求严格的基坑,并可适当增加基坑开挖深度。(2) 土钉墙支护与其他支护形式的联合应用的形式很多(略)	(1) 土钉墙支护是一种原位土体加固技术。(2) 土钉应和面层有效连接,设承压板和加强钢筋等构造措施。(3) 土钉长度应超过滑裂面,宜为基坑开挖深度的0.5~1.2倍
3	复合土钉墙支护	在土钉墙支护形式的基础上,分别增加水泥土桩、微型桩、锚杆、水泥土桩中插芯材等形成复合土钉支护形式的多种形式,以弥补土钉支护功能作用的某些缺陷,改变原受力状态;适宜地增加基坑开挖深度等	同上	适用于:(1) 对变形要求比较严格的基坑;(2) 改善和提高岩土体的自稳能力;(3) 起到止水、抗渗的作用;(4) 限制软土"时空效应"的发展	(1) 复合土钉墙支护与土钉墙支护的联合:上部土层有限放坡,下部风化岩,复合土钉墙支护(土钉+锚杆+面层)。(2) 复合土钉墙支护与桩锚支护的联合:上部土层,桩锚支护;下部风化岩,直立开挖,复合土钉墙支护(土钉+锚杆+面层)	

续上表

序号	支护形式	含义与特点	基坑类型	适应性要求	与其他支护形式的联合应用概况	备注
4	复合锚喷墙支护	由土层(岩石)锚杆、喷射混凝土与预应力锚杆或超前支护微型桩或水泥土桩组合,以解决基坑变形问题、土体自立问题、隔水问题而形成的支护形式	(1) 土质; (2) 土岩组合	(1)"非预应力锚杆+预应力锚杆+喷射混凝土"支护形式,可应用于深度较大,土层厚度相对较小,地下水不丰富,岩体稳定性相对较好的基坑; (2)"非预应力锚杆+预支护微型桩+喷射混凝土"支护形式,主要适用于放坡较陡而土质松散或岩石破碎,地下水不丰富,自立性较差的基坑; (3)"非预应力锚杆+预应力锚杆+喷射混凝土"支护形式主要适用于开挖深度较大,放坡高而土质松散或岩石破碎或自立性较差的基坑; (4)"非预应力锚杆+水泥土桩+喷射混凝土"支护形式,主要适用于上部为含水软弱土层的情况,截水帷幕可只设置在上部土层中,要求截水帷幕进入相对隔水层一定深度; (5)"非预应力锚杆+水泥土桩+预应力锚杆+喷射混凝土"支护形式,主要适用于含水软弱土层,开挖深度较大,放坡较陡且位移控制要求较严,松散自立性较差的情况; (6)"非预应力加筋水泥土桩+预应力锚杆+喷射混凝土"支护形式,主要适用于上部为含水软弱土层,开挖深度较大,放坡较高而土质松散自立性较差的情况	(1) 预应力锚杆+预应力锚杆+喷射混凝土; (2) 非预应力锚杆+预支护微型桩+喷射混凝土; (3) 非预应力锚杆+预应力锚杆+喷射混凝土; (4) 非预应力桩+水泥土桩+喷射混凝土; (5) 非预应力锚杆+水泥土桩+喷射混凝土; (6) 非预应力加筋水泥土桩+预应力锚杆+喷射混凝土	

续上表

序号	支护形式	含义与特点	基坑类型	适应性要求	与其他支护形式的联合应用概况	备注
5	桩锚支护	有桩体、预应力锚杆(索)、锚下承载结构所构成的一种刚性支护形式；桩体(支护桩)与锚杆(起到背拉作用)联合，具有很强的挡土和抗变形的能力；若含水层时，可在支护桩之间增设止水桩形成止水帷幕，止水桩也可独立成排布置；支护桩与止水桩的联合起到既挡土又止水的双重作用	(1) 土质；(2) 土岩组合	适用于：(1) 直立开挖的基坑；(2) 近周条件比较严峻、对基坑变形要求比较严格的基坑；(3) 存在富水砂土层、软土层，要求支护桩嵌固满足稳定层内一定深度，止水桩(帷幕)应满足封堵含水层，防止渗透、漏水的要求	(1) 桩锚支护与复合土钉墙支护的联合；(2) 桩锚支护与土钉墙支护的联合	(1) 锚下承载结构，包括锚具、垫板、型钢；(2) 支护桩可采用不同的成桩工艺，不同的规格的钢筋混凝土桩或钢管桩；(3) 止水桩可采用深层搅拌桩或高喷桩
6	吊脚桩支护	桩体下端嵌入的是强风化或中风化花岗岩，其嵌入岩石的深度是有限的，但基坑开挖到基底以下数米，当基坑开挖到基底时，支护桩桩脚则似吊在空中，即俗称的"吊脚桩"	土岩组合	适用于岩层埋深浅，上软下硬的地层条件	"吊脚桩"支护结构可以与内支撑或者锚杆支护联合	

站起点至站中心里程附近,右线采用"吊脚桩"支护形式,桩间设置 φ1200@1500 高压旋喷桩,并与灌注桩咬合;钻孔灌注桩入中风化岩层 1.5m,自中风化层开始放坡,坡率为 1:0.3。左线采用人工挖孔桩+锚喷支护。该站其余均采用放坡+土钉墙支护形式,放坡级数随土层变化,中风化层下坡率为 1:0.2,土层中为 1:0.5。如图 3-19 所示。

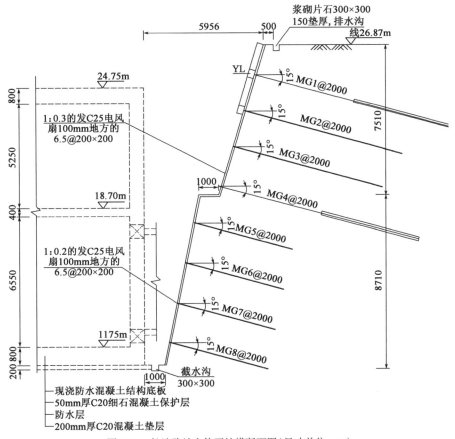

图 3-19 长沙路站主体开挖横断面图(尺寸单位:mm)

3.3.2 土钉墙支护

1) 土钉墙的概念及作用原理

土钉墙(Soil Nail Wall)是一种原位土体加筋技术,是将基坑边坡通过由钢筋制成的土钉进行加固,边坡表面铺设一道钢筋网再喷射一层混凝土面层和土方边坡相结合的边坡加固型支护施工方法。其构造为设置在坡体中的加筋杆件(即土钉或锚杆)与其周围土体牢固黏结形成的复合体,以及面层所构成的类似重力挡土墙的支护结构。

所谓"土钉",是指放入土中对原位土体进行约束的细长杆件,通过注浆加大钉土界面的摩擦力,能更好地发挥土钉的抗拉强度。土钉也可用钢管、角钢等直接打入土中而无需注浆。其主要承受拉力,注浆体和土体间的摩阻力提供了土钉的抗拔力,约束了土体变形的发展。

土体的抗剪强度较低,抗拉强度几乎可以忽略,但土体具有一定的结构整体性,在基坑开挖时,可存在使边坡保持直立的临界高度,但超过这个深度或有地面超载时将会发生突发性的整体破坏。一般护坡措施均基于支挡护坡的被动制约机制,以挡土结构承受其后的土体侧压力,防止土体整体稳定性破坏。土钉墙技术则是在土体内放置一定长度和分布密度的土钉体,其与土共同作用,弥补土体自身强度的不足。因此通过增强边坡土体自身稳定性的主动制约机制为基础的复合土体,不仅效地提高了土体的整体刚度,弥补了土体抗拉、抗剪强度低的弱点,通过相互作用、土体自身结构强度潜力得到充分发挥,改变了边坡变形和破坏的性状,显著提高了整体稳定性,更重要的是土钉墙受荷载过程中不会发生素土边坡那样的突发性塌滑,土钉墙不仅延迟塑性变形发展阶段,而且具有明显的渐进性变形和开裂破坏,不会发生整体性塌滑。

2）土钉墙施工流程

土钉墙主要的施工流程有:

①开挖和排水。土方开挖采用挖掘机自上而下进行,以每层土钉为一层,开挖至该层土钉下0.5m范围内,机械开挖时应根据设计坡度预留200mm保护层,采用人工修整坡面。此外,基坑排水应与土方开挖协调进行,做好坡顶及坡底的排水措施,坡顶向外设置1%的坡度,并在一定范围内用C15素混凝土抹面,使水往基坑外排走;坡面排水用$\phi50$管壁带孔的塑料排水管水平插入边壁土体,呈梅花形水平布置,纵横间距均为2.0m,外缚土工布滤水材料,以排除面层后的积水;坡底设置排水沟及积水坑,将排入积水坑的水及时抽走。

②初喷混凝土。边坡修整后立即喷射一层50mm厚的C20混凝土层,使暴露土体及时封闭。

③成孔。根据地质情况,选用地质钻机成孔,直径120mm,钻孔前应根据设计要求定出孔位并做出标记和编号。对地质条件较差的地段,采用清水钻进,避免用膨润土或其他悬浮泥浆作为钻进护壁。成孔后要清孔检查,孔内不得有碎土、杂质和泥浆。

④设置土钉。按设计要求截取钢筋,其长度应比设计孔深长150mm,装上对中用定位钢筋,定位支架间距2m。钢筋推送前再次检查孔内是否存有杂物和泥浆,确认后将钢筋沿孔推入孔底。推送过程中不应转动钢筋,防止定位支架破坏孔壁;同时要防止强行推送,以免钢筋头部插入土体中。如钢筋无法到达孔底,则应将钢筋拔出,修孔后再推送,推送完成后应检查排气管、注浆管是否畅通。

⑤注浆。采用底部注浆方式,注浆前在孔口处设置比浆塞并旋紧,使其与孔壁紧密贴合,并通过比浆塞将注浆管插入注浆口,深入至离孔底200~500mm处。注浆时浆液应采用搅拌机搅拌均匀,注浆压0.4~0.6MPa,注浆管连接注浆泵,边注浆边向孔口方向拔管,直至注满为止。此外,为了增加水泥浆的早期强度,在浆液中掺入适量的早强剂。

⑥铺设钢筋网,焊接土钉头。在坡面上铺设$\phi8@150\times150$钢筋网,并按设计要求在土钉头处纵横方向焊接$\phi18$井字形加强筋,并在其后沿土钉长度方向焊接225(长100mm)锁定筋,使土钉与加强筋连成一整体。焊接采用满焊,严格按规范要求进行。

⑦终喷混凝土。喷射前应埋设控制混凝土厚度的标记,喷射应从底部逐渐向上部进行,射流方向一致的标记,喷射应从底部逐渐向上部进行,射流方向一般应垂直于喷射面,射距为0.8~1.5m。在钢筋部位应先喷填钢筋后方,再喷填钢筋前方,以防钢筋背面出现空隙。分段喷射的端面应喷射成45°斜面,以便喷射混凝土可牢固地连成整体。

3.3.3 复合土钉墙支护

1) 复合土钉墙概念及分类

复合土钉墙指的是将土钉墙与一种或几种单项支护技术或截水技术有机组合成的复合支护体系,它的构成要素主要有土钉、预应力锚杆、截水帷幕、微型桩、挂网喷射混凝土面层、原位土体等。复合土钉墙主要由土钉、面层和辅助支护组成。

土钉是复合型土钉墙的主要受力构件,主要有打入式土钉、气动射入式土钉和注浆式土钉三种类型。打入式土钉一般用角钢、圆钢或钢管作土钉,其一般长度不超过6m,或者是坡高的0.5~0.7倍。设置这类土钉时一般不用钻孔,不注浆,施工速度快,但对砾石土、硬胶结土和松散砂土层不适用。气动射入式土钉一般用 $\phi 25 \sim 38mm$、长度为 $3 \sim 6m$ 的光直钢杆制作,该类土钉为英国开发,目前尚未见到在国内应用该类型土钉的报道。注浆式土钉是最常用的土钉类型,整个土钉由钉体和外裹的注浆体组成。钉体一般采用 $\phi 16 \sim 32mm$ 的 III 级或 II 级热轧变形钢筋材料制成;注浆体材料为砂浆或水泥纯浆;注浆式土钉的孔径一般为 $75 \sim 150mm$,其长度不受限制,一般工程上采用的长度为 $6 \sim 10m$,或坡高的 $0.5 \sim 1.2$ 倍。与其他类型的土钉相比,在砾石土、硬胶结黏土和松散砂土层施工时具有独特的优越性。

面层包括支护面层和防水地面。临时土钉支护的面层,通常为网喷混凝土做成,厚度一般为 $50 \sim 100mm$。面层配置一层钢筋网,网格为正方形,边长为 $150 \sim 300mm$。永久性土钉支护的网喷混凝土面层,喷射混凝土厚度为 $150 \sim 250mm$,一般配置两层钢筋网。近年来,对于非饱和土层的边坡,有时也采用预制混凝土板或土工织物作为面层。对于基坑或土体边坡顶部设置的混凝土护顶,宽度一般为 $1 \sim 2m$。防水地面宽度一般取为钉长。

复合土钉墙辅助支护常见的结构为搅拌桩和微型桩。采用搅拌桩辅助支护,通常是把水泥作为固化剂的主剂,水泥一般采用标号 425 号或 525 号普通硅酸盐水泥,水泥掺入比大于10%,同时加入适量的外渗剂。搅拌桩的布桩形式为壁桩。

微型桩一般为无缝钢管和焊管,钢管直径 $48 \sim 108mm$,常采用 $48mm$,管壁设有出浆孔。一般沿基坑边缘或边坡密排设置,间距小于 $1m$,入土深度一般为基坑底部 $1 \sim 3m$。

根据基坑或边坡所处环境、地质条件等因素的不同,土钉墙可以与预应力锚杆、截水帷幕、微型桩中的一种或几种共同使用,这样复合土钉墙也有不用的类型。下面介绍几种常用的复合土钉墙类型:

(1) 土钉墙与预应力锚杆组合支护

这种支护形式常用在对变形有一定要求的基坑中,并可以有效地增加基坑边坡的稳定性。其中,预应力锚杆常采用钢筋或钢绞线作为杆体,注浆材料为水泥浆或砂浆,锚索的端头一般与腰梁连接,并设置承压板,在浆体达到定强度后施加应力。土钉与锚索是两种不同的构件,分别是被动受力和主动受力,在实际工程中,预应力需控制,不能太大,防止面层破坏。如图3-20所示。

(2) 土钉墙与截水帷幕组合支护

在水位较高地区,当基坑周边存在建筑物、道路及重要管线时,为防止降水引起沉降破坏,需要在基坑周边设置截水帷幕。截水帷幕首先具有止水作用,这也是其主要作用之一。除此之外,帷幕还有其他作用,比如:帷幕能在开挖过程中超前支护开挖面,同时,它对基坑边坡的稳定性所起的作用也不可小觑,在地下水丰富的地方还可以防止坑底涌起。为达到以上作用,帷幕的强度需要保证。帷幕的施工一般采用搅拌桩,设置一层以上,有一定的搭接长度;也可以使用旋喷桩,这种桩可以钻进碎石层和卵石层。如图 3-21 所示。

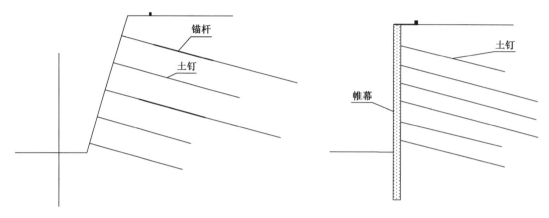

图 3-20　土钉墙与预应力锚杆组合支护示意图　　图 3-21　土钉墙与截水帷幕组合支护示意图

(3)土钉墙与截水帷幕、预应力锚杆组合

这种方式除具有上述第 1 条提到的特点外,在需要在控制变形、增加稳定性、地质条件复杂时采用预应力锚杆,从而形成这种比较常用的复合形式。适用于人工填土、淤泥质土、砂层较厚,无放坡条件,基坑深度较大的情况。如图 3-22 所示。

(4)土钉墙与微型桩、预应力锚杆组合

微型柱在复合土钉墙支护中常作为增强体来增强支护刚度,用于直立放坡开挖的基坑,这种支护形式可以增强直立开挖时边坡的稳定性,并具有一定的变形控制作用。微型桩直径一般小于采用钻机成孔的直径,安放钢管或型钢并注浆而成,强度达到一定条件后才允许开挖。如图 3-23 所示。

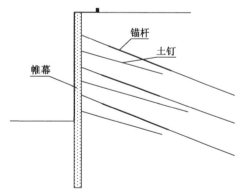 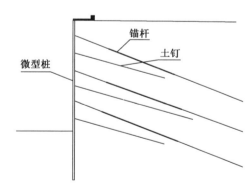

图 3-22　土钉墙与截水帷幕组合支护示意图　　图 3-23　土钉墙与截水帷幕、预应力锚杆组合支护示意图

(5)土钉墙与预应力锚杆、截水帷幕、微型桩组合

这种支护形式一般用于以下情况:基坑很深,地层条件较差,环境复杂对变形要求严格。这种支护形式由于组合构件多,施工相对于其他复合土钉墙支护形式略复杂,但支护结构稳

定,变形小,适合用于复杂条件下支护。如图3-24所示。

2)复合土钉墙施工流程

复合土钉墙的施工顺序为:工作面开挖—清理边坡—孔位布点—成孔—安设土钉钢筋—注浆—铺设钢筋网—喷射混凝土面层—下一步开挖。

根据不同土性特点和支护构造方法,上述个别顺序可以变化。

(1)工作面开挖

土钉支护应按设计规定的分层开挖深度按作业顺序施工,在完成上层作业面的土钉与喷混凝土以前,不得进行下一层深度的开挖。当基坑面积较大时,允许在距离四周边坡 8～10m 的基坑中部自由开

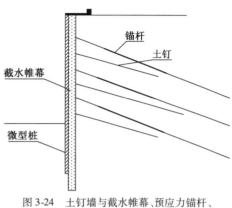

图 3-24 土钉墙与截水帷幕、预应力锚杆、微型桩组合支护示意图

挖,但应注意与分层作业区的开挖相协调。支护分层开挖深度和施工的作业顺序应保证修整后的裸露边坡能在规定的时间内保持自立并在限定的时间内完成支护,即及时设置土钉和喷射混凝土。基坑在水平方向的开挖也应分段进行,可按 10～20m 分段。

(2)清理边坡

基坑开挖后,基坑的边壁宜采用小型机具或铲锹进行切削清坡,以达到设计规定的坡度。

(3)孔位布点

土钉成孔前,应按设计要求定出孔位并做出标记和编号。

(4)成孔

根据设计要求的平面位置、孔深、下倾角、孔径选择合理的钻孔设备,人工成孔常采用洛阳铲进行。孔径、孔深、孔距、倾角必须满足设计要求,其偏差值不大于《基坑土钉支护技术规程》(CECS96:97)中的规定。

成孔过程中应做好成孔记录,按土钉编号逐一记载取出的土体特征、成孔质量、事故处理等。应将取出的土体与初步设计时所认定的加以对比,有偏差时应及时修改土钉的设计参数。

(5)清孔

钻孔后应进行清孔检查,对孔中出现的局部渗水塌孔或掉落松土应立即处理。成孔后应及时安设土钉钢筋并注浆。

(6)安设土钉钢筋

钢筋使用前应调直,除锈,涂油。为保证钢筋处于钻孔的中心部位,土钉钢筋置入孔中前应先设置定位支架,支架沿钉长的间距为 2～3m,可为金属或塑料件,其构造应不妨碍注浆时浆液的自由流动。

(7)注浆

土钉钢筋置入孔中后,可采用重力、低压(0.4～0.6MPa)或高压(1～2MPa)方法注浆填孔。

水平孔应采用低压或高压方法注浆,压力注浆时应在钻孔口部设置止浆塞(如为分段注浆,止浆塞置于钻孔内规定的中间位置),注满后保持压力 3～5min。

对于下倾的斜孔,采用重力或低压注浆时宜采用底部注浆方式,注浆导管底端应先插入孔

底,在注浆的同时将导管以匀速缓慢撤出,导管的出浆口应始终处在孔中浆体的表面以下,保证孔中气体能全部逸出。

注浆时需加入早强剂和膨胀剂,以提高注浆体早期强度和增大土钉与孔壁土体的摩擦力。

(8)铺设钢筋网

在喷射混凝土前,面层内的钢筋网片应牢固固定在边壁上并符合规定的保护层厚度要求。钢筋网片可用插入土中的钢筋固定,在混凝土喷射下应不出现振动。

钢筋网片可用焊接或绑扎而成,网格允许偏差为 ±10mm。钢筋网铺设时每边的搭接长度应不小于一个网格边长或 200mm,如为搭焊则焊长不小于网筋直径的 10 倍。

(9)喷射混凝土面层

喷射混凝土时喷射顺序应自下而上,喷头与受喷面距离宜控制在 0.8~1.5m 范围内,射流方向垂直指向喷射面,在钢筋部位应先喷钢筋后方,然后再喷填钢筋前方,防止在钢筋背面出现空隙。也可在铺设钢筋网片之前初喷一次,铺设网片之后再进行复喷,一次喷射厚度不宜小于 40mm。喷射混凝土前应先向边壁土层喷水润湿,喷射时应加入速凝剂以提高混凝土的凝结速度,防止混凝土塌落。

为保证喷射混凝土的厚度,可用插入土内用以固定钢筋网片的钢筋作为标志加以控制。当面层厚度超过 100mm 时,应分两次喷射,每次喷射厚度宜为 50~70mm。

喷射混凝土终凝后 2h,应根据当地条件,采取连续喷水养护 5~7d,或喷涂养护剂。

土钉墙支护最下一步的混凝土面层宜插入基坑底部以下,深度不小于 0.2m,在基坑顶部也宜设置宽度为 1~2m 的喷混凝土护顶。

土钉墙支护宜在排出地下水的条件下施工,应采取的排水措施包括地表排水、支护内部排水以及基坑排水,以避免土体处于饱和状态并减轻作用于面层上的静水压力。基坑顶部四周可做散水和排水沟,坑内应设置排水沟和集水坑,并与边壁保留 0.5~1m 的距离,集水坑内积水应及时抽出。

如基坑侧壁水压较大时可在支护面层背部插入长度 400~600mm、直径不小于 40mm 的水平导水管,外端伸出支护面层,间距 1.5~2m,以便将混凝土面层后的积水排出。

3.3.4 复合锚喷墙支护

1)复合锚喷墙支护概念

锚喷支护在岩石地区边坡工程中得到了广泛应用。在土岩组合基坑中,由于锚喷支护自身具有的局限性,该支护形式无法在上部土层为松散砂土、软土、流塑黏性土以及有丰富地下水的情况下单独使用。为了扩大锚喷支护的应用范围,人们对常规的锚喷支护进行了改造,提出了广义复合锚喷墙支护的概念。广义复合锚喷墙支护就是由土层(岩石)锚杆、喷射混凝土与预应力锚杆或超前支护微型桩或水泥土桩组合,以解决基坑变形问题、土体自立问题、隔水问题而形成的支护形式。

2)复合锚喷墙支护类型

常用的复合锚喷墙支护主要有以下几种组合形式:非预应力锚杆 + 预应力锚杆 + 喷射混凝土;非预应力锚杆 + 预支护微型桩 + 喷射混凝土;非预应力锚杆 + 预支护微型桩 + 预应力锚

杆+喷射混凝土;非预应力锚杆+水泥土桩+喷射混凝土;非预应力锚杆+预应力锚杆+水泥土桩+喷射混凝土。非预应力锚杆+预应力锚杆+加筋水泥土+喷射混凝土。为充分利用放坡空间,减小作用在支护结构上的水土压力,水泥土桩和微型桩常设计成小角度仰斜式。复合锚喷墙支护类型见图3-25。

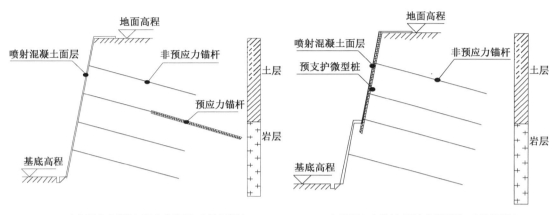

a) 非预应力锚杆+预应力锚杆+喷射混凝土　　b) 非预应力锚杆+预支护微型桩+喷射混凝土

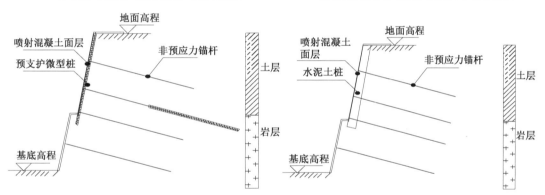

c) 非预应力锚杆+预支护微型桩+预应力锚杆+喷射混凝土　　d) 非预应力锚杆+水泥土桩+喷射混凝土混凝土

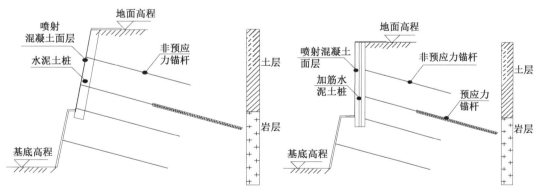

e) 非预应力锚杆+预应力锚杆+水泥土桩+喷射混凝土　　f) 非预应力锚杆+预应力锚杆+加筋水泥土桩+喷射混凝土

图3-25 复合锚喷支护类型示意图

下面分别对上述六种复合锚喷墙的特点和使用条件进行讨论。

(1)非预应力锚杆+预应力锚杆+喷射混凝土

当对基坑的水平位移和沉降有严格要求时,可在锚喷支护中配合使用预应力锚杆。主要通过一定密度的非预应力锚杆和预应力锚杆以及钢筋混凝土面层对基坑土体构成立体的综合约束体系。锚杆的预应力增加了基坑土体潜在的滑动面上的正应力,从而提高了其抗剪阻力,大大降低了滑动土体的下滑力,可以有效地控制基坑变形,故该支护形式可应用于深度较大、土层厚度相对较小、地下水不丰富、岩体稳定性相对较好的基坑。

(2)非预应力锚杆+预支护微型桩+喷射混凝土

微型桩设置在喷射混凝土面层的背部,一般由超前垂直或倾斜设置的注浆钢管构成,钢管直径较小、施工方便、速度快。微型桩的作用是解决基坑分层开挖后支护实施前分层岩土体的自立问题。大面积分布的微型桩可以支撑上部已经完成的喷射混凝土面层的重量。这种支护形式主要适用于放坡较陡而土质松散或岩石破碎、地下水不丰富、自立性较差的基坑。

(3)非预应力锚杆+预支护微型桩+预应力锚杆+喷射混凝土

在上述第二种支护类型的基础上,增加预应力锚杆。大面积分布的微型桩不但可以支撑上部已经完成的喷射混凝土面层的重量,而且加强了面层的刚度,有利于非预应力或预应力锚杆反力作用在面层上的进一步扩散,为预应力的施加奠定了基础。这种支护形式主要适用于开挖深度较大、放坡较陡且位移控制要求较高而土质松散或岩石破碎、地下水不丰富、自立性较差的基坑。

(4)非预应力锚杆+水泥土桩+喷射混凝土

该种支护形式在基坑开挖前首先进行水泥土桩截水帷幕施工,截水帷幕施工完成后再沿帷幕进行土方开挖。主要利用水泥土桩截水并兼作超前支护结构,水泥土桩可以起到上述微型桩的作用。该种支护方式很好地解决了基坑分层开挖后支护实施前分层岩土体的自立问题和防渗问题。该支护方式主要适用于上部为含水软弱土层的情况,截水帷幕可只设置在上部土层中,要求截水帷幕进入相对隔水层一定深度。若采用搅拌桩无法实现,则采用旋喷桩。若水泥土未嵌入基坑底则应在桩脚处留设过渡平台,下部再放坡开挖支护至基坑底。

(5)非预应力锚杆+预应力锚杆+水泥土桩+喷射混凝土

在第四种支护类型的基础上,增加预应力锚杆可有效地控制基坑变形。同样,相互搭接的水泥土帷幕不但可以支撑上部已经完成的喷射混凝土面层的重量,而且加强了面层的刚度,有利于岩石(土层)锚杆或预应力锚杆反力作用在面层上后的进一步扩散,为预应力的施加奠定了基础。这种支护形式主要适用于上部为含水软弱土层、开挖深度较大、放坡较陡且位移控制要求较高而土质松散自立性较差的情况。

(6)非预应力锚杆+预应力锚杆+加筋水泥土+喷射混凝土

在第五种支护类型的基础上,将工字钢等芯材插入水泥土桩中以进一步提高预应力锚杆后的面板刚度,防止预应力过大损失,进一步减小位移。这种支护形式主要适用于锚杆预应力值较大、上部为含水软弱土层、开挖深度较大、放坡较陡且位移控制要求较高而土质松散、自立性较差的情况。

上述几种复合锚喷墙支护形式是广义复合锚喷墙的概念。狭义上讲,复合锚喷墙是由非预应力锚杆和预应力锚杆共同工作的支护形式。预支护微型桩或水泥土桩的存在解决了基坑分步开挖过程中分层土体的自立问题和隔水问题,而预应力锚杆的存在改变了锚喷支护的受力状态,减小了基坑变形。当然,预应力锚杆对复合锚喷支护产生多大的影响取决于预应力锚杆数量的多少及预应力值的大小。

3.3.5 桩锚支护

1)桩锚支护概念及结构

桩锚支护是指护坡桩配合一道或多道锚杆的支护形式,它具有超静定结构、稳定性好、安全性能高的特点,因而是深基坑的一种重要的支护措施,它的产生结合于排桩(抗滑桩)支护方法和锚杆支护方法。深基坑桩锚支护结构是一种把钻孔灌注排桩施工技术和预应力锚杆(索)施工技术结合起来的一种综合性的护坡技术。

桩锚式结构由挡土结构(排桩)与外拉系统组成。其挡土结构与悬臂式围护结构相同,主要为地下连续墙和钢筋混凝土排桩,桩锚式围护结构主要是因为排桩与锚杆外拉系统共同作用,并同时充分调动地层的自稳能力,使得地层既是围护结构荷载来源,也成为围护结构的组成部分,满足了"新奥法"施工设计的要求。由于外拉系统的存在,围护桩所承受的大部分荷载通过锚拉系统传递到处于稳定区域中的锚固体上,再由锚固体将传来的荷载分散到周围稳定的岩土层中,从而充分发挥地层的自承能力。

(1)排桩支护结构

排桩支护结构是指对基坑边坡起护坡挡土作用的支护结构体。排桩的设计方案即排桩的类型主要包括人工挖孔灌注桩、钻(冲)孔灌注桩、预制桩。该体系的细部参数亦即排桩结构的细部参数主要包括桩边距、桩径、桩身硅强度等级、桩嵌固深度、桩身钢筋类别及桩身配筋方式等。

排桩一般设计遵循以下原则:排桩直径不宜小于350mm。桩间距(中心距)可取2~3倍桩径,桩头嵌入冠梁内的长度不应小于50mm。冠梁应设钢筋混凝土连接,冠梁宽度不宜小于桩径,高度不宜小于400mm,当冠梁作为连系梁时可按构造配筋。排桩与桩顶冠梁的混凝土强度不低于C20。对开挖深度大,桩间土体稳定性差的基坑,桩径应大一些,桩间距应小一些,相反可选择较小的桩径和较大间距。腰梁连接点宜设置在支撑点的附近,且不应超过支撑间距的1/30。排桩的桩间土防护,可以挂钢丝网喷射混凝土面层、砖砌、木板及预制混凝土板。对要求等级较低的支护而言,采用钢丝网喷射混凝土和木板施工较为方便,但使用最广泛的还是挂钢丝网喷射混凝土。当桩间渗水时,应在防护面设排水孔。桩锚支护主要受力构件是排桩和预应力锚杆围成的结构体。

(2)锚杆(索)锚固结构

锚杆(索)结构是指对排桩围护提供水平的约束力,以此提高支护桩的抗弯能力的结构体。设计方案亦即锚杆的层数,在与排桩支护结构结合设计时,一般设计为1~3层。该结构的细部参数主要包括锚杆倾角、锚杆的设置深度、锚杆的水平位置、锚杆的自由段长度和锚固段长度、锚杆的锚固段直径及锚筋类别。

预应力锚杆(索)分为自由段和锚固段,在自由段范围内锚杆内力是相同的,潜在滑动体的侧压力通过排桩,一部分压力作用在腰梁上,进而传递给锚杆。因此,对预应力锚杆支护结构而言,锚下结构承受荷载,需要一定的措施和结构体系来保证。锚下承载结构由锚头(具)、垫板和腰梁构成的组合构件,他能将预应力从预应力筋传递到桩面层。在预应力部位,用来将预应力从预应力筋永久地传递到支撑钢梁上。但是往往预应力筋的品种决定了锚头的形式,锚头的固定是用锚具通过张拉锁定的,固定锚头的锚具主要有以下类型:用于锁定预应力钢丝的锥型锚具;用于锁定预应力钢绞线的挤压锚具,如 XM 锚具、OVA 锚具;用于锁定钢筋的螺丝杆锚具等。基坑支护工程中一般采用预应力钢丝锥形锚具。

2)桩锚支护护坡原理

(1)桩锚支护作用机理

在深基坑周围土压力、地下水压力及深基坑周围建筑物等附加荷载作用下,排桩体有向深基坑内侧倾倒的趋势并产生相对侧向位移,深基坑底面排桩嵌固深度范围内的土体由于受到桩体侧向位移的影响而产生被动土压力来抵抗桩体承受的部分主动土压力。另外,作用在深基坑上部桩体上的锚杆由于预应力作用(对于无预应力锚杆由于桩体的侧向位移作用会产生抗力)也会阻止桩体位移而抵抗部分主动土压力。因此支护桩体所受的主动土压力由被动土压力和锚杆锚固力共同承担。当主动土压力小于等于被动土压力和锚杆极限锚固力时,围护桩体无侧向位移,即支护体系有效;当主动土压力大于被动土压力和锚杆极限锚固力时,围护桩体产生侧向位移,当位移超出允许位移时支护体系失效。桩锚支护原理是综合了排桩(抗滑桩)和锚杆(索)的支护原理,即阻挡基坑边坡下滑的抗滑力主要来源于抗滑桩提供的阻滑力和锚杆所提供的锚固力。

(2)排桩(抗滑桩)护坡原理

对于排桩支护结构的力学分析:桩体垂直嵌固在基坑底的土体中,其侧向荷载是基坑外侧土体的侧压力,整个体系处于自平衡的临界状态,求解此时维持桩身稳定的最小嵌固深度和桩身内力作为排桩支护结构的极限承载力。由于侧向荷载与弹性嵌固反力(被动土压力)均为土压力,且相互关联,连续分布,其变化规律比较复杂。

排桩支护的基本原理:排桩支护结构的支护面层相对于重力式刚性挡墙支护结构,可认为是一种柔性挡墙支撑结构,承受土体巨大的荷载。支护面层一般包括灌注排桩、桩顶冠梁、腰梁及桩间防护面层。冠梁和腰梁的主要作用是增强灌注排桩的整体稳定性,提高支护结构的刚度。腰梁(冠梁)另一作用是作为支点,把桩体部分作用力传递给土层内的预应力锚杆(索)。排桩主要作用表现为:承受岩土侧向压力,并将岩土侧向压力传递至桩体,其部分压力通过腰梁传递至预应力锚杆;限制岩土体整体坍塌;排桩、冠梁、腰梁以及锚杆共同作用形成支护整体,维护基坑稳定。

(3)锚杆(索)锚固机理

基坑工程中,锚杆(索)作为一个锚固体系对基坑支护结构提供支点力(即锚固力),它包括锚杆体、注浆体、周围岩土体与支护面层四个要素。该系统有三个接触面:一是锚杆杆体与注浆体之间的界面,二是注浆体与钻孔周围岩土体之间的界面,三是锚头部分与支护面层之间的界面。其中注浆体与周围岩土体之间的界面是系统中最薄弱的环节。锚杆是否有效及能为支护结构提供多大的支点力,一般取决于锚杆注浆体与周围岩土体之间的黏结摩阻力(剪应力)大小及其发挥作用情况。

预应力锚杆(索)的作用是预先施加外力使受力钢筋的自由段产生弹性变形,通过锚杆体、护坡桩(或连梁、冠梁)传递到土体上,防止开挖边坡产生破坏。且作用支点产生的拉力保持地层开挖后排桩的自身稳定,即对排桩起到支撑作用,改善排桩的受力状态。由于锚杆的使用,它可以提供作用于排桩上以承载水平方向的抗力,可以使排桩与地层连锁在一起,形成一种共同工作的复合体,使其有效地承受剪力,增大排桩的抗滑力而加固边坡体。每根锚杆严格区分为锚固段与自由段,锚固段设置在土体主动滑裂面之外,采用压力注浆,锚杆体一般选用钢绞线或精轧螺纹钢筋。锚杆施加预应力,在桩面设置有足够刚度的腰梁(槽钢或工字钢),以传递锚杆的拉力。

3)桩锚支护的适用范围

(1)适用于桩锚支护技术的情况

桩锚支护技术适用于Ⅰ、Ⅱ、Ⅲ安全等级的中—深基坑支护,且基坑开挖施工受场地限制,适用于杂填土、残积土、黏性土、粉土、砂层、风化岩、卵石层等多种地层条件,包括基坑顶部周围有过载或附近存有地基不是很深的居民住宅楼等情况。混凝土灌注桩作基坑支护结构,可根据直径、桩长、桩间距、成孔方式等不同情况进行选用。桩锚支护本身有间距,比密排桩施工简单。其优点是刚度好,变形控制好,基坑开挖与锚杆施工工序紧凑,对工期影响小,适用性广。

(2)不适用桩锚支护技术的情况

桩锚支护结构的使用也有一定的限制条件,如须有可供预应力锚杆锚固的土层,预应力锚杆受附近建筑物地基、地下室或地下管网等的影响,且预应力锚杆不适合用于液限大于50%的黏土层及相对密度小于0.3的砂土。相比土钉和锚杆支护,桩锚结构使用水泥量大,水下浇筑混凝土,质量不易控制。若水位高于地基且水量比较大,则止水效果没有连续墙好,不适合采用桩锚支护结构。桩锚支护法的缺点是造价较高,基坑开挖深度在较浅时,且地层比较稳定,从经济方面考虑不宜采用桩锚支护。对于地质条件特别复杂,尤其是软土地区,开挖深度在12~15m以上,要求安全等级高,变形小的基坑工程,从安全质量角度考虑,不适合采用桩锚支护。

3.3.6 桩—撑—锚组合式支护

1)桩—撑—锚组合式支护特点

在进行基坑支护体系设计时,对同一基坑可因地制宜地采用一种或多种支护结构相结合的形式。由于青岛地区"上土下岩"的二元结构,下部的中风化及微风化岩可以提供较大的锚拉力。在开挖较深的基坑时,为了控制变形和利于施工可以将拉锚和内撑相结合,采用上撑下锚的支护形式,如图3-26所示。

2)桩—撑—锚组合式支护适用范围

①适用于对基坑变形控制严格、同时开挖宽度又不是很大的平面尺寸较大的狭长形基坑。

②地下管线少且没有不明地下物的深基坑支护工程。

③由于开挖需要大型开挖机械以及运土有特殊需要的基坑,用此类支护可以提供较大的操作面,便于施工。

该种支护形式在青岛地区土岩复合地层地质条件下特别适用,因为下层岩体可以为锚索(杆)提供较大的预拉力。

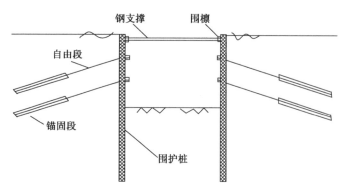

图 3-26　拉锚与内撑组合式支护示意图

3.3.7 "吊脚桩"支护

1)"吊脚桩"概念及特点

目前,由于基坑开挖深度较大,在基坑开挖深度范围内包括两层不同的岩土介质,即上层是一定深度的土体,下层为岩体。岩土二元结构基坑较特殊,由于桩体下端嵌入的是强风化或中风化花岗岩,考虑到经济及施工因素,其嵌入岩石的深度是有限的,但基坑底面则在基岩以下数米,当基坑开挖到基底时,支护桩桩脚则似吊在空中,即俗称的"吊脚桩"。在设计施工时,往往在桩体嵌岩面下预留一定宽度的岩肩来支撑桩脚,但由于建筑空间的限制,预留岩肩的宽度不能太大,因此,其对桩脚的嵌固力也是有限的。一般设计时,在桩脚处增加一道锚杆来弥补岩肩嵌固力的不足。

"吊脚桩"支护结构可以与内支撑或者锚杆支护相结合,基坑上部用桩—撑—锚支护,下部采用超前支护微型钢管桩支护,从而达到节约成本和保证安全的目的,此类支护形式在多个明挖车站中用到。

2)"吊脚桩"支护在青岛地铁中的应用

"吊脚桩"是极具青岛特色的基坑支护形式,本节结合青岛地铁3号线双山站的围护结构进行"吊脚桩"应用的阐述。

(1)工程概况

青岛地铁3号线双山站位于合肥路与黑龙江路交叉口,黑龙江路西侧。车站的结构形式为两层两跨箱形框架结构体系,车站总长度为251m,宽18.8~20.8m,高13.2~14.4m。基础底板埋深15.82~18.50m,车站顶板覆土南深北浅,最深处4.10m,最浅处2.62m。车站主体结构采用明挖法施工,支护结构采用三种形式,分别为:钻孔灌注桩+钢管内支撑+锚索混合支撑体系,钻孔灌注桩+锚索体系,吊脚桩+超前微型钢管桩体系。其中吊脚桩+超前微型钢管桩体系为根据青岛地质条件,结合本地基坑设计经验而总结出的新型混合支撑体系。

(2)工程地质

本车站地貌类型为山前侵蚀堆积坡地,场地地势较平坦,现有地面高程为27.56~31.97m,局部低洼处高程为25.69m。站址范围第四系上部土层为:①层人工填土、冲洪积层;⑤、⑦层粉质黏土;⑫层含砂黏性土(砾砂)。下伏基岩为燕山期花岗岩,强风化带风化深度较大,中、微风化岩面埋藏深度为4.80~28.80m。站址内第四系土层较发育,局部地段分布有粗砾砂、含砂黏性土(砾砂),富水性较好;岩石强风化带,赋水性较差,地下水不丰富。

(3)基坑支护方案

经过多次论证和试算,综合考虑经济和工程进度因素,最终确定根据中风化岩面埋藏深度的不同,采用不同支护组合。当中风化岩面埋藏深度在基底3m以上时,采用吊脚桩+超前微型钢管桩的支护形式,上部吊脚桩为钻孔灌注桩+钢支撑(或锚索),灌注桩伸入下部中风化岩层1.5m,下部岩层采用超前微型钢管桩。上部土层锚固力较小,且周围环境不允许长锚索施工,故吊脚桩上部采用钢支撑,下部离岩层较近段倾斜锚索可锚入岩层中,为了增加施工空间、便于施工,吊脚桩下部采用锚索。

(4)吊脚桩+超前微型钢管桩支护体系设计

①设计原则。

该段地质为上软下硬土层,中风化岩层高出基底约3m,各层物理参数情况见表3-3。对于吊脚桩+超前微型钢管桩支护体系,上部吊脚桩段和下部岩石超前微型钢管桩段可分为独立的两个基坑支护段进行计算。上部吊脚桩支护由钻孔灌注桩+钢支撑(或锚索)组成,钻孔桩底部进入中风化岩层1m,并采用锁脚腰梁稳定吊脚桩下部,可以认为吊脚桩下部已锚入稳定岩层中,根据弹性支点法进行分析计算;下部超前微型钢管桩段,由于岩质边坡自身硬度及稳定性好,采用极限平衡法进行分析计算,采用锚喷支护,微型钢管桩作为稳定下部岩层的构造措施,防止爆破开挖及机械钻孔对下部岩层的破坏。吊脚桩+超前微型钢管支护横截面如图3-27所示。

地 层 物 理 参 数　　　　　表3-3

层　号	土类名称	层厚 (m)	重度 (kN/m³)	浮重度 (kN/m³)	内摩擦角 (°)	与锚固体摩擦 阻力(kPa)	钻聚力 (水下,kPa)
1	杂填土	3.90	17.5	10.0	15.00	15.0	0.00
2	黏性土	0.80	19.7	9.7	13.00	30.0	21.00
3	黏性土	3.60	19.7	9.7	10.00	20.0	17.00
4	黏性土	1.7	20.0	10.0	22.00	80.0	23.00
5	碎石	3.80	20.0	10.0	30.00	80.0	0.00
6	强风化岩	2.8	23.5	13.5	45.00	200.0	0.00
7	中风化岩	1.80	24.5	14.5	55.00	350.0	0.00
8	微风化岩	20.00	24.5	14.5	65.00	650.0	0.00

按照相关规范要求,结合本工程实际情况,确定本基坑设计标准如下:

a. 本基坑的变形控制保护等级为一级,并按此等级对基坑稳定性和变形进行验算。基坑侧壁的重要性系数为1.1。

b. 围护结构应满足基坑稳定要求,不产生倾覆、滑移和局部失稳。支撑系统不失稳,锚索及腰梁等围护结构构件不发生强度破坏。钢管内支撑预加轴力按支撑设计轴力的40%~60%计。锚索张拉力应张拉至设计预加力的105%~110%,再按规定值进行锁定。

c. 施工引起的地面沉降应控制在环境条件允许的范围内。根据周围环境和地下管线对变形的敏感程度,采取稳妥可靠的措施。施工期间基坑周围地面最沉降量为0.15%H(H为基坑开挖深度),围护结构最大水平位移为0.2%H,且均小于30mm。

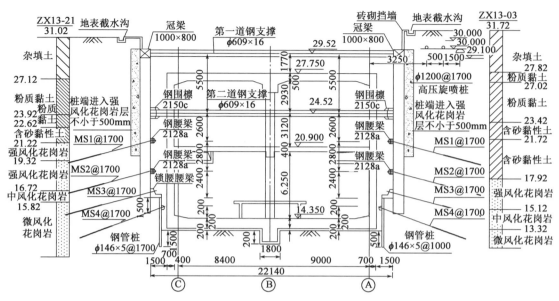

图 3-27 吊脚桩 + 超前微型钢管桩支护横断面示意(尺寸单位:mm;高程单位:m)

d. 钻孔灌注桩在施工期间作为基坑支护结构,考虑承担施工期间全部外部土压力。钻孔灌注桩按强度控制设计,不再验算裂缝宽度。但参与抗浮作用的桩需进行裂缝计算,裂缝宽度不大于 0.2mm。

e. 地面超载:标准段地面超载按 20kPa 计算,且基坑周边 2m 范围内不得堆载。

f. 基坑设计使用年限:20 个月。

②分析计算。

a. 上部吊脚桩计算。

基坑深度 15.50m,采用钻孔灌注桩 + 钢支撑(锚索)的支护形式,基坑上部 2 道钢支撑,下部 3 道锚索。采用理正深基坑进行分析,排桩支护模型,模拟整个施工过程对基坑稳定性、变形进行计算分析。如表 3-4 和图 3-28 ~ 图 3-30 所示。

材料规格 表 3-4

构 件	规 格	种 类	极限强度标准值(MPa)	钢材抗压强度设计值(MPa)
钢支撑	$\phi 609 \times 16$	Q235	—	215
锚索	$1 \times 7\phi^s 15.2$	钢绞线	1860	—

经过计算分析,基坑最大水平位移 19.39mm,小于 $0.15\%H$,基坑侧面最大沉降值为 18mm,小于 $0.2\%H$,且变形值均小于 30mm,满足变形控制要求;钢支撑承压能力设计值,锚索拉力设计值,灌注桩弯矩、剪力设计值等均控制在规定范围内。

b. 下部岩质边坡计算。

下部岩质边坡计算高度为 3.1m,采用理正岩质边坡稳定分析软件对该边坡的平面滑动稳定性进行分析计算。计算时将岩质边坡结构面倾角范围内吊脚桩重力作为外部荷载作用于边坡顶部,力求计算模型与实际情况一致。如图 3-31 所示。

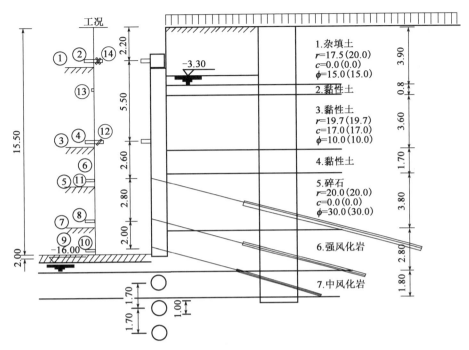

图 3-28 吊脚桩支护计算模型(尺寸单位:m)

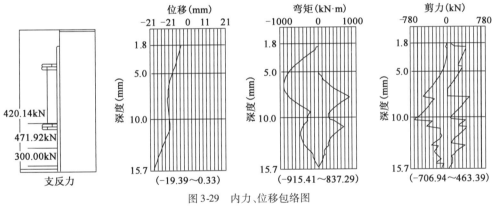

图 3-29 内力、位移包络图

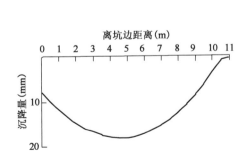

图 3-30 地表沉降

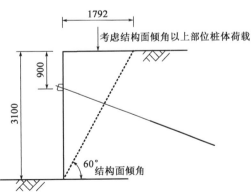

图 3-31 岩质边坡稳定性计算模型(尺寸单位:mm)

由于边坡较低且大部分处于微风化岩层，边坡稳定性较好，故直立边坡上部设置一道预应力锚索，用以稳定吊脚桩下部土体，同时增加岩体锚固力，经过计算，边坡稳定系数为1.395，边坡安全。

通过以上计算可以看出，计算结果安全合理，基坑设计满足相关要求，可以作为设计依据。

c. 基坑支护参数。

如表3-5、表3-6所示。

钢支撑轴力 表3-5

钢支撑	钢管规格（mm）	水平间距（m）	预加应力（kN）	轴力设计值（kN）
第1道钢支撑	φ609×16	6	550	1979
第2道钢支撑	φ609×16	3	650	6238

锚索设计参数 表3-6

编号	自由段长度（m）	锚固段长度（m）	锚固体直径（mm）	水平倾角（°）	钢绞线规格	钢绞线强度设计值（MPa）	预加力（kN）	抗拔力设计值（kN）
MS1	6.5	12.5	φ150	15	4φ'15.2mm	1860	300	577
MS2	6.5	8.5	φ150	15	4φ'15.2mm	1860	300	648
MS3	6.5	5	φ150	15	4φ'15.2mm	1860	300	412
MS4	6.5	5	φ150	15	4φ'15.2mm	1860	300	400

（5）工程实施

第三方检测数据显示，吊脚桩+超前微型钢管桩支护段围护桩桩顶水平位移最大为5.2mm，桩顶沉降最大值为4.0mm，围护桩桩体挠曲位移最大值为8.6mm，地表沉降最大值为4.0mm，施工过程中的地表沉降及桩体位移均小于设计允许值，监控量测变形数据均小于设计计算值，基坑支护结构安全，如图3-32所示。通过监测数据可以得出，基坑实际的变形很小，基坑支护设计安全系数过大，存在地层物理力学参数指标偏于保守的可能，支护结构应有优化余地。

图3-32 吊脚桩+超前微型钢管桩支护段施工现场

3.3.8 小结

本节重点讲述了硬岩地区明挖基坑常见支护形式的概念、类型、特点、作用原理、适用范围以及应用情况等。主要包括以下多种类型：

①放坡开挖适用于地基土质较好、开挖深度不深以及施工现场有足够放坡场所的工程，在施工中只要合理控制放坡率，就可有效控制施工成本和土体结构稳定性。

②土钉墙支护是利用原位土体自有强度的基础上通过设置土钉而形成，在施工中应遵循分层分段开挖、边开挖边支护、严禁超挖的原则。

③复合土钉墙支护是将土钉墙与一种或几种单项支护技术或截水技术有机组合成的复合支护体系,通过多种组合形成复合基坑支护技术,可作超前支护,并兼备支护、截水等效果。

④复合锚喷墙支护由土层(岩石)锚杆、喷射混凝土与预应力锚杆或超前支护微型桩或水泥土桩组合,通过不同组合形式解决基坑变形、土体自立和隔水问题。

⑤桩锚支护特点是采用锚杆取代基坑支护内支撑,给支护排桩提供锚拉力,以减小支护排桩的位移与内力,并将基坑的变形控制在允许的范围内。

⑥桩—撑—锚支护形式结合了桩—撑和桩—锚支护结构的优点,针对典型的"土岩组合"基坑能够达到"刚柔并济"的效果。

⑦以硬岩为主的地质条件下,"吊脚桩"方案是较典型的施工形式,上部软土部分采用桩—撑形式,满足安全要求,下部硬岩部分则采用钢管桩+锚杆的形式,施工起来既快捷又节约投资、施工空间大,是一种很典型的方法,应大力推广使用。

⑧预应力锚杆(索)的施工质量对结构安全非常重要,应严格按方案、规范要求施工,并做拉拔试验,检验其施工质量(双控)。

3.4 明挖车站主体结构施工

本节以青岛地铁 13 号线朝阳山 CBD 站为例,对明挖车站主体结构的施工要点进行详细阐述。朝阳山 CBD 站是青岛地铁 13 号线地下两层车站,车站主体长 225.05m,标准段宽 22.7m,有效站台长 80m。车站顶板埋深 3.0～3.73m,地下两层基坑深度为 16.41～17.94m,地下三层基坑深度约为 25.4m。车站为明挖车站,采用明挖顺做的方法施工。车站主体结构顶板厚度为 800mm,中板厚度为 400mm,底板厚度为 900mm,侧墙厚度为 700mm。车站主体结构按"纵向分段,竖向分层、逐段推进,平行流水"的原则进行施工,主体结构施工随基坑开挖支护进度依次展开,根据开挖进度投入相应资源进行施工。结构按先底板、后侧墙、再中板(顶板)的顺序进行施工。车站主体结构标准段剖面图见图 3-33。

3.4.1 综合接地施工

1)基底清理

开挖过程中根据测量组放样的高程控制点位控制开挖深度,基坑开挖到距坑底设计高程 300mm 时,停止机械开挖,改用人工进行清底并整平,以免超挖或扰动基底原状土层。开挖到基底后用破碎锤修整个别欠挖鼓包,确保无欠挖后人工将基底虚渣清理干净。基底凹凸不平部位严禁用虚渣进行找平。虚渣清理干净后报监理、业主、设计、地勘单位进行基底验槽,验槽通过后方可进行下道工序的施工。同时进行垫层底各项施工,挖纵梁下翻段沟槽,修整外模;钻垂直接地体孔,挖水平接地体沟槽,并完成综合接地其余各项施工。当出现超深现象时,用碎石垫平。开挖完成并经验收合格后,及时进行垫层施工,防止基底软化。

2)接地施工

车站接地施工工艺流程为:测量定位—挖沟槽—验槽—打入垂直接地体—敷设水平接地体—放热焊接连接—放热焊接接地引上线—回填夯实—检测接地电阻—防护处理—引上线穿越结构底板时做止水法兰及中间止水板防水处理—设置接地端子固定件。

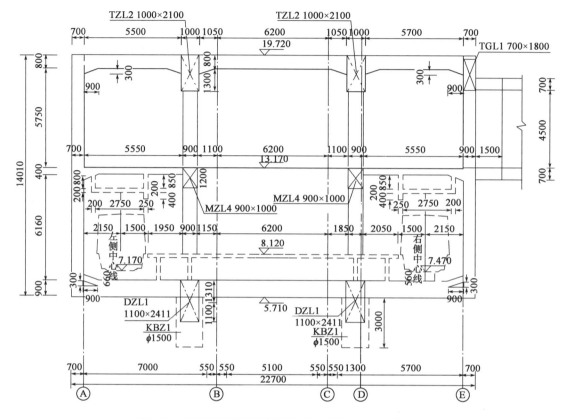

图 3-33 车站标准断面结构剖面图(尺寸单位:mm;高程单位:m)

(1)综合接地测量放线

综合接地根据综合接地网平面布置图进行测量放线,每段主体结构土石方开挖及基底整平后进行测量放线,用白灰标记。

(2)沟槽开挖

综合接地网测量定位完毕后,进行机械配合人工按设计要求进行挖槽。

(3)垂直接地体打入

按测量定位标志打入垂直接地体($\phi50$、$L=5m$ 紫铜管),垂直接地体先采用钻孔机钻出孔径约120mm的孔洞。为防止浆料稀释,待施工水抽出后,才能放入接地极待灌浆。钻孔中存水时使用水泵抽出。

(4)水平接地体及水平均压带的敷设

敷设水平接地体,水平接地体为 $50mm \times 5mm$ 的扁铜,立放敷设。水平接地体在底板垫层和底板纵梁垫层下 0.8m,若底板及底板纵梁底高程有变化,仍应保持 0.5m 的相互关系。

(5)接地系统组件间焊接

接地系统焊接采用热熔焊接。采用搭接焊的部分,其搭接长度不小于接地体宽度的 2 倍或直径的 6 倍;热熔焊接焊点不应该自然松脱;焊接点应和被焊导体具有相同的导电性能,焊接点能够经受反复多次的大浪涌故障电流而不退化,焊接点的电阻不受时间变化影响。焊接点的铜含量应达到97%以上。焊接完成后,焊点应涂抹沥青等防腐材料。

(6)综合接地回填

综合接地系统分段敷设连接完毕后,采用电阻率低的黏土进行回填夯实,每层回填土厚度控制在不大于300mm,采用小型蛙式打夯机结合人工进行夯实。

(7)接地引出线安装

接地引出线在结构板以上引出高度不小于0.5m,止水环周围(尤其是下部)应填满防水混凝土。接地引上线引出点(引出车站结构底板)位置:引出点位于站台板下夹层内电缆井附近或站台层强/弱电设备用房下电缆夹层内,避开轨底风道、结构墙及轨道等。变电所设置在站台层(地下二层),强电接地引上线的引出点位于变电所用房范围内的电缆夹层;弱电接地引上线的引出点应位于弱电电缆井附近。

(8)接地引出线与母排的连接

待主体结构全部完工,施作完站台板后,将接地母排按照车站图纸要求就近固定在站台板支撑墙或底板中纵梁侧面,最后将接地引上线固定于接地母排上方,综合接地施工完毕。

(9)接地电阻测试

综合接地按照主体结构段落划分分段施工,对阶段施工完毕的综合接地系统进行接地电阻测量,以推算出整个综合接地系统的电阻值是否满足要求,设计要求综合接地系统电阻值不大于0.9Ω。如测量的电阻值不符合要求,在余下的接地系统敷设中采取施放降阻剂的方法。

(10)降阻剂的施放方法

①垂直接地体:首先开挖沟槽,用钻孔机钻出孔径约$\phi120$mm的洞孔;其次用水泵或底部带有活门的管筒抽干孔洞内积水(防止浆料稀释),放入垂直接地体并与水平接地体焊接;最后将浆料从管口压入,直至充满整个管体及降阻剂填充区,降阻剂用量约30kg/m,并应保证垂直接地体位于降阻剂填充区中心部位。如采用机械浆料泵灌浆,需在铜管下部约1/3管长范围内的管壁上交错每隔200mm钻直径为10~15mm的孔。

②水平接地体:仅对接地网周边水平接地体施放降阻剂。首先开挖沟槽,抽干内部积水。其次敷设水平接地体并按要求与相邻接地体连接。最后向降阻剂填充区灌注降阻剂,并保证水平接地体应处于降阻剂填充区中心部位(可在灌浆前对水平接地体进行必要的底部支撑),降阻剂用量约20kg/m。

(11)降阻剂的施工要求

①在向敷设完接地体的沟槽、孔洞中填充降阻剂或素土时,应使填充料与接地体充分接触并夯实。

②降阻剂浆料调制严格按厂家产品说明书上的要求进行。

③接地网施工时须对接地网接地电阻进行及时测量,接地电阻以实测为准,如施加降阻剂后不满足设计要求,则应进一步采取降阻措施,如深打接地极、扩大地网、深打垂直接地极、回填电阻率低的土壤等方法来降低接地电阻。最后段接地完成后,在混凝土垫层施工前进行联测,如果达不到设计要求,及时采取补救措施。

3.4.2 砌体结构施工

1)砌体结构施工工艺流程

本工程的砌体结构主要为主体结构外侧砖墙。施工工艺流程如图 3-34 所示。

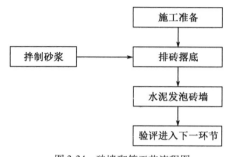

图 3-34 砖墙砌筑工艺流程图

2)砌体结构施工方法

①砌筑前,应在砌筑位置弹出墙边。

②排砖摆底:按组砌方法先从转角或定位处开始向一侧排砖,内外墙应同时排砖,纵横方向交错搭接,上下皮错缝 1/2 砖长。排砖时,凡不够半砖处用普通砖补砌,半砖以上的非整砖宜用无齿锯加工制作非整砖块,不得用砍凿方法将砖打断,第一皮砖砌筑必须进行试摆。

③选砖:选用 600mm×240mm×240mm 的水泥加气砖,进场时检查砖的外观质量、有无缺棱掉角和裂缝现象,对于酥砖不得使用。要求外观颜色一致,表面无压花。

④盘角:砌砖前应先盘角,每次盘角不宜超过 3 皮砖。新盘的大角,及时进行吊靠,如有偏差要及时修正。盘角时要仔细对照皮数杆的砖层和高程,控制好灰缝大小,使水平灰缝均匀一致。大角盘好后再复查一次,平整和垂直都完全符合要求后,再挂线砌墙。

⑤挂线:砌筑挂线如长墙,几个人均使用一根通线,中间应设几个支线点,小线要拉紧,每层砖都要穿线看平,使水平缝均匀一致平直通顺;可照顾砖墙两面平整,为下道工序控制抹灰厚度奠定基础。

⑥砌砖:砌砖宜采用刮浆法。竖缝应先批砂浆后再砌筑。砌砖时砖要放平。水平灰缝厚度和竖向灰缝宽度一般为 10mm,但不应小于 8mm,也不应大于 12mm。砌完一步架高时,宜每隔 2m 水平间距,在丁砖立楞位置弹两道垂直立线。砌筑砂浆应随搅随使用,一般水泥砂浆必须在 3h 内用完,水泥混合砂浆必须在 4h 内用完,不得使用过夜的砂浆。混水墙应随砌随将舌头灰刮尽。每天砌筑高度不应超过 1.8m。

3.4.3 垫层施工

①坑底素混凝土垫层的及时浇筑是基坑施工的关键。施工时应紧随挖土进度分块操作,即挖出一部分,浇捣一部分。同时在基坑开挖阶段,确保基底以上 30cm 为小型机具配合人工开挖,避免机械挖土对基底土体的扰动和破坏,且要求槽底表面应坚硬无积水。

②浇筑前认真检查、核对接地网线。采用商品混凝土泵送入模,振捣密实,连续浇筑。

③因为底板直接在已做好的垫层上施工,所以为给底板施工创造了条件,在垫层施工时注意以下几点:

a. 机械开挖尽量一次成型,避免二次开挖扰动原状地基,增加回填数量和施工难度。

b. 垫层向底板施工分段外延伸 2.0m 以上,以方便底板钢筋施工。

④根据预先埋设的标高控制桩控制垫层施工厚度满足设计要求,并及时收面、养生,确保垫层面无蜂窝、麻面、裂缝,垫层施工允许偏差按表 3-7 执行。

垫层允许偏差表　　　　　　　　表 3-7

序　号	项　目	允许偏差（mm）	检查频率 范围	检查频率 点数	检查方法
1	厚度	−20～30	每施工段	≥4	尺量
2	高程	−10～5	10m	≥4	水准仪量

3.4.4 底板施工

1）底板施工顺序

待垫层混凝土完成并达到一定强度后，进行测量放样，复核底板垫层平整度和高程，然后绑扎底板钢筋，经"三检"合格后，浇筑底板混凝土，进行养生。底板施工时根据施工缝位置分段施工，主体工程在平面上共分 10 个施工段。总体安排由东往西逐段推进。施工工艺流程如图 3-35 所示。

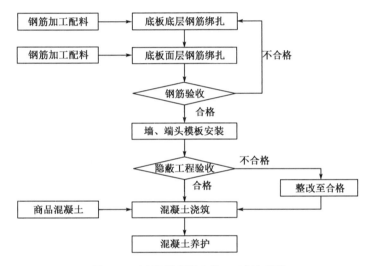

图 3-35　底板钢筋混凝土施工工艺流程图

2）底板施工方法

①本车站底板浇筑根据设计要求，按施工缝分段浇筑。

②混凝土采用商品混凝土进行浇筑。每次底板浇筑时安排两台汽车泵直接泵入作业面。采用插入式振捣器。根据混凝土的流淌方向，在每个浇筑带的前、后布置两道振动器，各道振动器均随着混凝土浇捣工作推进而相应跟上，以确保整个高度混凝土的质量。在浇筑期间，必须保证现场水、电、道路的畅通。现场施工试验人员要做好混凝土的坍落度测试和试块制作等，同时负责各种技术资料的收集。

③底板施工措施。

a. 垫层混凝土垫层达到一定强度后，进行内部结构放样测量，复核垫层的高程和平整度，然后安装底板钢筋，内部结构楼梯、站台板等的插筋严格按放样的尺寸安插，不得遗漏、错位，插筋的规格、数量严格按设计图纸要求施工，并严格按照图纸要求焊接底板、侧墙及中板杂散电流钢筋，使之闭合，并焊接轨底排流条，自检合格并上报监理验收合格后，浇筑底板混凝土。

b. 混凝土应按设计要求控制好配合比,混凝土到现场后应做好坍落度试验,做好抗压及抗渗试块,并进行标准养护。

c. 混凝土浇筑前全面检查准备工作情况并进行技术交底,明确各班组施工次序,混凝土浇筑前应清除各种垃圾并浇水湿润,但不能有积水,施工中严格控制层差,杜绝冷缝出现,底板混凝土浇筑采用商品混凝土泵送,振捣用电动插入式振捣器,混凝土振捣时振捣器应插入下层混凝土不应小于5cm,注意不漏振、过振。

d. 钢筋密集处加强振捣,分区分界交接处要延伸振捣1.5m左右,确保混凝土外光内实,控制相对沉降。

e. 钢筋工、木工加强值班,发现问题及时处理,保证正常施工,交接班时应交清振捣情况后才能离岗。

f. 混凝土浇筑完毕初凝后,覆盖塑料薄膜,必要时加盖草袋或麻袋,浇水养护,养护时间不小于14d。

④底板纵梁与底板一同施工。

3.4.5 侧墙及端墙施工

(1)侧墙施工前按设计做好防水施工,当接缝处出现渗漏水的要先按设计和规范要求进行堵漏处理,并按设计要求施工防水层。

(2)按设计给出的钢筋型号、尺寸、规格对已加工好的侧墙、端墙的钢筋进行焊接绑扎。

(3)结构端墙、结构柱及小部分侧墙采用木模板、满堂红脚手架支撑,标准段侧墙采用大型钢模、三角形钢桁架支撑,模板及支架应有足够的强度、刚度和侧向稳定性。

(4)根据设计要求设置施工缝和变形缝,并保证该部位模板稳固、可靠、不变形、不漏浆。

(5)钢筋安装完成,焊接杂散电流钢筋,自检合格后,在立模之前,应通知监理工程师对结构防水、钢筋、预埋件及杂散电流工程进行检查,合格后办理隐蔽工程验收,进行下一道工序施工。

(6)侧墙及柱混凝土分层浇灌,每层高度不超过30cm。浇筑混凝土时应连续不间断进行,分层浇捣时注意不出现漏振或过振,确保混凝土拆模后内实外光。

(7)先施工好的侧墙需预留足够长的钢筋,以便与下段施工的侧墙的锚固牢固。钢筋的预留接头符合规范要求。同时,上下段侧墙之间设置施工缝,安装好止水带,做好防水处理。

3.4.6 楼、顶板及纵梁施工

①楼、顶板及梁模板与支架系统。

板梁模采用木模板,利用满堂红钢管支架支撑,模板与支架系统进行受力检算,确保支撑系统强度、刚度、稳定性满足施工要求。为了保证结构净空高度,在板、梁立模的时候将立模高程提高2cm作为板预留沉降量,并沿纵向和横向设置预留上拱度,规范规定起拱高度宜为跨度的1/1000~3/1000,暂定为3cm,具体起拱值根据不同跨度和现场情况可稍做调整。

模型按设计预留上拱度,支架在顶板达到设计和规范强度后拆除,避免板体产生下垂、开裂。施工中,对支撑系统所用的钢管、木材、支架质量经常进行检查,有质量隐患的及时淘汰退场。

②钢筋在现场钢筋棚内加工,在基坑内绑扎,钢筋绑扎完之后安装模板。

③采用泵送混凝土,分层分段对称浇筑。顶、楼板混凝土终凝之前做好压实、提浆、抹面工作。

④对于浇筑后的楼板,由于跨度较大,在楼板达到设计强度后方可拆除支架。

⑤严格按照设计要求施工处理施工缝和变形缝。

⑥中板钢筋施工时预留风道及轨顶风道钢筋接头。

3.4.7 结构柱施工

①在结构底板或楼板施工完后进行结构立柱施工。

②立柱模板与支架系统。立柱模板采用木模板,模板支撑系统采用柱箍及钢管斜支撑。模板与支架系统进行受力检算,确保支撑系统强度、刚度、稳定性满足施工要求。

③钢筋在地面加工,在基坑内绑扎,钢筋安装完之后安装模板。

④泵送混凝土入模,分层分段对称浇筑至设计高程。采用插入式振捣棒,必要时采用附着式振捣器辅助,保证混凝土密实。

3.4.8 内部结构施工

1)站台板施工

主体结构施工完成后,进行站台板的施工。站台板结构采用分段分部施工,施工分段与主体结构分段一致。第一部分为支撑墙施工,第二部分为板体施工。站台板施工方法为:

①模板采用木模板,支撑体系采用门式支架,墙体加固使用穿墙螺栓。

②采用混凝土输送泵浇筑入模,人工手持插入式振捣棒振捣密实。

③结构钢筋在加工棚内按设计加工成型,运送至现场绑扎,支撑墙与站台板连接的预埋钢筋采用焊接。

④板面混凝土初凝后,进行压实、抹面,终凝后用塑料薄膜覆盖,定时洒水养护。

2)轨顶风道及楼、扶梯施工

车站内轨顶风道、楼梯和扶梯安排在主体结构施工完后组织施工,施工采用分段进行,其施工方法与主体相同。楼梯施工时需注意:浇筑踏步混凝土时须从底部向上逐层施工。

3.4.9 小结

本节重点介绍了硬岩地区明挖车站主体结构的施工技术要点,以青岛地铁13号线朝阳山CBD站为工程依托,详细介绍了包括综合接地施工,砌体结构施工,垫层施工,底板施工,侧墙及端墙施工,楼、顶板及纵梁施工,结构柱施工以及内部结构施工等不同结构的施工方法及施工工艺流程等。

①通长桩、桩—撑—锚支护或"吊脚桩"支护,桩外止水施工非常关键,采用旋喷止水帷幕建议做两排,并取芯检查或桩检,有条件场地则选用TRD帷幕止水,也可选用咬合桩止水。总之,必须保证止水质量,否则开挖后渗漏水严重,影响基坑安全,应引起高度重视。

②基坑开挖完成后,应对支护结构渗漏水进行堵水处理,基本原则应消除明水,为防水板施工创造条件。

③采用"吊脚桩"或桩—撑—锚支护结构形式的基坑,做主体结构时应控制好肥槽的施工质

量,建议采用素混凝土直接填充肥槽,其具有防水功能,而且基面平整度好,利于防水板质量控制。

3.5 明挖车站防排水施工

3.5.1 明挖车站降排水施工技术

明挖车站基坑施工中,为避免产生流砂、管涌、坑底突涌,防止坑壁土体的坍塌,保证施工安全和减少基坑开挖对周围环境的影响,当基坑开挖深度内存在饱和软土层和含水层及坑底以下存在承压含水层时,需要选择合适的方法进行基坑降水与排水。本节以青岛地铁13号线灵山卫站为背景,对明挖车站基坑降排水施工技术进行详细阐述。灵山卫站长约191m,宽约45m,拟采用明挖法施工,车站开挖地层主要为:第①层人工填土层,第④层含淤泥中、粗砂,第⑥层粉质黏土,第⑦层粉质黏土,第⑨层中、粗砂及第⑫层含黏性土砾砂,局部可见强、中风化角砾凝灰岩。车站结构底板埋深约17m,勘察期间水位埋深1.70～3.80m,第四系覆盖层厚度约17.9m。

1)降水井设置

灵山卫车站基坑设计9口降水井,井深20.6m。大里程明挖段设计21口降水井,井深20.6～29m。为了防止外围建筑物以及地面、管线、下水道沉降等,在基坑内外均设置水位观测井。灵山卫站基坑降水井平面布置如图3-36所示。

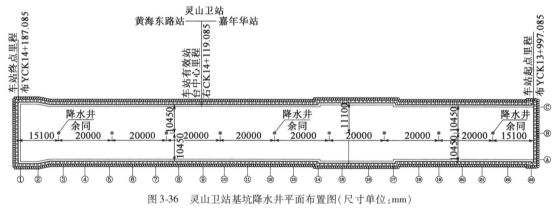

图3-36 灵山卫站基坑降水井平面布置图(尺寸单位:mm)

降水井分为两个阶段:管井施工和管井抽水,管井施工的主要工作室钻孔、管节安装、洗井,管井抽水的主要工作是基坑土方开挖前和开挖过程抽水。

降排水施工工艺流程如图3-37所示。

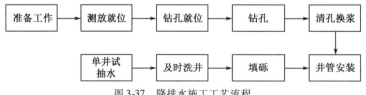

图3-37 降排水施工工艺流程

车站管井构造详图如图3-38所示。

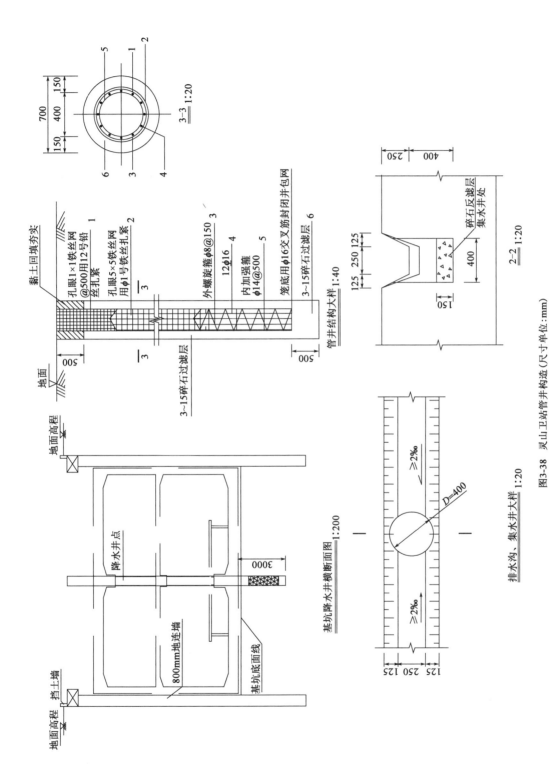

图3-38 灵山卫站管井构造（尺寸单位：mm）

(1)准备工作

①施工现场落实"三通一平",并满足设备、设施就位和进出场地条件。

②钻孔前必须做好以下准备工作:保证供水供电(备有发电机)钻孔机具完好,配齐滤料、管材及滤网质量和数量满足要求,经监理检验合格后按先后顺序堆放在孔位附近。抽水设备(深井潜水泵或深井泵)及排水系统。钻机附近需设置泥浆坑,以防泥浆漫流。信息化资料(降水记录、施工记录表格等)。

(2)测放井位

测量组测放井位坐标和现场高程,平面偏差≤50mm。若由于障碍物等因素造成井位不能到位时,可以适当移位,但最大移位控制在1m以内,井底高程必须达到设计深度要求。

(3)钻机就位

确保钻机平稳牢固,勾头、磨盘、孔位三对中,水平误差采用平尺校正,对中误差≤5cm。钻机就位前场地应平整夯实,地基坚固以防钻机不均匀下沉,质检员填写开孔验收单,监理验收钻具等合格后,方可开钻。

(4)管井钻孔

①钻孔直径不得低于700mm。

②要求送水泵压不得低于2MPa,泵流量不小于20m³/h。

③钻杆直径与钻孔直径相适应,避免细钻杆钻大孔。

④钻进过程中保持钻杆直立不摆动。

⑤钻孔采用泥浆扩壁,泥浆相对密度控制在1.15~1.2范围内。

⑥钻孔深度大于设计井深至少1m,确保井管下至设计井深。

⑦泥浆相对密度控制在1.10左右,垂直度控制在1%以内,孔身应圆正,井身顶角倾斜不得超进10°,钻进至设计深度后,甲方及监理验收合格后方可终孔。

⑧钻进过程中应对水位、水温、水洗液、井壁塌孔、涌砂和气体逸出等情况进行观察和记录。

(5)清孔换浆

①为了防止孔内泥浆沉淀和保证下管深度,终孔后应及时清孔,含砂量不大于5‰。

②使孔内的泥浆换稀至相对密度不大于1.08。

③孔内浮土沉渣不得超过30cm,含砂量不大于5‰。

④验收合格方可下井管。

(6)井管安装

①事先应检查井管的质量,不合格的井管不能下井。

②井管底部用铁板封焊;井管上段高出地面至少50mm。

③安装井管前应采用导向器进行探孔。

④管底用铁板封焊,管每隔4m设置扶正装置要求垂直地逐节焊接,下入在井孔的中央,按照设计要求,设置钢丝网、钢筋笼、尼龙布。

⑤严禁将井管强行压入井孔。

(7)填料

①填料前应采适当材料封牢井管上部管口。

②封牢井管管口,接通水源放在管井内,滤料应符合质量要求。

③填砾时应用铁锹均匀地抛撒在井管四周,保证填砾均匀、密实,填砾直至地面,严禁整车倾倒。

④滤料填量不应小于计算值的95%。

(8) 洗井

①为防止井周泥皮老化填砾结束,应立即洗井。

②采用反冲压和活塞联合、交替进行洗井,破坏井壁泥皮,洗通井周的渗透层。

③洗井结束后抽水,井水含沙量应小于1/10000(体积比)。

④井内沉淀物不得超过20cm,活塞洗井时提升、下降的速度应控制在0.6~1.2m/s,不得硬拉猛墩。

⑤洗井自上而下、分段进行,严禁活塞掉入井中。

(9) 置泵抽水

①洗井结束后,应立即抽水,同时接通水源,补充清水,直至洗清。

②在降水井内装置深井泵时,潜水电机、电缆线接头的绝缘必须安全可靠,并配有保护开关控制,确保安全运行,同时应注意电动机转向正确。

③清洗后应作抽水试验,抽水试验的水位和水量稳定延缓时间为8~16h,单井出水量要求不得小于单井计算值的85%,然后即进行全面抽水。

(10) 抽水

①无论是稳定水流还是非稳定水流,抽水都必须保持连续性。

②水源不断流入井管内,使井管滤网不致堵塞为前提,根据这一原则配备合适规格(排量和管径)的抽水泵。

③每个管井施工结束后应单独进行试抽水,合格后方可进行正式降水。

④通常采用的深井抽水设备主要有深井泵和深井潜水泵,根据单井不同的出水量选择合适的抽水泵,每口井必须配备一台抽水泵,不得任意调换抽水泵。

⑤正常抽水期间,应配备足够的备用抽水泵,确保抽水不间断。

⑥抽水的水位和出水量稳定时间为4~8h。

2) 降排水系统设计及注意事项

(1) 灵山卫站基坑顶部沿围护结构设排水沟,用于承接基坑抽水及地面雨水,经过沉淀池后,排入下水道。在围护结构边缘修筑挡水墙,防止地表水倒灌入基坑内。嘉灵区间大里程明挖段基坑降水以管井井点降水为主,排水沟明排为辅;四线大断面井点纵向间距约15m,出入线纵向间距20m。

(2) 在开挖基坑的四周设排水明沟,每隔20m左右设一集水井,使基坑内渗水与施工废水汇入其中,再用水泵抽入地表污水处理设施,经处理达标后排放。边挖边加深排水沟和集水井,保持沟底低于基坑底不小于0.5m,集水井低于沟底不小于0.5m。

(3) 为了防止地表水流入基坑,在基坑开挖轮廓线外侧0.5m左右设截水沟,每隔20~30m设一集水井,将截水先排至沉淀池沉淀后排放。

(4) 每个集水井应配备一台水泵,做到随集随排,严禁排出的水回流入基坑;备用水泵不少于2个,雨季施工时施工单位应配备足够的排水设施。

(5)降水井采用无砂混凝土管井,井点井孔直径0.7m,井管直径0.4m,井深约27.0m。滤水层厚度为0.15m,滤水层材料选择要符合相关规定,以防将泥砂带走。

(6)兼作底板泄水孔的基坑降水井应在顶板覆土回填以后再行封堵,以满足结构施工阶段的抗浮要求。

(7)井点系统的使用注意事项:

①降水深度为基坑开挖面以下1m。

②井点拔除后,除预留的排水口外,其余应立即回填,并施作垫层。

(8)基坑内排水沟在施作垫层前分段用黏土回填,以免地下水在沟内流动破坏地基土体。

(9)根据施工现场实际水量调整井点间距。当降水井位置与支撑临时立柱位置冲突时,应对降水井位置进行调整。

3)降水井施工要求

(1)井身结构误差要求。

①井径误差±20mm。

②垂直度误差≤1‰。

③井深应满足井结构图中文字说明要求。

(2)填料要求。

①含水层段滤料应具有一定的磨圆度,滤料(细砾石)含泥量≤3%,严禁使用片状、针状的石屑,粒径2~4mm。

②要避免填料速度过快或不均造成滤管偏移及滤料在孔内架桥现象,洗井后滤料下沉应及时补充滤料,要求实际填料量不小于95%理论计算值。

(3)洗井要求。

①洗井要求达到"水清砂净"。

②下管、填料完成后应立即进行洗井,成井—洗井间隔不能超过4h。

③建议采用隔离塞分段洗井,如果泥浆含泥砂量较大,可先进行捞渣,再进行洗井。

④当常规洗井效果不好时,可加洗井剂浸泡再洗井。

⑤成井后,借助空压机清除孔内泥浆,至井内完全出清水为止。洗井应在成井4h内进行,以免时间过长,护壁泥皮逐渐老化难以破坏,影响渗水效果。洗井后可进行试验性抽水,确定单井出水量及水位降低能否满足设计要求。

(4)抽水要求。

①挖至地下水位高程前的超前抽水时间不少于15d。

②抽水含砂量控制:为防止因抽地下水带出地层细颗粒物质造成地面沉降,抽出的水含砂量必须保证:抽水初期含砂量含量<1/10000,正常抽水时含砂量含量<1/50000。

③首次(洗井后抽水前)含砂量检测合格后,在抽水期间间隔时间不超过3个月定期进行含砂量检测,异常情况下应根据情况加密检测次数。

(5)维护降水期地下水观测。

①护降水期应对地下水动态进行观测,并对地下水动态变化进行及时分析。

②当地下水位急剧变化应及时分析原因(如水泵损坏、地下含水构筑物突然破裂漏水或区域地下水位上升等),采取相应的处理措施。

③降水井施工结束后,在正式抽水前应先测静止水位,降水范围内水位下降未达到设计降深之前,观测频率应为每天观测不少于3次,当水位达到设计降深后且水位变化不大时,可每天观测1次。

3.5.2 明挖车站防水施工技术

防水工程设计与施工的质量直接关系到防水工程的效果,关系到建设的成本、维修(堵渗漏)的难度与成败,更是影响工程本身的坚固性和耐久性的关键,是影响地铁工程能否正常运营的关键。本节以青岛地铁13号线两河站为背景,对明挖车站防水施工技术进行详细阐述。

两河站车站为明挖车站,采用明挖顺作法施工,车站主体为现浇钢筋混凝土箱形框架结构,结构外设置外包防水层。本站共设3个出入口、2组风井和1个消防疏散口,除A出入口及C出入口局部采用盖挖顺作法施工外,其余均采用明挖顺作法施工,结构外设置外包防水层。主体结构顶板覆土厚3.33~2.94m,底板埋深16.74~16.15m;A出入口、B出入口及1号风道顶板覆土0~4.44m;C出入口顶板覆土厚度0~4.48m。确立钢筋混凝土结构自防水体系,即以结构自防水为根本,采取措施控制结构混凝土裂缝的开展,增加混凝土的抗渗性能;以变形缝、施工缝等接缝防水为重点。

1)全包柔性防水方案
(1)明挖法结构防水方案

明挖结构顶板可采用2.5mm厚单组分聚氨酯涂料或其他优质防水涂料。防水涂料外并设置4mm厚油毡隔离层和70mm厚细石混凝土保护层。明挖结构顶板如有种植要求时,需在防水层上加抗根系刺穿层。抗根系刺穿层以选用1.5mm厚塑料防水板。

有围护结构侧墙采用非黑色沥青基高分子自黏胶膜防水卷材(YPS1.5mm,GB/T 23457—2009),采用水泥砂浆找平。

底板采用非黑色沥青基高分子自黏胶膜防水卷材(YPS1.5mm,GB/T 23457—2009),并采用50mm厚混凝土作保护层。

试验段所采用非黑色沥青基高分子自黏胶膜防水卷材材料厚度要求为:主体材料厚度不小于0.7mm,胶料厚度不小于0.8mm,卷材全厚度不小于1.5mm。

(2)柔性防水层施工工艺
①单组分聚氨酯涂膜防水层施工工艺要求。

单组分聚氨酯防水涂料采用涂刷法施工,与聚氨酯防水涂料配套使用的产品包括聚氨酯密封胶和增强层材料,增强层可采用30~40g/m^2的聚酯无纺布或玻纤网布(16~20目)。

a.基层处理要求。

a)顶板结构混凝土浇筑完毕后,应反复收水压实。混凝土基层表面应基本平整(其平整度用2m靠尺进行检查,直尺与基层的间隙不超过5mm,且只允许平缓变化)、坚实,无明水、起皮、掉砂、油污等部位存在。

b)基层表面的突出物从根部凿除,并在凿除部位用聚氨酯密封胶刮平压实;当基层表面出现凹坑时,先将凹坑内酥松表面凿除后用高压水冲洗,待槽内干燥后,用聚氨酯密封胶填充压实;当基层上出现大于0.3mm的裂缝时,应骑缝各10cm先涂刷1mm厚的聚氨酯涂膜防水加强层,然后立即粘贴增强层,最后涂刷防水层。

c) 所有阴角部位均应采用 1:2.5 的水泥砂浆做成 $5cm \times 5cm$ 的钝角或 $R \geqslant 5cm$ 的圆角，所有阳角均应做成 $1cm \times 1cm$ 的钝角或 $R \geqslant 1cm$ 圆角，转角范围基层应光滑、平整。

b. 防水层施工顺序及方法。

a) 基层处理完毕并经过验收合格后，先涂聚氨酯专用底涂层（可采用专用稀料将聚氨酯防水涂料稀释后涂刷，用量为 $0.15 \sim 0.2 kg/m^2$）。底涂层实干后，在阴阳角和施工缝等特殊部位涂刷防水涂膜加强层，加强层厚 1mm，宽 500mm。涂刷完防水涂膜加强层后，立即在加强层涂膜表面粘贴增强层，最后涂刷大面防层。严禁涂膜防水加强层表面干燥后再粘贴增强层。变形缝部位先施作 1m 宽丁基橡胶卷材加强层，然后按照施工缝做法涂刷涂料防水加强层。

b) 涂刷大面的防水层，防水层采用多道（一般 3~5 道）涂刷，上下两道涂层涂刷方向应互相垂直。每道涂层实干后，才可进行下道涂膜施工。

c) 聚氨酯涂膜防水层施工完毕并经过验收合格后，应及时施作防水层的保护层，平面保护层采用 7cm 厚的细石混凝土，在浇筑细石混凝土前，需在防水层上覆盖一层Ⅲ型隔离油毡或厚度为 4mm 的 PE 泡沫塑料片材隔离层。立面防水层采用厚度不小于 6mm 的 PE 泡沫塑料片材或砌筑 120 砖墙进行保护。所有泡沫塑料片材的发泡倍率均为 25~30 倍。

c. 明挖结构种植顶板防水施工要求。

a) 车站西北角位置局部顶板覆土层表面有绿化要求，应在涂料防水层上表面设置耐根系穿刺层。耐根系穿刺层采用 1.5mm 厚的 EVA 塑料防水板，采用空铺法施工。

b) 塑料防水板材耐根系穿刺层的设置范围应超出种植顶板边缘以外的 5m，设置塑料防水板耐根系穿刺层的范围内不再另外设置隔离层。但要求塑料防水板与顶板施作的隔离层搭接最少为 1m。

c) 种植顶板防水等级一级，结构需进行找坡，坡度宜为 1.5%。

d) 塑料防水板的宽度不宜小于 2m，卷材搭接缝采用双焊缝搭接，焊接完毕后进行充气检测。

e) 具体做法要求见 EVA 防水板施工技术要求。

② 预铺防水卷材施工工艺要求。

采用"外防内贴"法铺设预铺式防水卷材时，平面部位采用空铺法铺设，立面采用机械固定法铺设。

a. 基面处理要求。

a) 铺设防水层的基层表面应清理干净，平整度应满足：$D/L \leqslant 1/50$，D 为相邻两凸面间的最大深度，L 为相邻两凸面间的最小距离。并要求凹凸起伏部位应圆滑平缓。所有不满足上述要求的凸出部位应凿除，并用 1:2.5 的水泥砂浆进行找平；凹坑部位采用 1:2.5 水泥砂浆填平。基面应洁净、平整、坚实，不得有疏松、起砂、起皮现象。

b) 任何不平整部位均采用 1:2.5 水泥砂浆圆顺地覆盖处理，当基面条件较差时，可先铺设 $400g/m^2$ 的土工布缓冲层。

c) 基层表面可微潮，但不得有明水流，否则应进行堵水处理或临时引排。

d) 所有阴角均采用 1:2.5 水泥砂浆做成 $5cm \times 5cm$ 的钝角或 $R \geqslant 5cm$ 圆角，阳角做成 $2cm \times 2cm$ 的钝角或 $R \geqslant 2cm$ 的圆角。

b. 防水层施工工艺。

a)首先在达到设计要求的阴、阳角部位铺设防水卷材加强层。加强层卷材采用单层预铺式卷材,宽度为50cm,厚度同作为防水层的单层卷材厚度。转角两侧各25cm,加强层卷材采用点粘或条粘法固定在基面上。大面防水层应满粘固定在加强层表面。

b)当有管、件等穿过防水层时,应先铺设此部位的加强层卷材,加强层卷材采用满粘法固定在基面上,大面防水层也应满粘固定在加强层表面。

c)防水层采用预铺式卷材时,靠近桩面一侧的隔离膜可不撕掉,与现浇混凝土结构外表面密贴面的隔离膜应在浇筑混凝土前撕掉。

d)防水层采用机械固定法固定于桩或垫层上,固定点距卷材边缘2cm处,钉距不大于50cm。钉长不得小于27mm,且配合垫片将防水层牢固地固定在基层表面,垫片直径不小于2cm。避免浇筑混凝土时脱落。

e)相邻两幅卷材的有效搭接宽度为10cm(不包括钉孔)。要求上幅压下幅进行搭接。搭接时,搭接缝范围内的隔离膜必须撕掉。短边搭接缝应错开1m以上。

f)防水层铺设完毕后,在所有施工缝、变形缝部位骑缝铺设加强层,施工缝加强层宽度50cm,变形缝加强层宽度1m。其中施工缝加强层与防水层自粘满粘,变形缝两侧各10cm范围内防水层表面的隔离膜不应撕掉(即此范围防水层与加强层不粘贴),其他部位满粘粘接。

g)底板防水层铺设完毕,除掉卷材的隔离膜,并立即浇筑50mm厚C20细石混凝土保护层,侧墙防水层应采取临时保护措施避免防水层受到破坏。

h)防水层破损部位应采用同材质材料进行修补,补丁满粘在破损部位,补丁四周距破损边缘的最小距离不小于10cm。补丁胶粘层应面向现浇混凝土。

(3)出入口全包防水具体做法

出入口全包防水的做法包括出入口底板防水层甩槎保护做法以及出入口顶板和侧墙防水层甩槎保护做法,如图3-39～图3-42所示。

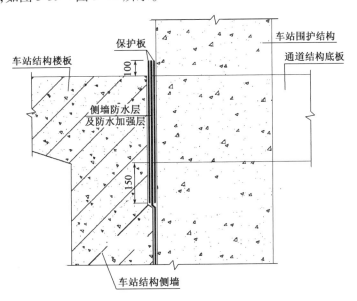

图3-39 出入口底板防水层甩槎保护做法(尺寸单位:mm)

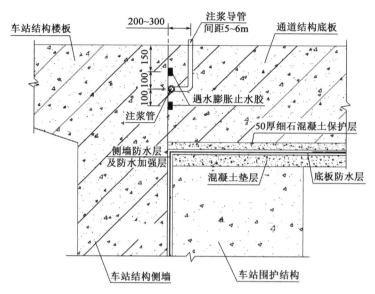

图 3-40 车站主体和出入口底板接头防水构造(尺寸单位:mm)

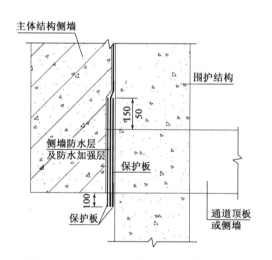

图 3-41 出入口顶板和侧墙防水层甩槎保护做法
(尺寸单位:mm)

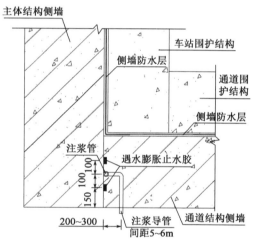

图 3-42 车站主体和出入口侧墙接头防水构造
(尺寸单位:mm)

2)特殊部位防水措施

特殊部位防水是指结构中施工缝、变形缝、后浇带、穿墙管和桩头等部位的防水。

(1)施工缝防水技术要求

①一般技术要求。

a. 环向施工缝的留设以结构施工步序为准,车站结构环向施工缝的设置间距宜不大于18m。墙体纵向施工缝不应留在剪力最大处或底板与侧墙的交接处,应留在高出底板表面不小于300mm 的墙体上。墙体有预留孔洞时,施工缝距孔洞边缘不应小于300mm。

b. 施工缝表面应坚实、平整,不得有浮浆、油污、疏松、空洞、碎石团等,否则应予以清除。

c. 环向施工缝应避开地下水和裂隙水较多的地段,并宜与变形缝相结合。

d. 水平施工缝浇灌混凝土前,应将其表面浮浆和杂物清除,然后铺设净浆或涂刷混凝土界面处理剂、水泥基渗透结晶型防水涂料等材料,再铺 30~50mm 厚的 1∶1 水泥砂浆,并及时浇筑混凝土。图 3-43。

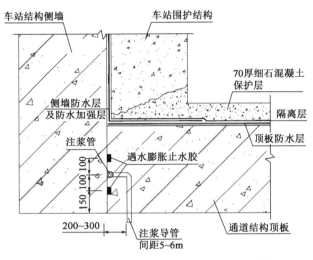

图 3-43　车站主体和出入口顶板接头防水构造(尺寸单位:mm)

e. 垂直施工缝浇筑混凝土前,应将其表面清理干净,再涂刷混凝土界面处理剂或水泥基渗透结晶型防水涂料,并应及时浇筑混凝土。当设计要求在施工缝表面涂刷水泥基渗透结晶型防水材料时,可不另外涂刷其他种类的界面剂。

②施工缝防水方案的选定应根据结构防水设防等级和不同部位确定,宜采用表 3-8 的防水方案(图 3-44 ~ 图 3-47)。

施工缝防水方案　　　　　表 3-8

施 工 方 法	防 水 等 级	环向施工缝	纵向施工缝
明挖结构	一级设防	铜边橡胶止水带 + 止水胶	铜边橡胶止水带 + 止水胶
特殊部位施工缝	—	双道止水胶 + 注浆管	—
楼板施工缝	—	单道止水条	—

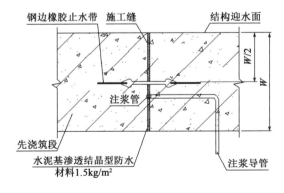

图 3-44　侧墙(环向)垂直施工缝防水构造

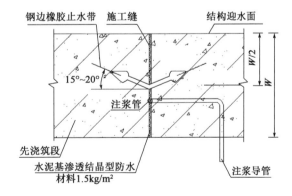

图 3-45　顶板(环向)垂直施工缝防水构造

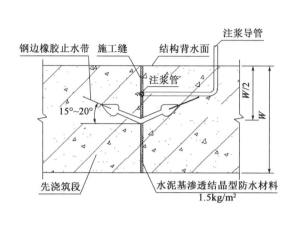

图 3-46 底板(环向)垂直施工缝防水构造　　图 3-47 纵向(水平)施工缝防水构造

(2)变形缝防水技术要求

①一般技术要求。

a.变形缝设置应结合不同结构接口,区间与车站接口、车站与出入口风道接口及地质条件变化较大的部位考虑,变形缝宽度一般为20mm。

b.变形缝处混凝土结构的厚度不应小于300mm,当遇有变截面时,接缝两侧各500mm范围内的结构应进行等厚等强处理。

c.变形缝部位设置的止水带应为中孔型,宽度350mm。

d.结构施工时,在顶板、侧墙部有条件时,变形缝两侧的混凝土表面预留凹槽,凹槽内设置不锈钢板接水盒,便于对渗漏水及时引排。结构顶板存在下返梁时,浇筑混凝土前需提前预留凹槽,以免下返梁部位形成积水。

e.中埋式止水带埋设位置应准确,其中间空心圆环与变形缝的中心线应重合。

②变形缝防水方案的选定应根据结构防水设防等级和不同部位确定,宜采用表3-9的防水方案。

变形缝防水方案　　　　　　　　　　表3-9

施工方法	顶板变形缝	侧墙、底板变形缝
明挖结构	迎水面嵌缝	外贴式止水带
	中埋式钢边橡胶止水带	中埋式钢边橡胶止水带
	—	背水面嵌缝

(3)穿墙管防水技术要求

①穿墙管(盒)应在浇筑混凝土前预埋。

②穿墙管与内墙角、凹凸部位的距离应大于250mm。

③穿墙管可根据变形量,采用固定式防水法或套管式防水法。

④穿墙管伸出外墙的部位,应采取防水回填时将管体损坏的措施。

(4)后浇带防水技术要求
①后浇带宜用于不允许留设变形缝的工程部位。
②后浇带应在其两侧混凝土龄期达到 42d 后再施工。
③后浇带应采用补偿收缩混凝土浇筑,其抗渗各抗压强度等级不应低于两侧混凝土。
④后浇带应设在受力和变形较小的部位,其间距宜为 30~60m,宽度宜为 700~1000mm。
⑤浇筑要求:
a. 浇筑前应制定浇筑计划,检查后浇带的设置是否符合设计要求,浇筑部位应清理干净。
b. 当施工中遇到雨、雪、冰雹需留施工缝时,对新浇混凝土部分应立即用塑料薄膜覆盖。当出现混凝土已硬化的情况时,应在其上铺上 30~50mm 厚的同配合比无粗集料的膨胀水泥砂浆,再接着浇筑混凝土。
c. 后浇带浇筑前,应将先期浇筑的混凝土表面清理干净,并充分湿润。
d. 水平构件应在终凝前采用机械或人工的方式,对混凝土表面进行多次抹压。

3.5.3 小结

本节重点介绍了硬岩地区明挖车站防排水施工技术要点,主要包括明挖基坑防水施工技术和降排水施工技术。

①基坑防水施工技术是以青岛地铁 13 号两河站车站为例,主要介绍了明挖车站全包柔性防水方案、防水材料以及特殊部位的防水措施。防水工程施工过程中,需要对防水薄弱环节、部位作为防水施工重点进行控制,制定切实可行的技术保证措施并监督按要求实施,保证防水层的施工质量,有效提高地铁运行的稳定性与安全性。

②基坑降排水施工技术是以青岛地铁 13 号线灵山卫车站为例,从降水井的设置、降排水的施工工艺流程、降排水系统设计及注意事项、降水井的施工要求等方面对明挖车站降排水施工过程及特点进行的阐述。基坑降排水控制的工作不能仅局限于对降水井施工质量的控制,应该从多方面着手,重视并坚持过程控制,同时应结合现场实际,灵活采用其他辅助降排水措施。同时需要通过现场试验及结合工程进度情况、基坑监测数据情况综合分析,做到降水及时、有度,保证基坑施工安全及工程质量。

③防水板作业应在无水条件下进行,为保证施工质量,应采用作业人员、管理人员实名制的方式,建立质量追溯体系,防水板应优先选用高分子自黏卷材。

④结构顶板和外侧防水质量控制也很重要,尤其是主体结构和附属结构沉降缝部位、接头部位应加强控制,均应设置接水盒。

⑤若发生结构渗漏水,应坚持标本兼治原则,采用系统注浆方式,填充主体与支护结构之间的空隙,不应采用在结构上单纯处理裂缝的措施。

⑥结构裂缝是明挖车站普遍存在的质量通病,应加强系统研究,在混凝土材料选择、分段长度、拆模时间控制、养护上下功夫,保证其质量。

本章参考文献

[1] 刘国彬,王卫东. 基坑工程手册[M]. 2 版. 北京:中国建筑工业出版社,2009.
[2] 张元林. 地铁明挖车站施工技术要点研究[J]. 工程建设与设计,2017,(03):140-142.

[3] 汤仲鑫.关于地铁明挖车站防水施工技术研究[J].江西建材,2017,(13):156-157.
[4] 李元勋.深基坑桩锚支护内力与变形分析方法及试验研究[D].兰州理工大学,2016.
[5] 袁海洋.青岛地铁明挖车站围护结构研究.[D].青岛理工大学,2012.
[6] 张士振.地铁明挖车站施工防水技术[J].科技与企业,2016,(08):141-142.
[7] 朱丹晖.吊脚桩+超前微型钢管桩体系在地铁基坑工程中的应用[J].铁道标准设计,2014,58(05):90-94.
[8] 张平.深基坑工程桩锚支护结构设计及应用研究[D].贵州大学,2015.
[9] 任艳军.土钉墙支护施工技术及其在基坑施工中的应用[J].中华建设,2015,(03):146-147.
[10] 宋争平.深基坑支护技术的现状与发展探讨[J].科技创新与应用,2014,(30):263.
[11] 段剑.基坑桩锚支护施工技术[J].中华民居(下旬刊),2014,(10):308.
[12] 刘桂林.桩—锚复合支护技术在深基坑施工中的运用初探[J].江西建材,2014,(16):46.
[13] 喻学斌.明挖地铁车站防水工程设计与施工[J].中国建材科技,2014,(04):96-97.
[14] 徐军翔.桩锚支护结构在深基坑工程中的应用与控制研究[D].天津大学,2014.
[15] 杨旭.地铁明挖车站防水工程施工技术[J].科技创新导报,2014,(05):41-42.
[16] 翟桂林.土岩组合地层地铁车站深基坑内支撑结合锚索支护体系数值分析[D].中国海洋大学,2013.

第4章 暗挖车站施工技术

4.1 暗挖车站施工技术概况

4.1.1 暗挖车站发展概况

车站是地铁的重要组成部分,在地铁建设大发展的条件下,其开挖工法的选择与创新成为重要的研究课题。国内外修建地铁车站的施工方法主要有明挖法、暗挖法、明暗结合法等几类。车站明挖法是最常用方法,具有施工方便、施工效率高、工期易控、工程质量易控和经济效益高等优点,但因对场地条件要求高,其应用逐渐受到各种因素的限制。后来,为减小地铁施工对城市交通的影响,在明挖法的基础上,发展了盖挖法。盖挖法主要以盖挖逆作法为主,即在结构顶板完成后恢复地表正常交通,通过竖井或斜井进行车站主体开挖与支护,具有安全性高、交通影响小、场地占用时间短、施工较迅速等优点,特别适用于上有建筑、地表交通繁忙及埋深较大的车站。随着浅埋暗挖隧道施工技术的日益发展成熟,地铁建设者参照大跨度、大断面隧道的施工工艺,形成了暗挖法施工工艺,具有占地少、迁改少、对周边环境影响小等显著优点,解决了在城市繁华地段地铁施工迁改难的顽疾。随着城市地铁的不断快速发展,地铁车站的设计施工工艺也在不断成熟,但在城市内修建地铁车站施工工艺受到管线、交通、地面建筑、环境保护等各种因素的影响,所以采用暗挖法进行地铁车站施工也被广泛地采用。因地铁车站占地面积大,而采用暗挖施工工艺可以大大减少土石方开挖量,减少地面建筑迁改量,避免了地下管线迁改,直接减小对地面交通的影响。

暗挖车站的开挖断面形式比区间隧道断面复杂,且开挖断面也比区间隧道大,所以其受力也更加复杂,施工风险相应增大。暗挖车站通常采用的结构断面一般为单拱双层车站的形式,即标准岛式站台车站,车站结构断面跨度在20m左右。暗挖车站因受其结构形式的影响,车站结构拱顶埋深较区间隧道浅5~6m,常为浅埋暗挖施工。近年来,随着对地下空间的开发建设不断发展,国内外地铁车站建设呈现大跨度、大断面及浅埋或超浅埋的发展趋势。同时,由于城市地面建筑日趋密集,高度越来越大,城市地下工程建设面临的环境保护要求越来越严格,施工工法不仅需保证地下结构本身的安全,更需重视对周边环境的影响问题。

国内地铁建设初期,车站基本全部位于土层或砂层中,如北京、上海等地,第四系表土层较厚,暗挖车站工法一般采用 CRD 法、中洞法、侧洞法、洞桩法等,后来在传统浅埋暗挖分部开挖法的基础上并结合盖挖法的特点而形成了 PBA 法,使暗挖车站施工技术得到突飞猛进的发展。之后,随着大连等地地铁的建设,遇到了上软下硬地层地铁车站开挖工法的选择难题,软土地层的开挖工法在上软下硬地层极度不适应,地铁建设者创新性地提出了拱盖法施工工艺,找到了与此地层相匹配的合理开挖工法。

青岛相较于国内其他城市第四系土层厚度更小,很多地下车站整体位于中风化或微风化花岗岩之中,岩石强度高,硬岩地层大跨度暗挖车站开挖工法的选择与创新是一大难题。通过青岛地铁已建和在建几条线路的总结摸索,一种适合硬岩地层的暗挖车站施工方法应运而生——初支拱盖法。初支拱盖法是基于拱盖法,将二衬拱盖优化为初支及围岩拱盖,适用于硬岩地层暗挖车站的工法。本书结合青岛地区硬岩地质暗挖车站施工实例,重点介绍暗挖车站拱盖法施工关键技术,分析初支拱盖法、二衬拱盖法、拱部二衬拱盖法等多种方法的施工技术要点。青岛地区暗挖车站拱顶处于强风化花岗岩中,上部为人工填土、粗砾砂层,地层软弱且透水性强;同时车站站址大多位于道路下方,交通繁忙,地下管线敷设密集,控制地表沉降,保证施工安全成为选择施工方法的决定因素。

4.1.2 暗挖车站主要施工工法

在当前的城市地铁施工过程中,浅埋暗挖法进行开挖的主要施工方法有全断面、台阶法、中隔壁法(CD 法)、交叉中隔壁法(CRD 法)、双侧壁导坑法、洞桩法(PBA 法)、中洞法、侧洞法和柱洞法等,但是相应施工方法的选取应结合结构所在地段的工程地质及水文地质条件、城市规划要求、周围既有建筑物、道路交通状况、场地条件、结构埋深、结构形式、工期和土建造价等多种因素综合比较后确定。

1)侧洞法

侧洞法是修建大跨隧道常用的方法,以台阶法为基础,先施工双侧或单侧导洞,然后再开挖中间部分。由于首先施工的是两个侧洞,且要同步,对地表扰动大,安全性稍差。在暗挖车站中采用该方法时,导洞有时需要三台阶甚至四台阶进行开挖,施工工序多,临时支撑消耗量大。施工流程如图 4-1 所示。

2)中洞法

中洞法的核心是 CRD 工法,以台阶法为基础,按照小分块、短台阶、快封闭的原则,步步为营,施工安全度高,地面沉降及影响范围与侧洞法相比要小;但中洞法工序转换次数较多,很难限制工序转换中产生的附加位移;而且与侧洞法相同,临时支护、废弃工程量大。施工流程如图 4-2 所示。

3)柱洞法

以台阶法为基础,先施工侧壁及梁柱导洞,然后在梁柱导洞内施工梁柱结构,再开挖拱部并施作初期支护结构。当底部持力层不满足要求时,也可在侧壁及梁柱导洞内施工桩基,然后再施作边墙及梁柱结构。常用于软土地区双跨单柱、三跨双柱等结构形式的暗挖车站施工各种。施工法流程如图 4-3、图 4-4 所示。

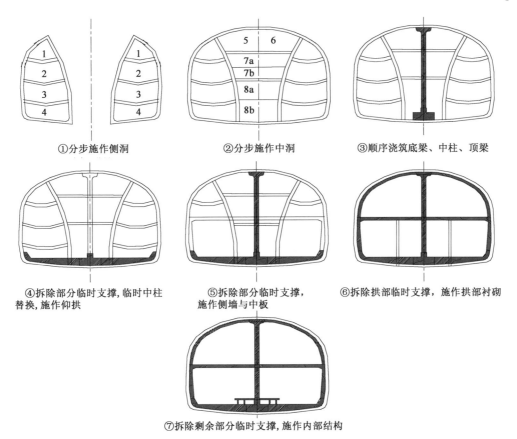

图 4-1 暗挖车站侧洞法施工流程图

4)PBA 法

PBA 法的原理就是将明挖框架结构施工方法和暗挖法进行有机结合,即地面不具备施工基坑围护结构条件时,改在地下先行暗挖的导洞内施作围护边桩、桩顶纵梁,使围护桩、桩顶纵梁、顶拱共同构成桩(Pile)、梁(Beam)、拱(Arc)支撑框架体系(PBA 即 Pile、Beam、Arc 三个英文单词的首位字母组合),承受施工过程的外部荷载;然后在顶拱和边桩的保护下,逐层向下开挖(必要时设预加力横向支撑),施作内部结构,最终形成由外层边桩及顶拱初期支护和内层二次衬砌组合而成的永久承载体系。其特点是:

①在非强透水地层中,将有水地层的施工变为无水、少水施工,避免因长期大量降水引起的地表沉降和费用增大,有利于保护地下水资源和减少施工措施费。

②以桩作支护,稳妥、安全,也利于控制地层沉降,避免中洞法、CD、CRD、双侧壁导坑法多次开挖引起地面沉降量过大的缺陷和对初期支护的刚度弱化。

③与 CRD、双侧壁导坑法等相比,拆除临时工程量相对较少,结构受力条件也好,相对经济合理。

④对结构层数限制少,对保护暗挖结构附近的地下构筑物和周边建筑物的安全有利。

⑤在桩、梁、拱承载体系形成后,有较大的施工空间,便于机械化作业,从而加快进度。

⑥在水位线以上的地层中开设的导洞内施工孔桩,利用其"排桩效应"对两侧土体起到了支挡作用,可减少因流沙、地下水带来的施工安全隐患。

  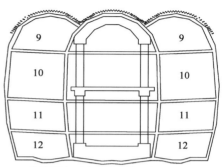

①CRD法或台阶法施作中洞，按图中顺序进行开挖，及时封闭初期支护　　②施工底纵梁，安装灌注钢管桩，施工顶纵梁、拱部结构，进行中纵梁、中层板、底板施工　　③按图中顺序对称开挖两侧洞，及时施作初期支护

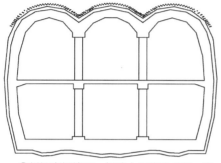 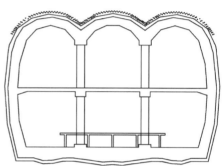

④侧洞底板施工，拆除中间临时支护，施作侧洞边墙及中层板，拆除剩余临时支护，施作侧洞拱部　　⑤施作完成全部主体结构

图 4-2　暗挖车站中洞法施工流程图

   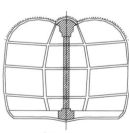

①施作中洞　　②模筑底梁，安装，灌注钢管桩，模筑顶梁　　③依次同步开挖两侧洞　　④临时支护

  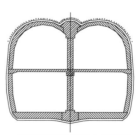 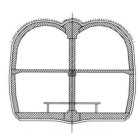

⑤纵向分段拆除下层临时支撑，施工底板和侧墙　　⑥纵向分段拆除中层临时支撑，施工中板　　⑦纵向分段拆除上层临时支撑，模筑拱部混凝土　　⑧站台及附属工程施工

图 4-3　暗挖车站柱洞法施工流程图

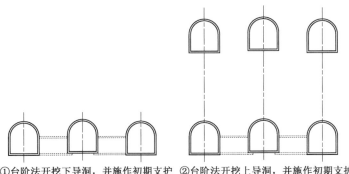
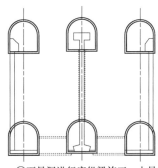

① 台阶法开挖下导洞,并施作初期支护　② 台阶法开挖上导洞,并施作初期支护　③ 下导洞进行底纵梁施工,上导洞进行顶纵梁及边桩、钢管柱施工

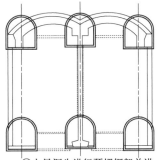
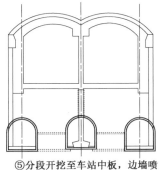
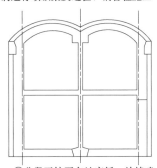

④ 上导洞先进行预埋钢架并进行初期支护,施工上中导洞防水及二衬,然后破除上导洞初期支护,施工上拱防水及二衬　⑤ 分段开挖至车站中板,边墙喷射桩间混凝土,施工站厅层侧墙、中板防水及二衬　⑥ 分段开挖至车站底板,边墙喷射桩间混凝土,拆除下导洞初支结构,施工封底结构,底板防水及结构混凝土施工

图 4-4　暗挖车站柱洞法施工流程图

5) 新管幕工法

新管幕工法(又称 NTR 工法,New Tubular RoofMethod)于 2008 年在沈阳地铁 2 号线新乐遗址站(全暗挖车站)主体及风道建设中被采用,在全第四纪地层中实现了大型暗挖地下车站的营建,并实现了盾构过站与车站建设同步实施的案例。该工法为中国大陆首次采用,建设技术在借鉴国外既有技术的基础上,结合国内标准与规范条件、具体工程环境和需求进一步发展,丰富和完善了国内地下工程暗挖技术的内容及手段。

随着暗挖车站施工技术的发展,尤其是近年来 PBA 工法在第四系软土地层中的广泛应用,暗挖车站在软土地层的受力模型研究及施工技术均日益完善。

4.2　青岛地区暗挖车站施工工艺的演变

4.2.1　青岛地区暗挖车站施工特点

青岛市区交通拥堵,各主要道路车流量和高耸建筑物密集,而地铁车站大多集中在城市繁华地段,车站施工占地较广,所以暗挖车站以占地灵活、施工工期有保证等优点在青岛地区得到广泛应用。

青岛地区海岸长、河流水系较多,所有河流流量明显受降水控制,季节性变化明显。地下水情况方面,青岛地区裂隙水主要有松散岩类孔隙水、碎屑岩类空隙裂隙水、基岩裂隙水,补给来源主要为大气降水及河流、滨海地表水、地下水侧向补给及部分近海地区的海水补给。地下水总体流向与地形坡向基本一致。地下水位随季节变幅为 1.5~2.0m。在临海地段,地下水因潮汐影响,地下水位随涨潮、落潮具有同相的有规律的变化。

根据地质勘察显示,青岛市具有典型的土岩二元复合地层结构。总体来说,是在强、中、微风化程度的花岗岩岩基上覆盖有不同厚度的第四系土层。第四系覆盖土层厚度为 0~20m,车站及区间穿越各种风化岩及土层,纵向很不均匀,整体呈"上软下硬"的特点。

综合以上青岛地区地质状况,青岛地铁暗挖车站主要有以下特点:

1) 持力层为硬岩地层,且有"上软下硬"的特点

"上软下硬"地层是青岛地铁暗挖工程的代表性特点。"上软下硬"地层给暗挖车站钻爆施工带来较大的难度,主要体现在:

(1) 暗挖车站跨度大,拱顶围岩失稳风险:拱顶围岩软弱,主要有有淤泥质土、强风化岩层、砂层等地层,处理不当极易造成坍塌。

(2) 暗挖车站下部岩体爆破施工的影响:虽然暗挖车站拱顶围岩软弱,甚至仅能机械或人工开挖,隧道下部岩体强度较高,需采用钻爆法施工,爆破振动对拱顶围岩有一定程度的扰动。

2) 部分海相地层

因临近海域,部分地铁线路施工环境表现为海相条件,暗挖车站裂隙水中氯离子含量较高。海相条件对暗挖车站施工中的二衬耐久性、机械养护等方面都是较大的挑战。

3) 部分填海地层,围岩条件变化突然

青岛地区部分近海地区为"填海扩地"工程,地质条件尤为复杂。因近海地区岩层受海水侵蚀等长期地质作用影响,裂隙发育、岩变线起伏频繁且无规律可循,地勘钻孔也不易揭示此类地层特性,地铁暗挖车站施工下穿相应区域时施工难度较大。

4) 局部岩层埋深浅,施工对环境影响控制成为课题

如前所述,青岛地区第四系土层厚度为 0~20m,岩层厚度变化较大。部分地区岩层埋深较浅,此类地层对于隧道自身稳定意义重大。同时由于岩层较浅尤其是微风化岩层埋深浅,暗挖车站施工中控制爆破振动对周边建筑物及管线的影响十分重要。

如图 4-5 所示为典型的暗挖车站开挖支护图。

综上所述,青岛暗挖车站地层多为岩浆岩类硬质岩石,岩石上层为第四纪松散堆积物沉积层,其地质类型为典型的"上软下硬"地层。与其他城市不同的是,第四系表土层较薄,为 4~9m。地铁暗挖车站一般修建于强风化、中风化或微风化岩层中,覆岩厚度为 2~10m,需要采用钻爆法进行开挖,这在国内并不多见,其岩层中车站开挖的围岩稳定性、开挖工法选择等有待进一步研究。

4.2.2 青岛地区暗挖车站工艺演变

硬岩大跨暗挖地铁车站在在建地铁城市并不常见,开挖工法仍沿用适用于土层或上软下硬地层的暗挖工法,如 CRD 法、双侧壁导坑法、拱盖法等。针对硬岩地层特点,在青岛第一条地铁线路 3 号线暗挖车站施工中采用了台阶法、双侧壁导坑法、拱盖法等多种方法。通过青岛地铁 3 号线的多个暗挖车站的施工经验,在青岛地铁 2 号线施工时暗挖车站大量采用了拱盖

法施工工艺,该工艺是在软岩地层 PBA 法、山岭隧道双侧壁导坑法等诸多工法的基础上,结合盖挖法的特点而形成的适合硬岩地层的新的施工方法。拱盖法非常适用于硬岩地层暗挖车站施工,其充分利用围岩自身的高强度、高承载力等特点,以大拱脚持力代替 PBA 工法中的边桩或边柱,开挖时可做到不爆破或弱爆破,大大降低了车站施工开挖量,解决了硬岩地层开挖难度大的难题。

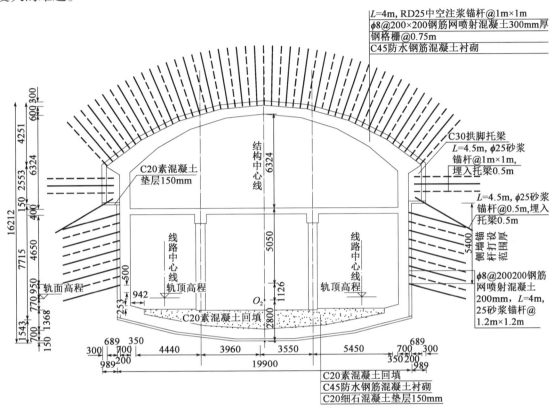

图 4-5 典型的暗挖车站开挖支护图(尺寸单位:mm)

青岛地铁 3 号线一期工程暗挖车站的埋深选择较浅,埋深范围为 5.1~15.6m,平均埋深 11.07m,车站覆岩厚度范围为 2.0~12.1m,围岩类别为 Ⅱ~Ⅳ 级,其暗挖车站除敦化路站外,一般宽度在 20m 左右,高度范围为 16~18.4m。暗挖车站断面形式以直墙单拱结构为主,支护形式均为复合式衬砌。青岛地铁 3 号线为青岛地区第一条地铁线路,在地铁建设初期,为保证施工安全,对于暗挖车站工法的选择比较保守,采用工法以双侧壁导坑法为主,部分采用拱盖法,对于超大跨车站选用塔柱式开挖。青岛地铁 3 号线暗挖车站主要开挖方法见表 4-1。

青岛地铁 3 号线暗挖车站主要开挖方法　　表 4-1

序号	站　名	工法	覆岩厚度(m)	暗挖方法	备　注
1	中山公园站	暗挖	10~12	拱盖法	直墙型,双层单拱
2	湛山站	暗挖	平均约 13.4	双侧壁导坑法	曲墙带仰拱,双层单拱
3	江西路站	暗挖	8.9~10.5	双侧壁导坑法	曲墙带仰拱,双层单拱
4	敦化路站	暗挖	9~14	暗挖塔柱法	直墙,塔柱式单拱

续上表

序号	站　名	工法	覆岩厚度(m)	暗挖方法	备　注
5	清江路站	暗挖	6.3～8.3	双侧壁导坑法	直墙型,双层单拱
6	万年泉路站	暗挖	5.1～10.1	双侧壁导坑法	直墙型,双层单拱
7	君峰路站	暗挖	7.4～15.6	双侧壁导坑法	双层单拱

但经现场实施表明,在青岛这种硬岩地层地区采用双侧壁导坑法存在如下问题:

(1)岩层强度高,开挖需要爆破,施工工序多,且工序间无法进行交叉作业,施工效率低。
(2)作业空间小,大型机械无施展空间,开挖、出渣等效率低。
(3)临时支撑体系多,且在爆破施工时易受到影响。
(4)封闭成环时间长,对于沉降控制效果差。
(5)施工缝较多,防水较难处理。

针对青岛地铁3号线暗挖车站工法选择中的经验,青岛地铁2号线暗挖车站通过增加埋深来提高围岩条件,其车站的平均埋深比3号线深2.63m。暗挖车站埋深范围为9.28～17m,平均埋深13.7m,车站覆跨比范围为0.42～0.78,覆岩厚度范围为0～18m。围岩条件的提高,使车站主体侧墙均位于岩层中,车站主要以拱盖法开挖为主,占到70%,双侧壁导坑法占20%。青岛地铁2号线暗挖车站主要开挖方法见表4-2。

青岛地铁2号线暗挖车站主要开挖方法　　表4-2

序号	站　名	工法	覆岩厚度(m)	暗挖方法	备　注
1	延安路站	暗挖	7～12	拱盖法	拱部双侧壁,下部台阶法
2	芝泉路站	暗挖	0～9	双侧壁导坑法	九步双侧墙
3	高雄路站	暗挖	5～13	拱盖法	拱部双侧壁,下部台阶法
4	徐家麦岛站	暗挖	6.75～14.2	初支拱盖法	拱部台阶法(局部CD),下部台阶法
5	海川路站	暗挖	6～15	初支拱盖法	拱部台阶法(局部CD),下部台阶法
6	同安路站	暗挖	5～8	拱盖法	拱部双侧壁,下部台阶法
7	枣山路站	暗挖	8～17	传统拱盖法	拱部CD,下部台阶法
8	李村公园站	暗挖	0～8.7	双侧壁导坑法	九步双侧墙
9	汽车东站	半明半暗	6～10	拱盖法	上部双侧壁,下部台阶法
10	环城南路站	半明半暗	8～18	台阶法	台阶法施工

通过青岛地铁2号线暗挖车站的实践,拱盖法被证明非常适合青岛地区硬岩地层浅埋暗挖大跨地铁车站的施工。

青岛地铁1号线于2016年全面开工建设,其设暗挖车站5座,在工法选择时,全部采用了拱盖法施工,双侧壁导坑法正式被淘汰。如表4-3所示。

值得一提的是,拱盖法在暗挖车站中的广泛使用,也丰富了区间隧道的施工工法,在青岛地铁1号线人衡区间、瑞气区间等局部大断面施工时,也采用了拱盖法施工。暗挖车站开挖工法的完善,也促进了区间隧道开挖工法的发展。如表4-3所示。

青岛地铁1号线暗挖车站及部分区间主要开挖方法　　　　　　表4-3

序号	车站/区间名称	工法	覆岩厚度(m)	暗挖方法	备注
1	太行山路站	暗挖	13.8～20.3	初支拱盖法	直墙、双层单拱
2	人衡区间	暗挖	22.9～30	拱盖法	直墙型、双层单拱
3	衡山路站	暗挖	16.5～18.7	拱盖法	直墙型、双层单拱
4	薛家岛站	暗挖	16.5～18	拱盖法	曲墙带仰拱，双层单拱
5	永年路站	暗挖	17.8～38.9	拱盖法	单拱双层
6	瑞金路站	暗挖	13.7～15.4	拱盖法	直墙型、双层单拱
7	瑞气区间	暗挖	17.9～18.8	拱盖法	四线大断面
8	贵州站	暗挖	6.2～7.0	拱盖法	直墙形，双层单拱
9	西镇站	暗挖	15.7～23.6	拱部超前小导洞扩挖下部台阶法	直墙形，双层单拱
10	中山路站	暗挖	13.4～18.7	初支拱盖法	单拱直墙双层结构
11	广饶路站	暗挖	11.5～21.5	初支拱盖法	单拱直墙双层结构
12	江苏路站	暗挖	3.8～21.3	初支拱盖法	单拱直墙双层结构
13	海泊桥站暗挖段	暗挖	15.2～15.6	拱盖法	直墙形(底部转角弧形)，双层单拱，局部3层单拱
14	小村庄站	暗挖	9.5～17.5	拱盖法	单拱曲墙双层结构
15	北岭站	暗挖	19～24	拱盖法	单拱曲墙双层结构
16	水清沟站	暗挖	16.6～20.6	拱盖法	单拱直墙双层结构
17	开封路站	暗挖	7～8	改造法	直墙形，双层单拱
18	安顺路站	暗挖	15.5～17	拱盖法	单拱曲墙双层结构

拱盖法根据二次衬砌施工时间可分为初支拱盖法(顺作法)和二衬拱盖法(逆作法)，而两种方法结合的拱部二衬拱盖法(半逆作半顺作)也在暗挖车站施工中得到广泛的应用。

二衬拱盖法(逆作法)：在导洞贯通后先扣初期支护拱盖，然后再施作拱部二衬，土石方开挖至中板以下，施作中板及以上侧墙，继续下挖土石方至基底，施做底板及中板以下侧墙。

拱部二衬拱盖法(半逆作半顺作)：在导洞贯通后先扣初期支护拱盖，接着施作拱部二衬扣拱施工，然后在主体结构拱盖的保护下直接开挖至基底，顺做主体结构底板、侧墙和中板。

初支拱盖法(顺作法)：在导洞贯通后先扣初期支护拱盖，不进行拱部二衬扣拱施工，直接开挖至基底，顺做主体结构底板、侧墙、中板和拱盖全部主体结构。

暗挖车站主要工法对比见表4-4。暗挖车站初支拱盖法主要演变过程如图4-6所示。

暗挖车站主要工法对比表　　　　　　表4-4

工法名称	工序	废弃工程量	交叉施工	施工工期(d)	注意要点
双侧壁导坑法	多	多	多	26～30	施工相对安全，沉降控制效果差，适应复杂地层能力强。造价高，大量临时支撑需要拆除，注意力的转换
二衬拱盖法	较多	较多	较多	20～24	对地层扰动少、造价较低；拱脚施工缝易漏水，全拟作法需要对已做中板结构进行保护
拱部二衬拱盖法	较少	较多	较少	16～20	对地层扰动少、造价较低；需注意大拱脚下高边墙围岩的稳定性，对地层依赖度较高
初支拱盖法	少	少	少	12～16	初支工序转换次数少，造价低，安全性较好，二衬整体性好，施工效率高；需注意大拱脚下高边墙围岩的稳定性，对地层依赖度高

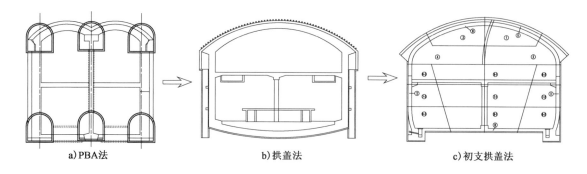

图 4-6 暗挖车站初支拱盖法主要演变过程

4.3 硬岩地层暗挖车站施工技术

4.3.1 暗挖车站主要开挖方法

1）台阶法

(1) 概述

台阶法开挖，即将暗挖车站开挖断面分为多个台阶进行开挖，因暗挖车站断面较大，一般分为上中下三个台阶分步开挖，仰拱紧跟下台阶并及时闭合成环。采用该法施工时，在上、中、下各台阶形成一定的步距，而且同一台阶左右工作面形成相互错开后，即可在各工作面按每循环进尺进行平行流水作业，上台阶、中台阶在挖掘机扒渣完成后可及时进行钢架安装等下道工序的施工，可节约循环时间。施工时开挖循环进尺根据围岩情况确定，各台阶步距宜控制在 5～8m，同一台阶左右工作面错开不少于 2 榀钢架。施工步序详见图 4-7～图 4-9。

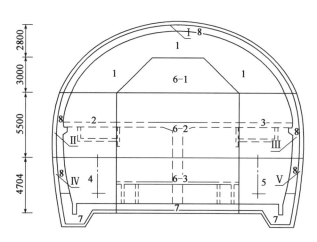

图 4-7 台阶法施工步序一（尺寸单位：mm）

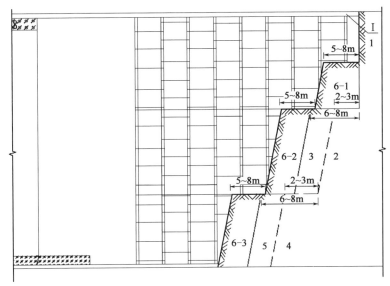

图 4-8 台阶法施工步骤二

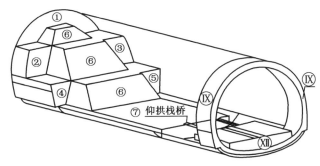

图 4-9 台阶法施工步骤三

(2) 上导坑施工

采用微振动控制爆破开挖图中的①部(环形开挖并预留核心土,由于开挖断面大,核心土留成台阶状,在保证维持掌子面稳定的前提下,兼作为工作平台,以便于进行格栅安装、喷射混凝土操作),开挖后立即初喷 4cm 厚混凝土,封闭作业面,然后架立钢架,安装钢筋网片及连接钢筋,钻设径向系统锚杆和锁脚锚杆并将钢架和锁脚锚杆焊接牢固后,复喷混凝土至设计厚度,形成较稳定的承载拱。

(3) 中、下导坑施工

在上导承载拱作用下,进行中、下导施工。中、下导按以下方式开挖:

首先开挖图中的②部,然后再开挖图中的③部,使同一台阶左右工作面错开一定的距离(一般控制在 2 榀钢架间距),严禁同一台阶侧墙对挖,使拱架悬空。

下导的开挖同中导的施工相同。最后施工⑥、⑦部,完成初期支护的全环封闭。

(4) 施工控制要点

①加强对技术及施工人员的培训,提高全体参建人员的安全、质量意识,尤其加强一线作业人员教育培训工作。

②坚持"弱爆破、短进尺、强支护、早封闭、勤量测"的原则。车站开挖中,在每次开挖后及

时观察、描述围岩裂隙结构状况、岩体软硬程度、出水量大小,核对设计情况,判断围岩的稳定性。根据地质情况及时调整施工方法、开挖进尺,杜绝盲目冒进。

③开挖作业时,根据岩体稳定状态合理确定中、下导中部(即工序说明中⑥部)的拉槽长度及宽度,防止边墙位移,引发塌方事故。在围岩稳定性较好时,提高光爆效果,减少超欠挖,加快施工进度。

④边墙马口严禁对称开挖,错开距离不小于 2 榀钢架间距。

⑤控制好各台阶长度,各台阶步距一般以 3～5m 为宜,便于机械操作,尤其是节省上台阶挖掘机的扒渣时间,进而加快施工进度。

⑥每循环进行测量放样检查,及时调整爆破参数,严格控制超欠挖,要求平均线性超挖不大于 10cm,最大超挖不大于 15cm。

⑦在挖掘机扒渣过程中注意不得碰撞已施工好的初期支护,防止破坏初支而引发塌方事故。

⑧注意各工序均衡生产,使初支尽快封闭成环。

2)双侧壁导坑法

(1)双侧壁导坑法概述

双侧壁导坑工法是一项边开挖边支护的施工技术,施工步序见图 4-10、图 4-11。其原理是:利用 2 个中隔壁把整个隧道大断面分成左、中、右 3 个小断面施工,左、右导洞先行,中间断面紧跟其后;初期支护仰拱成环后,拆除两侧导洞临时支撑,形成全断面。两侧导洞皆为倒鹅蛋形,有利于控制拱顶下沉。该方法在黏性土层、砂层、砂卵层及大断面隧道浅埋段等环境得到广泛的应用。双侧壁导坑工法根据围岩的不同、断面的大小,通常可分为 6 步开挖法和 9 步开挖法。

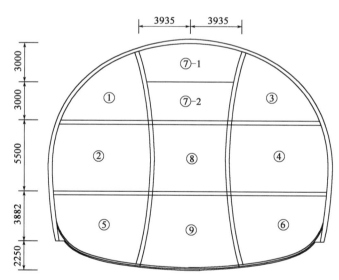

图 4-10 双侧壁导坑法施工步序一(尺寸单位:mm)

(2)施工过程

第一步:开挖①部,开挖后立即喷 4cm 混凝土封闭作业面,然后按设计要求架设钢架和临时钢架,并钻设系统和设锁脚锚杆,安设横撑,复喷混凝土至设计厚度,加固围岩。

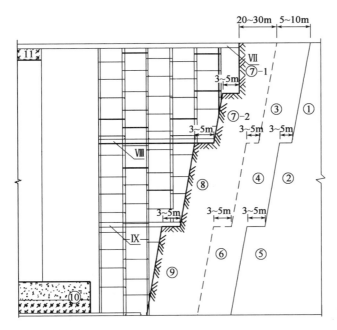

图 4-11 双侧壁导坑法施工步骤二

第二步:开挖②部,开挖后立即喷 4cm 混凝土封闭掌子面及导坑周边部分,接长钢架和临时钢架,并钻设系统和设锁脚锚杆,安设横撑,复喷混凝土至设计厚度。

第三步:开挖③部,施作导坑周边的初期支护和临时支护,步骤及施工工序同第一步。

第四步:开挖④部,施作导坑周边的初期支护和临时支护,步骤及施工工序同第二步。

第五步:开挖⑤部,接长钢架和临时钢架,并钻设系统和设锁脚锚杆,复喷混凝土至设计厚度。

第六步:开挖⑥部,施作导坑周边的初期支护和临时支护,步骤及施工工序同第五步。

第七步:分台阶开挖⑦部,安装拱部格栅钢架,并钻设系统锚杆,喷射混凝土至设计厚度。

第八、九步:根据施工进度,实施开挖,缩短与上台阶距离,为尽快施工仰拱提供条件。

(3)施工控制要点

①加强对技术及施工人员的培训,提高全体参建人员的安全、质量意识,尤其加强一线作业人员教育培训工作。

②坚持"弱爆破、短进尺、强支护、早封闭、勤量测"的原则。隧道开挖中,在每次开挖后及时观察、描述围岩裂隙结构状况、岩体软硬程度、出水量大小,核对设计情况,判断围岩的稳定性。根据地质情况及时调整施工方法、开挖进尺,杜绝盲目冒进。

③开挖作业时,侧壁导坑、中槽部位采用短台阶开挖,各部距离根据岩体稳定状态合理确定。各部开挖后及时进行初期支护和临时支护,防止边(侧)墙位移,引发塌方事故。

④两侧壁导坑超前中槽部位 20～30m,可独立同步开挖和支护;中槽部位采用台阶法开挖并保持平行作业。

⑤中槽开挖后,拱部格栅与侧壁格栅的连接是难点,在两侧壁导坑施工中,格栅钢架的位置必须准确定位,确保各部架设格栅连接后在同一垂直面内,避免钢架发生扭曲。

⑥加强监控量测,信息化指导施工。特别是要以数据指导临时支护的拆除时间,步步为营,以策万全。

⑦注意各工序均衡生产,使初支尽快封闭成环。

(4)双侧壁导坑法施工步序优化

按照一般设计标准步序,在开挖左右导洞"①""②""③""④"时,临时仰拱随挖随做。为了避免爆破施工炸毁临时仰拱情况的出现,施工过程中可对开挖步序给予一定调整优化:

第一步:开挖①部,开挖后立即喷4cm混凝土封闭作业面,然后按设计要求架设钢架和临时钢架,并钻设系统和锁脚锚杆,复喷混凝土至设计厚度,加固围岩。

第二步:开挖②部,开挖后立即喷4cm混凝土封闭掌子面及导坑周边部分,接长钢架和临时钢架,并钻设系统和锁脚锚杆,安设顶部横撑,喷混凝土至设计厚度。

第三步:开挖③部,施作导坑周边的初期支护和临时支护,步骤及施工工序同第一步。

第四步:开挖④部,施作导坑周边的初期支护和临时支护,步骤及施工工序同第二步。

第五步:开挖⑤部,接长钢架和临时钢架,安设顶部横撑,钻设系统和锁脚锚杆,复喷混凝土至设计厚度。

第六步:开挖⑥部,施作导坑周边的初期支护和临时支护,步骤及施工工序同第五步。

第七步:分台阶开挖⑦部,安装拱部格栅钢架,并钻设系统锚杆,喷射混凝土至设计厚度。

第八、九步:根据施工进度,实施开挖,缩短与上台阶距离,为尽快施工仰拱提供条件。

以上步序需要加强监控量测,严格执行信息化指导施工,出现异常及时处理,以策万全。

3)二衬拱盖法

二衬拱盖法也称为全逆作法方案,即在导洞贯通后先扣初期支护拱盖,然后再施作拱部二衬,土石方开挖至中板以下,施作中板及以上侧墙,继续下挖土石方至基底,施作底板及中板以下侧墙。二衬拱盖法是拱盖法的最初形式,初支拱盖法和拱部二衬拱盖法都是在其基础上演变而来的,但对于硬岩地层暗挖车站,全拟作法因拱部以下开挖及主体工序交叉多,施工效率较其他拱盖法低,所以应用较少。

(1)车站拱部开挖

车站拱部开挖时,上、下导洞错开距离3~5m,左、右导洞错开距离15m。大拱脚施工前应清理干净基面松散围岩,施作锚杆与拱架可靠连接。车站拱部施工步序平面图如图4-12所示,车站纵向施工步序剖面图如图4-13所示。

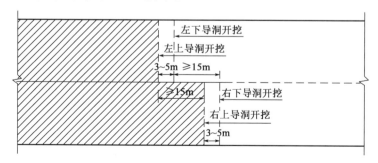

图4-12 车站拱部施工步序平面图

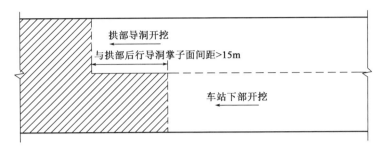

图 4-13 车站纵向施工步序剖面

①拱部 CD 法开挖。

第一步:开挖左上导洞岩体,立即初喷混凝土 40mm 封闭围岩,施作锚杆、格栅钢架以及竖向临时支撑,安装钢筋网片,喷射混凝土。如图 4-14 所示。

第二步:开挖左下导洞岩体,立即初喷混凝土 40mm 封闭围岩,施作锚杆、格栅钢架以及竖向临时支撑,安装钢筋网片,喷射混凝土,上下台阶错开宜为 3~5m,扩大拱脚处设置锁脚锚杆,与格栅钢架进行可靠连接。如图 4-15 所示。

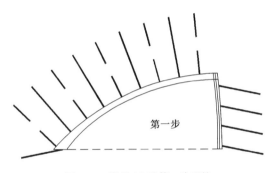

图 4-14 拱部 CD 法第一步开挖

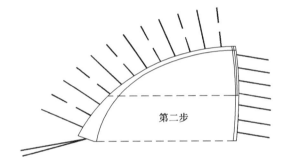

图 4-15 拱部 CD 法第二步开挖

第三步:开挖右上导洞岩体,立即初喷混凝土 40mm 封闭围岩,施作锚杆、格栅钢架以及竖向临时支撑,安装钢筋网片,喷射混凝土,两侧掌子面错开长度不应小于 15m。如图 4-16 所示。

第四步:开挖右下导洞岩体,立即初喷混凝土 40mm 封闭围岩,施作锚杆、格栅钢架,以及竖向临时支撑,安装钢筋网片,喷射混凝土,两侧掌子面错开长度不应小于 15m,扩大拱脚处设置锁脚锚杆,与格栅钢架进行可靠连接。如图 4-17 所示。

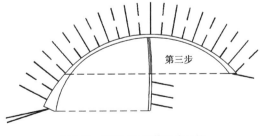

图 4-16 拱部 CD 法第三步开挖

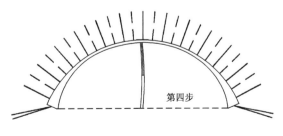

图 4-17 拱部 CD 法第四步开挖

②台阶法开挖。

车站拱部围岩较好时常选择台阶法开挖,台阶法开挖工序简单,不用拆除临时结构,所以施工效率高。

第一步:开挖环形导洞中部岩体,立即初喷混凝土 40mm 封闭围岩,施作锚杆、格栅钢架,安装钢筋网片,喷射混凝土。如图 4-18 所示。

第二步:开挖环形导洞下部岩体,立即初喷混凝土 40mm 封闭围岩,施作锚杆、格栅钢架,安装钢筋网片,喷射混凝土,扩大拱脚处设置锁脚锚杆,与格栅钢架进行可靠连接。如图 4-19 所示。

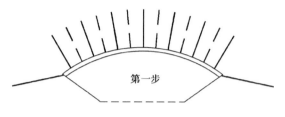
图 4-18 拱部台阶法第一步开挖

图 4-19 拱部台阶法第二步开挖

(2)车站拱部二衬施工

当采用 CD 法或双侧壁导坑法进行拱部施工时,先分段拆除临时支撑(一次拆撑长度一般不大于 6m),施工拱部防水层及模筑二次衬砌,注意加强对拱部二衬施工缝出防水板(卷材)、止水带等细部结构保护。如图 4-20 所示。

(3)车站下部开挖及主体结构施工

第一步:采用台阶法开挖,随挖随施作初期支护,至中板以下后施作中板以上侧墙结构及车站中板。如图 4-21 所示。

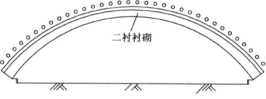
图 4-20 拱部二次衬砌施工

第二步:采用台阶法继续向下开挖,随挖随施作初期支护,分层施作底板防水层及底板,然后施作侧墙防水层及侧墙。如图 4-22 所示。

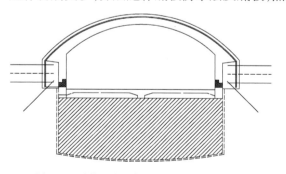
图 4-21 逆作法施工车站中板及中板以上侧墙

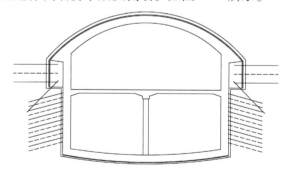
图 4-22 逆作法施工车站中板以下侧墙及底板

二衬拱盖法即全逆作法,相对于 PBA 工法来说工序较少,减少了导洞数量,但工序仍较繁琐,尤其对于大跨或双跨结构车站,需要参考 PBA 工法,先施作下导洞,然后施工中柱。

4)初支拱盖法

初支拱盖法是在导洞贯通后先扣初期支护拱盖,不进行拱部二衬扣拱施工,直接开挖至基底,顺做主体结构底板、侧墙、中板和拱盖全部主体结构。导洞开挖方式一般有双侧壁导坑法、CD 法、台阶法等几种工法,在工法选择时应根据地质状况灵活掌握。

(1) 车站拱部开挖

初支拱盖法车站拱部开挖方法与二衬拱盖法相同,但初期支护需要承受大跨车站结构拱部荷载,所以很多车站对初期支护强度进行加强,以确保暗挖车站施工中的安全(图 4-23)。

①施作超前支护,开挖环形导坑右侧导洞岩体,立即初喷混凝土4cm厚封闭围岩;施作锚杆、架立第一层初支格栅拱架及竖向临时钢拱架、绑扎钢筋网、喷射混凝土。相邻导洞错开不应小于15m

②分部施工拱部第一层混凝土模筑衬砌,加强拱部施工支护,浇筑前在拱脚设置锁脚注浆锚杆,端头锚固现浇混凝土衬砌中。待第一层模筑衬砌达到设计强度支护,分段拆除竖向临时钢支撑

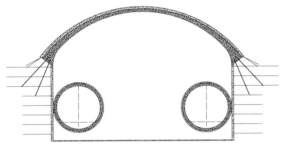
③开挖至洞底高程后,施工底板垫层,等待TBM通过车站后开始顺做法施作主体结构

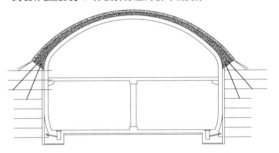
④浇筑底板,采用衬砌模板台车,浇筑侧墙及拱顶第二层衬砌

图 4-23 初支拱盖法拱部初支加强工序图

如青岛地铁 2 号线海川路站,该站为暗挖车站,采用初支拱盖法施工,但车站两端区间均采用 TBM 施工,TBM 通过车站方式为先站后隧,车站初支完成,二衬施工前 TBM 步进过站。为加强拱部施工支护,在车站拱部开挖及初期支护完成后,先浇筑第一层混凝土模筑衬砌,后拆除拱部内临时支护,逐台阶向下开挖至底部,待 TBM 通过车站之后,顺做浇筑底板、侧墙及拱顶混凝土结构。

(2) 车站下部开挖

初支拱盖法大拱脚下部开挖宜分层、分台阶、分段进行,以青岛地铁 1 号线太行山路站为例:开挖顺序先中心后两侧,先在中部拉槽,后开挖两侧,两侧开挖过程中,在裂隙发育处施打锚杆,以加强拱盖大拱脚梁下基岩的稳定性,开挖两侧墙时,使用松动爆破或减振爆破,确保拱盖大脚梁下基岩的完整性,减少拱部初支混凝土的扰动。

施工控制要点:

①对拱脚下部开挖应进行分层、分段跳挖的方式进行开挖。

②在进行爆破作业时,对侧墙下层部位进行松动或减振爆破,保证基岩的稳定性和完整性。

③对开挖完成面立即进行挂网喷浆,严禁裸露过长时间。

第一步:用台阶法先在中部拉槽,根据开挖深度可设 2~4 个台阶,拉槽采用放坡开挖,一次拉槽长度不宜过长。如图 4-24 所示。

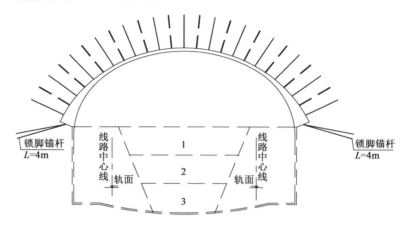

图 4-24　初支拱盖法下部开挖步序一

第二步:开挖两侧,两侧开挖过程中,对直墙结构应及时初喷混凝土,在裂隙发育处施打锚杆,以加强拱盖大拱脚梁下基岩的稳定性,开挖后及时施作初支结构。如图 4-25 所示。

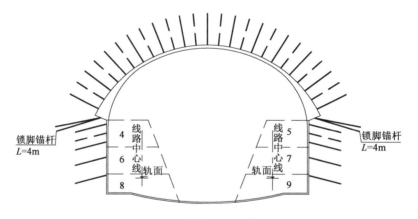

图 4-25　初支拱盖法下部开挖步序二

(3)顺做法施工车站主体结构

第一步:待开挖至仰拱高程后,施工垫层、铺设防水板(卷材)及其保护层,绑扎二次衬砌钢筋,浇筑仰拱及部分侧墙混凝土。如图 4-26 所示。

第二步:铺设防水板(卷材),绑扎二次衬砌钢筋,模筑侧墙及拱顶混凝土,侧墙和拱顶可采用二衬台车一次成型,也可采用组合小模板分段分层进行施工。如图 4-27 所示。

第三步:暗挖车站内部结构及回填混凝土施工。如图 4-28 所示。

5)拱部二衬拱盖法

(1)拱部二衬拱盖法工艺概述

根据青岛"上软下硬"的地层特点,充分利用硬岩地层承载能力高的特点,以大拱脚边墙断面结构形式为主,在穿越断层破碎带及节理发育密集带处采用单拱直墙复合式衬砌。拱盖下方围岩普遍较好,所以拱部二衬拱盖法在青岛暗挖车站应用广泛。

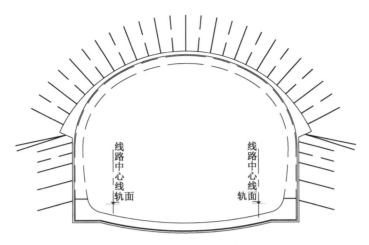

图 4-26 初支拱盖法主体结构施工步序一

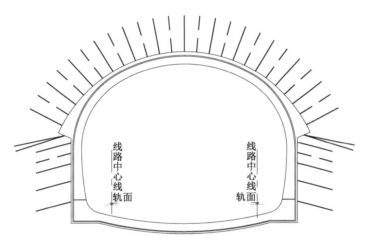

图 4-27 初支拱盖法主体结构施工步序二

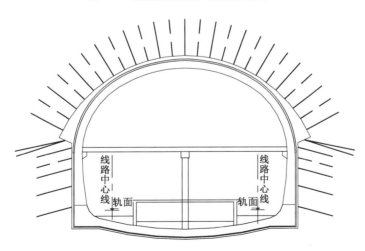

图 4-28 初支拱盖法主体结构施工步序三

大拱脚边墙断面结构形式拱部二衬拱盖法的施工步骤如表4-5所示。

大拱脚边墙断面结构形式拱部二衬拱盖法施工步骤　　　　表4-5

序号	施工步骤示意图	说　　明
1		施作超前支护,分步开挖上断面左右侧岩体,并架立格栅拱架及临时支撑
2		上断面中部岩体,并架立格栅拱架及时施工临时支护
3		分段拆除临时支撑(一次支撑长度不得大于6m),施工拱部防水层及模筑二次衬砌
4		采用控制爆破技术,按1~6顺序开挖下半断面并及时施工初期支护
5		施工边墙防水层及模筑二次衬砌
6		施工车站内部结构及装修

(2)车站主体上弧断面开挖

一般从车站两端风道施作超前支护,开口破除马头门,上弧断面可采用双侧壁导坑法开挖,具体做法见施工步骤图,左右两个导洞断面错开不宜小于10m。开挖后及时架设上弧初衬格栅,然后采用台阶法开挖上弧中部,并设临时竖向支撑和底部横撑,纵向采用钢筋将格栅连成整体,环向间距1m,挂网喷射早强混凝土。通过地下管线等敏感地段,采取大管棚、双排小导管注浆、密排格栅等措施。

由于车站埋深一般在10m左右,车站拱顶处于强风化花岗岩中,上部为人工填土、粗砾砂层,地层软弱且透水性强;在车站拱部开挖时,控制地表沉降,防止施工过程中的坍方、突水是极为重要的。采取的措施主要如下:

①做好超前探测。

TSP超前探测:对地下车站结构进行TSP超前探测,对断层破碎带、裂隙发育带、岩性界面处进行重点探测。

超前探孔:全隧施工中,在每个开挖循环,通过加深炮孔,对隧道掌子面前方进行超前探测。

超前地质钻孔:对勘察期间发现的断层破碎带、裂隙发育带、侵入岩与喷出岩接触带、岩埋出露带及其他预报手段探测到的异常地段,采用地质超前钻孔,进行超前探测。

地质分析:对全隧道进行地质素描,记录现场揭露的地质信息,并综合上述各种探测方法获得的地质信息,通过综合分析,预测预报前方工程地质及水文地质条件。

②车站拱部采用大管棚和超前小导管进行加固。

③做好初期支护背后的回填注浆。

④对地层沉降进行动态控制,即将总沉降控制目标分解到每个主要的施工工序中去,这样每一步施工都有明确的地层沉降控制标准,一旦某一阶段施工后,地层沉降超过允许值,则对后续的施工方案进行调整。

(3)拱部二衬施工

当初支收敛小于0.2mm/d时,开始进行大弧扣拱施工。先分小段拆除临时支撑,结合监测信息确定是否需要换撑。扣拱采用定型拱架、钢模板、碗扣支架,每段衬砌长9m,混凝土采用输送泵泵送入模,对称水平浇筑,采用插入式振捣器振捣,保证混凝土内实外美。注意钢筋绑扎时保护好防水板(卷材),并预留边墙连接筋。

(4)主体下部土石方开挖(爆破)与侧壁支护

下部开挖时,先进行中间部分拉槽爆破开挖,然后设立通长的竖向支撑后,再进行两侧的爆破开挖(采用松动爆破,振动小)。土体采用人工开挖、浅眼松动爆破、配合挖掘机开挖,渣土由小型机械运输到竖井口,提升到存土场堆放、外运。中部拉槽采用浅孔台阶控制爆破,周边采用光面爆破,以减少对侧壁围岩的扰动。

(5)车站主体二衬施工

主体二衬采取拱部逆作(先戴帽),下部结构顺作。当挖至洞底高程后进行封底,铺设防水板(卷材),绑扎底板钢筋,浇筑底板混凝土,然后依次施作侧墙、中间柱和中板结构。车站主体结构的底板、侧墙和中柱的二衬施工工艺、接地的施工、孔洞的预留预埋等施工工艺与宁夏路站类似。

(6)车站主体逆作缝的施工

主体二衬采取拱部逆作(先戴帽),下部结构顺作,因此,侧墙与车站顶拱的拱脚连接成为一个关键点,逆做边墙的施工缝的防水处理和混凝土的浇筑质量为施工控制重点,此处逆作接缝处理不好,将会直接影响到车站的整体防水效果。具体做法如下:

第一步:对边墙上部已完成部分的施工缝进行凿毛处理,除去浮浆、杂质,露出新鲜的混凝土面。在清除干净的混凝土表面设置嵌缝胶,埋设注浆管。施工时必须把注浆管与混凝土表面固定牢固。

第二步:安装边墙模板。

第三步:混凝土浇筑时应按照边墙预留的台阶逐层浇筑,充分振捣。

第四步:边墙混凝土达到养护强度后达到拆模。

第五步:凿除逆做施工缝多浇筑部分混凝土。

4.3.2 暗挖车站风井(竖斜井)设置

暗挖车站施工总体方法和暗挖隧道类似,但一般不用单独设置临时竖斜井,可利用车站两端的风井作施工竖井,利用风道作施工通道,也可利用出入口设斜井;因暗挖车站开挖量较大,宜从车站两端向中间施工,掉转施工方向,施工与风道交接处主体结构,最后施工风道、风井。

竖井采用倒挂井壁法施工,初期支护体系采用锚喷混凝土加格栅钢架的支护形式。

在完成井窝、集水坑、底板等井底设施后,即转入竖井防水、二次衬砌施工。风井、风道的防水等级为一级,风井的施工防水一般采用全包防水,防水板(卷材)铺设采用无钉孔铺设双焊缝施工工艺,缓冲层采用 $400g/m^2$ 的土工布,水平施工缝采用中埋式遇水膨胀腻子条,竖向施工缝采用中埋式橡胶止水带。在灌注二次衬砌之前,严格检查防水板(卷材)有无损坏,发现之后及时修补。铺设完成防水板(卷材)后根据施工图纸的要求绑扎竖井井身钢筋、要求搭接长度及位置满足规范的要求,在钢筋绑扎过程中注意保护防水板(卷材),经检查合格之后才能灌注二次衬砌。混凝土施工时自下而上分三段进行衬砌。在马头门处按施工通道断面尺寸预留出与马头门衬砌搭接防水板(卷材)及钢筋,以与后来施作的马头门衬砌的防水板(卷材)及钢筋进行搭接。竖井井身上的预留孔洞或预埋套管,均在混凝土施工完成之前预埋好。

4.3.3 风道施工

【工程实例】 青岛地铁 3 号线江西路站风道施工案例。

工程背景:青岛地铁 3 号线江西路站暗挖车站设东南、西北两个风道,均为单跨双层拱形结构,复合式衬砌,采用 CRD 法施工。

1)风道土方开挖工艺

(1)用多台激光指向仪控制开挖中线及水平,确保开挖断面圆顺,格栅位置架立正确。

(2)开挖初支严格遵循浅埋暗挖法"管超前、严注浆、短进尺、强支护、快封闭、勤量测"的十八字方针。

(3)尽可能缩短台阶长度,初支及早封闭成环。两侧洞必须同步进行开挖初支,通过中洞临时支撑连成一体,以减少偏压。

(4) 各竖向相邻小洞室台阶长度为 3~5m，水平相邻小洞室掌子面保持 8~10m 的距离。

(5) 每循环开挖进尺 0.5~0.75m，拱部采用环形导坑开挖预留核心土。

(6) 为确保施工安全，要求开挖掌子面进行刷坡，不得陡于 2∶1，并用喷混凝土封闭掌子面。

(7) 由于开挖步骤多，土体多次扰动，要求在每小洞室拱脚布设锁脚锚管，注浆加固，减少沉降。

(8) 由于分多部开挖，要求格栅刚架连接板布置合理，加工精密，临时支撑为螺栓连接，要确保其连接质量。

2) 风道二衬混凝土施工工艺

(1) 底板混凝土施工。

底板钢筋施工完并经监理检查验收合格后，方可施工混凝土。每次浇筑长度 30m 左右。采用泵送混凝土施工。

(2) 边墙及拱顶（顶板）衬砌。

洞室洞身衬砌采用自制衬砌台架拼装组合钢模施工。台架长度为 4~10m，根据现场实际断面形式具体确定，模板为特制加厚钢模，表面平整、光洁。

(3) 台架拼装。

底板混凝土达到一定强度后，开始拼装台架，衬砌台架采用工字钢加工而成，拱架间用拉杆连接，拱架间距 1.0m，挡头板采用特制钢板，以防挡头部位漏浆、跑模。

(4) 混凝土衬砌注意事项。

洞室衬砌施工前必须复核断面尺寸，保证衬砌厚度。同时检验防水层铺设是否符合要求，有无破损，衬砌钢筋保护层厚度能否满足要求。如有上述任何一项问题，不得进行衬砌施工，必须经处理满足规范要求后方可进行施工。衬砌台架端头挡头模板必须与模板台架、外侧拱壁嵌塞紧密，其间孔隙必须采取封堵措施，防止衬砌施工中漏浆，影响混凝土质量。

混凝土采用输送泵泵送入模，边墙及顶板采用插入式振捣器振捣，拱部采用附着式振动器振捣。混凝土浇筑应连续进行，对称水平浇筑，不得出现水平和倾斜接缝。如混凝土浇筑因故中断，则在继续浇筑施工前，必须凿除已硬化的前层混凝土表面松软层及水泥砂浆薄膜，并将表面凿毛，用高压水冲洗干净。混凝土拆模时，其强度必须达到规范规定的强度后才能进行，拆除模板后应立即进行养护，养护时间不少于 14d。混凝土施工前，根据设计要求布置预埋件，预留孔洞，并复核其位置。在施工过程中监测其位置及形状变化，必要时采取措施处理。

3) 风道进入车站主体交接段施工方法

在风道与车站正洞交叉口，靠车站一侧，按车站初期支护轮廓，施作加强环框，加强环用于进车站开洞受力转换，在风道施工的同时，在车站一侧进行加强环施工，加强环采用现场架力钢筋及喷射 C25 混凝土。当其达到设计强度后，方可进洞开挖，开洞加强环梁在加强环内一起绑扎施作。

具体施工时，先在风道侧墙上标出车站断面的位置，开始进洞施工前在风道内，按车站开挖断面的初期支护轮廓并排架设钢筋，搭接使用焊接，焊接部位采用在车站格栅钢架上焊接连接钢板，并挂网喷 C25 混凝土，形成一个新的受力整体。

完成新的支撑体系后，开始破除风道的格栅钢架，风道格栅破除时，顶部格栅钢架悬空，预先预制"L"形钢筋,并根据弧形变化情况,制作竖向格栅钢架,通过"L"形钢筋和竖向变化长度形式的格栅将拱顶的格栅与车站断面的格栅连接成一个整体。进洞前沿主体拱部施作超前管棚,管棚选用 $\phi 76$ 中空自钻式管棚,由对口丝扣联结。钢管环向间距为400mm。根据洞内作业条件和施工机具性能,大管棚采用4m的管节,由对口丝扣联结。

大管棚施工由管棚室开挖及支护、超前小导管施工、施作套拱、钻机就位、钻孔、清孔验孔、安装管棚钢管、穿入钢筋笼、孔口密封处理和注浆等工序组成。洞口管棚示意图如图4-29所示。

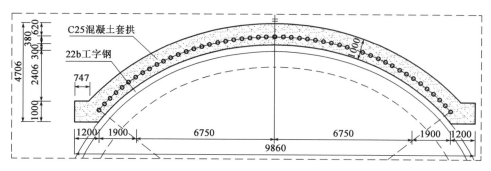

图4-29 洞口管棚示意图(尺寸单位:mm)

(1)管棚室开挖及支护

管棚室开挖支护在地表防排水设施完成后开始施工,开挖是从上至下分级分片依次有序进行,做到随挖随护,及时封闭坡面,要避开雨天开挖。

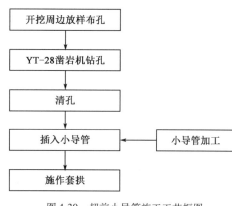

图4-30 超前小导管施工工艺框图

(2)超前小导管

为保证洞口施工安全,增加超前小导管加强支护措施。在隧道拱部110°范围内沿钢架外缘打设 $\phi 42$ 小导管超前支护,小导管每根长3.5m,与钢架连接为整体,环向间距40cm。提前加工成注浆花管,小导管与拱顶纵剖面线交角为15°。开挖前采用YT-28风动凿岩机沿拱架外缘施钻,成孔后安装超前小导管,端部与钢拱架焊接牢固。为减少围岩结构的干扰,小导管采用双液浆进行注浆,加固围岩体系,增强小导管的刚度。超前小导管施工工艺如图4-30所示。

(3)施作套拱

在明暗挖交界处设置长1.4m、厚1m的C25混凝土套拱。具体施工方法为:

①在明暗挖交界处,当仰坡开挖至起拱线后,预留核心土作为工作平台,人工配合挖掘机开挖两侧边墙,拱脚基础预留30cm人工修整成型,保证套拱基础置于稳定的基岩上。

②测设隧道中心线和套拱底高程,检查无误后,按照设计要求,沿开挖轮廓线外8cm架立3榀I22b型钢,间距为0.45m,最里面的一榀距仰坡面25cm放置,最外面的一榀距套拱边缘25cm,纵向采用C22钢筋焊接固定,连接筋环向间距1.0m。

③在钢拱架上按设计要求将管棚钢管 $\phi 150$ 孔口管用 $\phi 16$ 固定钢筋双面焊接固定好(焊

缝长度大于5d),使钢拱架与孔口管形成整体。

④支设外模(用木模),型钢拱架支撑。当外模支撑加固经检查确认牢固安全后,开始浇筑C25混凝土,为使模筑套拱混凝土尽早达到设计强度,在混凝土中加入一定量的早强剂。

⑤大管棚套拱混凝土浇筑完后要及时进行养护。

⑥套拱模板的安装:

a.模板采用木模,木板首先要刨光,边缘整齐,保证搭接缝平顺紧密,防止出现漏浆现象。

b.在拱架上沿套拱轮廓焊接3排环向C22钢筋作为模板支撑,另外在模板背布置3排环向C22钢筋作为模板加固环,为保证混凝土表面光洁圆顺,底模及边模内侧钉设地板格,展铺平顺。

c.底模及边模要采用方木或钢管作临时支撑,防止浇筑混凝土时出现胀模现象。

⑦采用以下方法保证套拱施工后不侵入隧道限界:

a.为保证套拱基础稳固,保证管棚施工过程中套拱不偏移、不沉降,必要时增加一些临时支撑。

b.混凝土套拱作为大管棚导向墙必须严格放线、定位测量。

c.孔口管作为大管棚导向管,它安设的平面位置、倾角、外插角的准确度直接影响管棚质量。焊接固定它前用全站仪以坐标法在工字钢架上定出其平面位置,用水准尺配合坡度板设定孔口管倾角,用前后差距法设定孔口管外插角。孔口管牢固焊接在工字钢拱上,防止浇筑混凝土时产生位移。

(4)钻机就位

①核心土的预留以方便套拱施工和管棚钻孔为原则。

②移动钻机至钻孔部位,调整钻机高度,将钻杆放入套拱孔口管中,用全站仪、挂线、钻杆导向相结合的方法,反复调整,精确核定钻机位置,确保钻机钻杆轴线与孔口管轴线相吻合。

(5)钻孔

①钻孔由两台钻机由高孔位向低孔位对称进行,可缩短移动钻机时间,便于钻机定位。为了能顺利安装管棚钢管,钻头直径选用$\phi 115$。

②钻机定位用全站仪量测,钻杆方向和角度满足设计要求后方可开钻,钻孔开始时选用低档,待成孔1.0m后适当加压,退出接钻杆,继续钻进。

③钻孔过程始终注意钻杆角度变化,保证钻机不移位。每钻进5m用仪器复核钻孔角度是否正确,以确保钻孔方向。钻孔偏斜过大,用特殊钻头等适合修正各种偏斜的方法进行修正。如:向下偏斜,在偏斜部分填充水泥砂浆,等水泥砂浆凝固后再从偏斜开始处继续钻进;向上偏斜,采用特殊合金钻头进行再次钻进。

④钻进过程经常用坡度尺测定其位置,根据钻机钻进状态及时判断成孔质量,及时处理钻进过程出现的坍孔、卡钻事故。

⑤钻机在钻进中要确保动力器、扶正器、合金钻头按同心圆钻进。

⑥认真作好钻进过程原始记录,及时对孔口岩屑进行地质判断、描述,以此作为洞身开挖的超前地质预报。

⑦钻孔时注意事项:

a.若钻进过程阻力较大,可退回1m左右,多次反复,阻力减小后继续钻进。初钻用低压顶进,以保持方向,防止孔位偏斜。

b. 套管与钻具同时跟进,产生护孔功能,避免钻杆在提出孔后产生塌孔事故,提供临时护孔,方便往孔内插管注浆。

c. 钻孔完结后,先把套管内孔注水清洗洁净后,再把钻杆取出。套管仍保留在孔内供护孔作用。

d. 钻杆取出采用钻架配置的液动夹头,进行夹紧及卸拧钻具丝扣,避免使用手动扳手操作。

e. 钢管插进完毕后,取出套管,钻进其他孔眼。套管取出时,冒落的岩土会于孔内压紧钢管。钢管口与孔口周壁用水泥密封。

f. 先用钻机钻深孔,达到设计要求,钻杆用连接套接长,直至钻至比设计孔深长 0.5m。

g. 钻孔达深度要求,依次拆卸钻杆。

(6) 清孔验孔

① 钻机钻孔完毕后先用地质岩芯钻杆配合钻头(φ115mm)进行来回扫孔,清除浮渣至孔底,确保孔径、孔深符合要求,防止堵孔。

② 用高压风从孔底向孔口清理钻渣。

③ 用全站仪、坡度尺等检测验收孔深、孔倾角及外插角。

(7) 安装管棚钢管

① 下料管棚钢管前预先按设计对每个钻孔的钢管进行配管和编号,以保证同一断面上管接头数不超过 50%,相邻钢管接头前后至少错开 1m。利用钢管整料(即长度 6m、9m 整),基本管节长度下为 6m、9m,并分别予以奇偶编号,奇偶数不同的管长相差 2m(若奇数管第一节长度为 6m,则偶数管第一节长为 3m,其余为 6m 和 9m)。

② 已下料好的管棚分节钢管在尾部焊接长 40cm、外径为 φ100 钢管,待钢管推进时,进行焊接。棚管四周钻 φ16 出浆孔(靠暗洞口 1.05 m 的范围棚管不钻孔);为便于入孔和注浆,首节钢管管头焊成圆锥形。

③ 大管棚钢管分节安装采用孔口管引导和反压顶管工艺,相邻孔间管节奇偶错开,前期靠人工送管。当阻力增大,人力无法送进时,用 10t 以上卷扬机配合滑轮组多方向反压顶进,顶进中始终保证反压合力方向与孔轴线一致。

④ 安装钢管要及时、快速,以保证完全成孔后能将钢管顺利送到孔底。

⑤ 安装管棚钢管时注意事项:

a. 顶管作业:采用钻机连接套管自动跟进装置连接钢管,将第一节管子推入孔内。

b. 接管:钢管孔外剩余 30~40cm 时,用管钳卡住管棚,反转钻机,使顶进连接套与钢管脱离,安装下一节钢管,对准上一节钢管端部,人工持管钳用钢管连接套将两节钢管连在一起,再以冲击压力和推进压力低速顶进钢管。

c. 钢管端头连接:端头连接处采用一根长 0.4m 的 φ100 钢管,伸入 φ108 钢管中 20cm,在端部用电焊将管之间缝隙焊满,剩余 20cm 用作送入前一根钢管的尾部,并用电焊焊满,起连接和导向作用。为防止浆液倒流,每根管棚尾部均焊有止浆板,止浆板采用 2mm 厚钢板制作,中间钻有 φ20 带螺纹的眼,以备注浆时用。

(8) 穿入钢筋笼

将钢筋笼分节插入钢管中,钢筋笼长满足设计要求,节与节之间焊接牢固。

(9)孔口密封处理

注浆前在每根管棚钢管尾部焊接密封钢板,钢板上焊设有套注浆管的椎头小钢管,并焊设好排气阀。

(10)注浆

注浆采用两台 KBY-50/70 液压注浆机分段由最低孔位向最高孔位进行,注浆压力由小到大缓慢升高。初压 0.5~1.0MPa,终压 2MPa,持压 15min 后停止注浆。注浆量一般为钻孔圆柱体的 1.5 倍,若注浆量超限,仍未达到压力要求,调整浆液浓度继续注浆,直至符合注浆质量标准,确保钻孔周围岩体与钢管周围孔隙均被浆液充填,方可终止注浆。为了减少因浆液长时间离析扩散造成大面积湿陷不良后果,通过添加速凝剂使浆液凝胶时间控制在 30min 之内,最长不大于 1h。

①注浆程序。

a. 当管棚安装完毕后,用小木楔在钢管与围岩壁楔紧,再用防水胶泥(锚固剂)将空隙封闭住,注浆采用后退式注浆。

b. 注浆时可从拱脚起顺序注浆。注浆速度根据注浆孔出水量大小而定,一般从快到慢进行。注浆结束时将闸阀关闭,卸下进浆管,进入下一循环。

②注浆注意事项。

a. 时刻注意观察注浆管周围防水胶泥变化情况,防止浆液压力增加时将其冲裂。

b. 注浆前备足管接器。

c. 管接器必须待浆液凝固后才能卸下,清洗后循环使用。

d. 注浆结束后,清除部分管内浆液,再向管内充填灌注水泥砂浆,增强管棚的刚度和强度。

③技术质量要求。

a. 确保渗浆孔的直径和数量,以保证渗浆效果。

b. 钻孔要求精度高,终孔位置准,各开孔的孔眼与终孔的孔眼均落在同一周界面上,避免较大的偏差与变形。

c. 管棚仰角按设计要求取为 1°。

d. 确保钻孔的同轴度,以避免管棚送入时受卡。

e. 钢管连接处不能在同一截面上,以免产生受力薄弱面。

f. 确保两节钢管之间的连接。

g. 钢管孔位允许偏差 5cm,钻孔深度允许偏差 5cm。

h. 钢管施工轴线偏差不大于 1‰。

i. 管棚钢管长度允许偏差不小于设计长度。

4.3.4 暗挖车站爆破设计

青岛地区地铁车站一般靠近居住区或商业繁华地段,根据工程的特点和影响爆破振动速度的因素,为降低振动速度,一般要求爆破振速控制在 1.5cm/s 以下。工程施工在参数选取过程中一般综合运用工程类比和计算两种方法确定。车站隧道采用钻爆法施工,其爆破原理及相关爆破参数选择与钻爆法隧道类似,此处不再介绍。当暗挖车站采用台阶法和双侧壁导坑法施工时,受开挖断面大或临时支撑多等影响,爆破参数有一定的特殊性,下面进行简单介绍,其中双侧壁导坑法又分为 6 步开挖法和 9 步开挖法。超前大管棚施工工艺框图如图 4-31 所示。

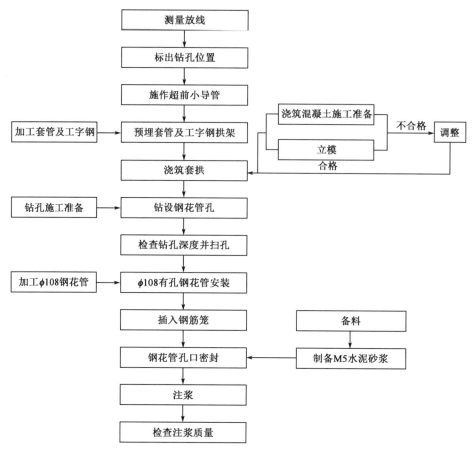

图 4-31 超前大管棚施工工艺框图

1）台阶法

台阶法一般适用于围岩较好的暗挖车站,通常以 Ⅱ、Ⅲ 级围岩为主,采用三台阶法施工,具体爆破参数见表 4-6。

台阶法暗挖车站爆破参数表   表 4-6

开挖方法	部 位	面积（m²）	炮孔数（个）	单耗（kg）	总装药量（kg）
台阶法	1	60.83	198	0.68	31.2
	2（或 3）	28.33	42	0.81	17.1
	4（或 5）	28.05	50	0.98	20.55
	6-1	22.47	22	0.61	10.35
	6-2	57.7	60	0.61	27.45
	6-3	50.92	50	0.6	22.95

爆破设计见图 4-32。

2）6 导洞双侧壁导坑法

6 导洞双侧壁导坑法开挖次序如图 4-33 所示。

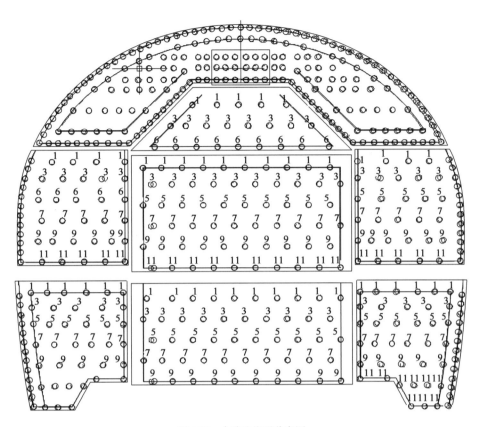

图 4-32 台阶法炮眼分布图

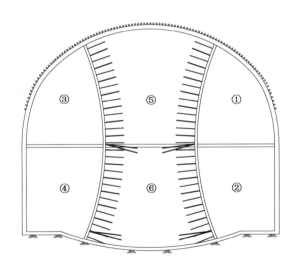

图 4-33 6 导洞双侧壁导坑法开挖次序示意图

由图可知,由于车站主体结构为对称结构,1、3 导洞和 2、4 导洞断面尺寸相同,炮孔布置也相同;5、6 导洞由于断面尺寸较大,采用台阶法开挖;具体炮眼布置和爆破参数如图 4-34 和表 4-7～表 4-9 所示。

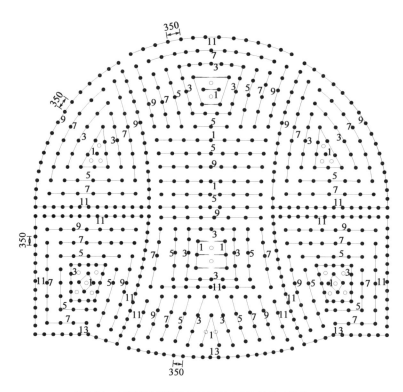

图 4-34 6 导洞双侧壁导坑法炮孔布置图（尺寸单位：mm）

分 6 导洞双侧壁导坑法 1、2 导洞爆破参数表 表 4-7

炮眼名称		段号	孔径（mm）	炮孔数量（个）	孔深（m）	孔距（m）	单孔药量（kg）	单段药量（kg）	装药长度（m）	装药结构
1 导洞	掏槽眼	1	42	9	1.4	0.4	0.45	4.05	0.6	连续
	掘进眼	3	42	11	1.2	0.55	0.35	3.85	0.4	连续
	内圈眼	5	42	5	1.2	0.7	0.35	1.75	0.4	连续
	内圈眼	7	42	23	1.2	0.7	0.35	8.05	0.4	连续
	周边眼	9	42	23	1.2	0.35	0.3	6.9	0.4	间隔
	底板眼	11	42	21	1.2	0.5	0.3	6.3	0.4	连续
2 导洞	掏槽眼	1	42	4	1.4	0.4	0.45	1.8	0.6	连续
	掘进眼	3	42	15	1.2	0.5	0.35	5.25	0.4	连续
	内圈眼	5	42	17	1.2	0.7	0.35	5.95	0.4	连续
	内圈眼	7	42	17	1.2	0.7	0.35	5.95	0.4	连续
	内圈眼	9	42	15	1.2	0.7	0.35	5.25	0.4	连续
	周边眼	11	42	30	1.2	0.35	0.25	7.5	0.4	间隔
	底板眼	13	42	14	1.2	0.5	0.3	4.2	0.4	连续

续上表

综合参数	部位	开挖断面(m²)	预计进尺(m)	爆破石方(m³)	炮眼总数	炸药总量(kg)	单位炸药消耗量(kg/m³)	周边眼间距 E(mm)	周边眼抵抗线 W(mm)
	1导洞	41.66	1.2	49.99	92	30.9	0.743	350	650
	2导洞	44.29	1.2	53.15	112	35.9	0.811	350	650
说明	1.装药量结合围岩状况可酌情调整,炮眼堵塞长度不少于40cm; 2.1导洞炮眼总数为92,总药量为30.9kg; 3.2导洞炮眼总数为112,总药量为35.9kg; 4.炸药采用乳化炸药,雷管采用非电毫秒导爆管雷管,具体爆破施工参数在现场试爆后进行调整								

注:双侧壁导坑法分6导洞开挖时3、4导洞炮眼布置分别与1、2导洞相同。

分6导洞双侧壁导坑法5导洞爆破参数表　　表4-8

炮眼名称		段号	孔径(mm)	炮孔数量(个)	孔深(m)	孔距(m)	单孔药量(kg)	单段药量(kg)	装药长度(m)	装药结构
上台阶	掏槽眼	1	42	6	1.4	0.4	0.45	2.7	0.6	连续
	掘进眼	3	42	17	1.2	0.5	0.35	5.95	0.4	连续
	内圈眼	5	42	13	1.2	0.65	0.35	4.55	0.4	连续
	内圈眼	7	42	21	1.2	0.65	0.35	7.35	0.4	连续
	周边眼	9	42	12	1.2	0.6	0.3	3.6	0.4	间隔
	周边眼	11	42	14	1.2	0.35	0.3	4.2	0.4	间隔
中台阶	掘进眼	1	42	9	1.2	0.65	0.40	3.6	0.4	连续
	掘进眼	5	42	9	1.2	0.6	0.40	3.6	0.4	连续
	掘进眼	9	42	9	1.2	0.55	0.40	3.6	0.4	连续
下台阶	掘进眼	1	42	9	1.2	0.65	0.40	3.6	0.4	连续
	掘进眼	5	42	9	1.2	0.60	0.40	3.6	0.4	连续
	掘进眼	9	42	9	1.2	0.55	0.40	3.6	0.4	连续
综合参数	部位	开挖断面(m²)	预计进尺(m)	爆破石方(m³)	炮眼总数	炸药总量(kg)	单位炸药消耗量(kg/m³)	周边眼间距 E(mm)	周边眼抵抗线 W(mm)	
	上	32.79	1.2	39.35	83	28.35	0.86	350	650	
	中	21.93	1.2	26.316	27	10.8	0.50	/	/	
	下	21.93	1.2	26.316	27	10.8	0.50	/	/	
说明	1.装药量结合围岩状况可酌情调整,炮眼堵塞长度不少于40cm; 2.炮眼总数为137,总药量为49.95kg; 3.炸药采用乳化炸药,雷管采用非电毫秒导爆管雷管,具体爆破施工参数在现场试爆后进行调整									

分6块双侧壁导坑法6导洞爆破参数表　　　　表4-9

炮眼名称		段号	孔径(mm)	炮孔数量(个)	孔深(m)	孔距(m)	单孔药量(kg)	单段药量(kg)	装药长度(m)	装药结构
上台阶	掏槽眼	1	42	6	1.4	0.4	0.45	2.7	0.6	连续
	掘进眼	3	42	16	1.2	0.5	0.35	5.6	0.4	连续
	内圈眼	5	42	10	1.2	0.65	0.35	3.5	0.4	连续
	周边眼	7	42	10	1.2	0.65	0.3	3.0	0.4	间隔
	周边眼	9	42	8	1.2	0.6	0.3	2.4	0.4	间隔
	底板眼	11	42	8	1.2	0.5	0.35	2.8	0.4	连续
下台阶	掏槽眼	1	42	3	1.4	0.4	0.5	1.5	0.6	连续
	掘进眼	3	42	8	1.2	0.55	0.35	2.8	0.4	连续
	内圈眼	5~9	42	24	1.2	0.60	0.35	8.4	0.4	连续
	周边眼	11	42	8	1.2	0.5	0.3	2.4	0.4	间隔
	底板眼	13	42	19	1.2	0.35	0.3	5.7	0.4	连续
综合参数	部位	开挖断面(m²)	预计进尺(m)	爆破石方(m³)	炮眼总数	炸药总量(kg)	单位炸药消耗量(kg/m³)	周边眼间距E(mm)	周边眼抵抗线W(mm)	
	上	36.11	1.2	43.33	58	20	0.554	500	650	
	下	31.88	1.2	38.26	62	20.8	0.65	500	650	
说明	1. 装药量结合围岩状况可酌情调整,炮眼堵塞长度不少于40cm; 2. 炮眼总数为120,总药量为40.8kg; 3. 炸药采用乳化炸药,雷管采用非电毫秒导爆管雷管,具体爆破施工参数在现场试爆后进行调整									

3)车站主体采用分6导洞双侧壁导坑法

车站穿越围岩破碎带时,车站主体开挖采取分9导洞的双侧壁导坑法开挖,开挖次序如图4-35所示。

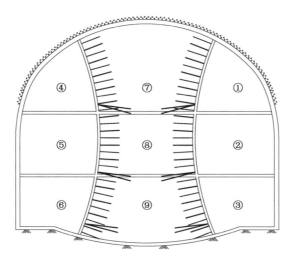

图4-35　分9导洞双侧壁导坑法开挖次序示意图

由图可知,由于车站主体结构为对称结构,1、2、3 导洞分别与 4、5、6 导洞断面尺寸相同,它们炮孔布置也相同。具体炮眼布置和爆破参数如图 4-36 和表 4-10～表 4-12 所示。

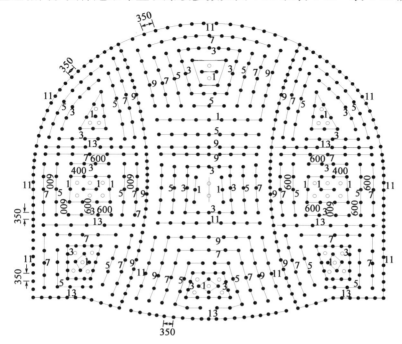

图 4-36 分 9 导洞双侧壁导坑法炮孔布置图(尺寸单位:mm)

分 9 导洞双侧壁导坑法 1、2、3 导洞爆破参数表　　　　表 4-10

炮眼名称		段号	孔径 (mm)	炮孔数量 (个)	孔深 (m)	孔距 (m)	单孔药量 (kg)	单段药量 (kg)	装药长度 (m)	装药结构
1 导 洞	掏槽眼	1	42	9	1.4	0.4	0.45	4.05	0.6	连续
	掘进眼	3	42	11	1.2	0.6	0.35	3.85	0.4	连续
	内圈眼	5	42	14	1.2	0.65	0.35	4.9	0.4	连续
	内圈眼	7	42	7	1.2	0.7	0.35	2.45	0.4	连续
	周边眼	9～11	42	30	1.2	0.35	0.3	9	0.4	间隔
	底板眼	13	42	8	1.2	0.6	0.35	2.8	0.4	连续
2 导 洞	掏槽眼	1	42	12	1.4	0.4	0.45	5.4	0.6	连续
	掘进眼	3	42	8	1.2	0.5	0.35	2.8	0.4	连续
	内圈眼	5	42	10	1.2	0.65	0.35	3.5	0.4	连续
	内圈眼	7	42	10	1.2	0.7	0.35	3.5	0.4	连续
	周边眼	9～11	42	22	1.2	0.35	0.3	6.6	0.4	间隔
	底板眼	13	42	7	1.2	0.65	0.35	2.45	0.4	连续
3 导 洞	掏槽眼	1	42	4	1.4	0.4	0.45	1.8	0.6	连续
	掘进眼	3	42	15	1.2	0.5	0.35	5.25	0.4	连续
	内圈眼	5	42	11	1.2	0.65	0.35	3.85	0.4	连续

续上表

炮眼名称		段号	孔径(mm)	炮孔数量(个)	孔深(m)	孔距(m)	单孔药量(kg)	单段药量(kg)	装药长度(m)	装药结构
3导洞	内圈眼	7	42	11	1.2	0.7	0.35	3.85	0.4	连续
	周边眼	9~11	42	17	1.2	0.35	0.3	5.1	0.4	间隔
	底板眼	13	42	11	1.2	0.6	0.35	3.85	0.4	连续
综合参数	部位	开挖断面(m²)	预计进尺(m)	爆破石方(m³)	炮眼总数	炸药总量(kg)	单位炸药消耗量(kg/m³)	周边眼间距 E(mm)	周边眼抵抗线 W(mm)	
	1导洞	25.27	1.2	30.32	79	27.05	0.892	350	650	
	2导洞	30.25	1.2	36.3	69	24.25	0.729	350	650	
	3导洞	27.40	1.2	32.88	69	23.7	0.865	350	650	
说明	1.装药量结合围岩状况可酌情调整,炮眼堵塞长度不少于40cm; 2.炮眼总数为217,总药量为75kg; 3.炸药采用乳化炸药,雷管采用非电毫秒导爆管雷管,具体爆破施工参数在现场试爆后进行调整									

注:双侧壁法分9导洞开挖时4、5、6导洞炮眼布置分别与1、2、3导洞相同。

分9导洞双侧壁导坑法7导洞爆破参数表 表4-11

炮眼名称		段号	孔径(mm)	炮孔数量(个)	孔深(m)	孔距(m)	单孔药量(kg)	单段药量(kg)	装药长度(m)	装药结构
上台阶	掏槽眼	1	42	6	1.4	0.4	0.45	2.7	0.6	连续
	掘进眼	3	42	17	1.2	0.6	0.35	5.95	0.4	连续
	内圈眼	5	42	10	1.2	0.65	0.35	3.5	0.4	连续
	内圈眼	7	42	21	1.2	0.7	0.35	7.35	0.4	连续
	内圈眼	9	42	12	1.2	0.5	0.35	4.2	0.4	连续
	周边眼	11	42	14	1.2	0.5	0.3	4.2	0.4	间隔
下台阶	掘进眼	1	42	9	1.2	0.6	0.45	4.05	0.6	连续
	掘进眼	5	42	9	1.2	0.6	0.45	4.05	0.4	连续
	掘进眼	9	42	9	1.2	0.6	0.45	4.05	0.4	连续
综合参数	部位	开挖断面(m²)	预计进尺(m)	爆破石方(m³)	炮眼总数	炸药总量(kg)	单位炸药消耗量(kg/m³)	周边眼间距 E(mm)	周边眼抵抗线 W(mm)	
	上	35.75	1.2	42.9	80	27.9	0.65	350	600	
	下	18.43	1.2	21.76	27	12.15	0.55			
说明	1.装药量结合围岩状况可酌情调整,炮眼堵塞长度不少于40cm; 2.炮眼总数为107,总药量为40.05kg; 3.炸药采用乳化炸药,雷管采用非电毫秒导爆管雷管,具体爆破施工参数在现场试爆后进行调整									

分9导洞双侧壁导坑法8、9导洞爆破参数表　　　　表4-12

炮眼名称		段号	孔径(mm)	炮孔数量(个)	孔深(m)	孔距(m)	单孔药量(kg)	单段药量(kg)	装药长度(m)	装药结构
8导洞	掏槽眼	1	42	6	1.4	0.4	0.45	2.7	0.6	连续
	掘进眼	3	42	16	1.2	0.6	0.35	5.6	0.4	连续
	内圈眼	5	42	10	1.2	0.7	0.35	3.5	0.4	连续
	内圈眼	7	42	10	1.2	0.7	0.35	3.5	0.4	连续
	周边眼	9	42	9	1.2	0.5	0.3	2.7	0.4	间隔
	底板眼	11	42	9	1.2	0.65	0.35	3.15	0.4	连续
9导洞	掏槽眼	1	42	4	1.4	0.4	0.45	1.8	0.6	连续
	掘进眼	3	42	13	1.2	0.45	0.35	4.55	0.4	连续
	内圈眼	5	42	14	1.2	0.6	0.35	4.9	0.4	连续
	内圈眼	7	42	13	1.2	0.6	0.35	4.55	0.4	连续
	内圈眼	9	42	17	1.2	0.7	0.35	5.95	0.4	连续
	周边眼	11	42	12	1.2	0.5	0.3	3.6	0.4	间隔
	底板眼	13	42	20	1.2	0.35	0.3	6	0.4	连续
综合参数	部位	开挖断面(m²)	预计进尺(m)	爆破石方(m³)	炮眼总数	炸药总量(kg)	单位炸药消耗量(kg/m³)	周边眼间距 E(mm)	周边眼抵抗线 W(mm)	
	8导洞	30.49	1.2	36.59	60	21.15	0.694	350	600	
	9导洞	38.29	1.2	45.95	93	31.35	0.682	350	600	
说明	1. 装药量结合围岩状况可酌情调整,炮眼堵塞长度不少于40cm; 2. 8导洞炮眼总数为60,总药量为21.15kg;9导洞炮眼总数为93,总装药量为31.35kg; 3. 炸药采用乳化炸药,雷管采用非电毫秒导爆管雷管,具体爆破施工参数在现场试爆后进行调整									

4.3.5　小结

①总体来说,硬岩地质条件适合暗挖车站的施工,从青岛地铁3号线、2号线、1号线暗挖车站工法的改进和演变来看,由3号线的双侧壁导坑法为主,逐步转变为1号线以盖挖法为主的设计施工方案,且车站埋深也在逐步增加,硬岩地质暗挖车站的方案逐渐成熟定型。

②车站周边征地拆迁难度大、交通调流难以满足要求、管迁复杂的场地条件应优先选用暗挖车站方案。它的优点在于施工占地少,利用路边绿化带或少量空地(1000m² 左右)位置就可以进行施工,无需交通导改,这对交通压力日益增大的城市来说难能可贵。

③硬岩为主地质条件下,车站宜选用深埋方案,若围岩好(Ⅱ、Ⅲ级围岩),则直接采用三台阶法,若遇到上软下硬地层,采用拱盖法施工,不宜采用双侧壁导坑法,应确保拱脚处在硬岩中(一般应为中风化以上),保证其拱盖受力安全,为此,上软下硬地层采用拱盖法方案,应加密勘察。

④暗挖车站竖斜井布置时应充分利用车站的风井、风道、出入口等附属结构,风井可优先设置为车站主体开挖的施工竖井,风道可作为施工通道,出入口有条件的可临时调整坡度设为

施工斜井,可大大减少整个暗挖车站施工时的工法转换,提高车站整体施工效率,减少临时结构投入。

4.4 暗挖车站防排水

4.4.1 暗挖车站防水概况

隧道防水设计应形成超前地质预报系统分析前方地质破碎带+超前注浆和初支背后注浆+防水层+二次衬砌防水混凝土的防水系统,多道防线多种方法处理渗漏水,重点处理断层破碎带施工缝和变形缝防水的薄弱部位。确立钢筋混凝土结构自防水体系,以结构自防水为根本,加强钢筋混凝土结构的抗裂防渗能力,采取切实有效的防裂、抗裂措施,并保证混凝土良好的密实性、整体性,减少结构裂缝的产生,改善钢筋混凝土结构的工作环境,进一步提高其耐久性。

选用的柔性防水材料应具有优异的耐久性和较高的物性指标、适应混凝土结构的伸缩变形、方便施工并具有一定的抗微生物和耐腐蚀性能。避免采用施工性差、防水质量受施工操作影响大的材料。

优先选用不易产生窜水的防水材料和防水系统,减少窜水对后期堵漏维修工作带来不利影响。

针对可能产生的隧道排水系统的堵塞,必须考虑排水系统的可维护性,避免由于排水系统堵塞而导致衬砌背后的水压力上升,对结构安全造成隐患。

4.4.2 防水标准

地下车站及机电设备集中区段的防水等级应为一级,不允许渗水,结构表面无湿渍。区间隧道及连接通道等附属的隧道结构防水等级应为二级,顶部不允许滴漏,其他不允许漏水,结构表面可有少量湿渍,总湿渍面积不大于总防水面积的2/1000,任意100m^2防水面积上的湿渍不超过3处,单个湿渍的最大面积不大于0.2m^2。隧道工程中漏水的平均渗漏量不大于0.05$L/m^2 \cdot d$,任意100m^2防水面积渗漏量不大于0.15$L/m^2 \cdot d$。对断层破碎带,采用预注浆方式,将隧道开挖断面周围的涌水或渗水封堵于结构外,隧道注浆堵水后排水量主隧道不得大于0.2$m^3/d \cdot m$。

除结构自防水外,在喷射混凝土初衬和模筑混凝土二衬之间铺设隧道防水层,应选用抗老化能力较强、拉伸强度和断裂拉伸率较高的防水板(卷材),防水板(卷材)要求有良好的抗腐蚀性及耐菌性。防水板(卷材)的厚度不得小于1.5mm,幅宽不小于2m,尽量减少焊缝。

防水混凝土结构厚度不小于250mm。严格控制混凝土入模坍落度和入模温度,混凝土产生的裂缝宽度不大于0.2mm,不允许出现贯穿性裂缝。

4.4.3 车站结构自防水

隧道采用复合式衬砌,隧道二次衬砌应采用混凝土结构自防水体系,以结构自防水为根本,加强混凝土结构的抗裂防渗能力,其抗渗等级不小于P10。初期支护设计采用抗侵蚀高性能防渗喷射混凝土,并采用湿喷混凝土工艺。

防水混凝土的施工配合比应通过试验确定,试配混凝土的抗渗等级应比设计要求提高一级(0.2MPa)。防水混凝土在满足抗渗等级要求的同时,还应满足抗压、抗裂、抗冻和抗侵蚀性等耐久性要求。

4.4.4 车站防水系统

防水措施包括超前地质预报系统分析前方地质破碎带;超前注浆改善围岩的渗透系数,控制渗透量;初支和二衬之间设排水系统和防水板(卷材),将结构渗水直接排入隧底排水沟内,防水层防止水渗透到二衬内,二次衬砌采用防水混凝土。通过这些防水措施保证防水系统的可靠性,具体措施如下:

①首先通过超前地质预报系统分析前方地质破碎带情况。主要以TSP超前地质预报系统结合超前地质钻孔等,综合了解前方开挖掌子面的地质及涌水量情况。

②采用预注浆方式,将隧道开挖断面周围的涌水或渗水封堵于结构外。对断层破碎带进行帷幕注浆止水,节理、裂隙带局部注浆止水。压注材料主要采用普通水泥单液浆、超细水泥单液浆、特制硫铝酸盐水泥单液浆等。

在局部破碎地段,通过超前注浆(或全断面帷幕注浆),在隧道洞室四周形成注浆堵水圈,封闭基岩中输水裂隙和涌水空间。

根据超前注浆后地下水渗透量的大小,通过调整衬砌初期支护中的环向系统注浆锚杆对地层进行注浆堵水,进一步封闭地下水流径通道,减少地下水的渗入量。在施作防水板(卷材)前对初期支护渗漏处进行补充注浆处理,施工期间尤其要重视该项工程措施。

③防水层设计。无仰拱隧道防水设计:拱墙设400g/m^2无纺布 + 1.5mm厚ECB防水板(卷材) + 0.5m宽1.2mm厚凹凸排水板带。

防水板(卷材)的搭接采用双缝焊接工艺,防水板(卷材)铺挂采用同材质垫片焊接固定,以保证防水板(卷材)的施工质量。

④加强结构的自防水功能,封闭少量渗水在初期支护和二次衬砌的流动,二次衬砌混凝土采用耐久性防水混凝土,防水混凝土抗渗等级不小于P10级,结构厚度不小于300mm。严格控制混凝土入模坍落度和入模温度,以减少温差收缩和干燥收缩带来的不良影响。混凝土产生的裂缝宽度不大于0.2mm,不允许出现贯穿性裂缝。

4.4.5 车站排水系统

1)排水系统设计

运营期间,隧道内的主要水来源为围岩裂隙水、清洗用水和消防用水,排水系统由环向排水板、纵向排水管、横向泄水管和隧道内排水沟组成。为了维护方便和施工方便,排水沟设在车站两侧边墙下方。在隧道初期支护与二次衬砌之间拱墙防水板(卷材)、无纺布和凹凸排水板等渗水层,结构渗水通过可清洗的DN100双壁波纹纵向排水盲管汇集,然后通过ϕ100的横向PVC泄水管汇到车站两侧的排水沟,围岩渗水通过排水边沟,汇入车站内设置的废水池,通过泵送排出洞外。

2）排水系统的维护

针对可能产生的隧道排水系统的堵塞,必须考虑排水系统的可维护性,避免由于排水系统堵塞而导致衬砌背后的水压力上升,对结构安全造成隐患。为保证排水系统的可维护性,纵向排水盲管需符合高压冲洗的力学性能指标,且要有较好的透水性,不易堵塞。沿隧道纵向每50m设置一个检查井,对纵向排水盲管进行维护。维护检修在检修井处采用大型高压水射流清洗设备及专用喷头、靠高速水流,切割击碎结构物,并随高压水流排出管道,流入检修井,将管内彻底清洗干净,必要时采用特殊机械接头清除障碍物。

4.4.6 车站防排水构造

大拱脚断面和复合式衬砌防排水构造见图4-37和图4-38。

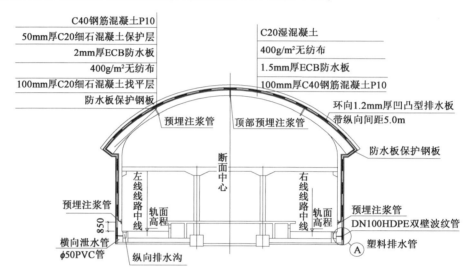

图4-37 大拱脚断面防排水构造图(尺寸单位:mm)

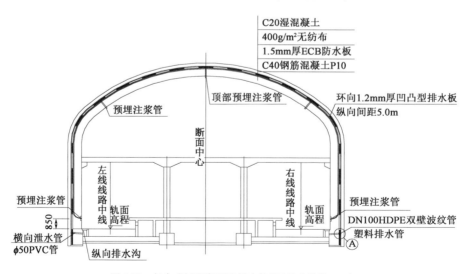

图4-38 复合式衬砌断面防排水构造(尺寸单位:mm)

4.4.7　柔性防水层施工

①缓冲材料采用土工无纺布,垫衬横向中线同隧道中线对齐重合,由拱顶向两侧墙进行铺设。采用与防水板(卷材)同材质的 $\phi 80mm$ 专用塑料垫圈压在PE垫衬上,使用射钉或胀管螺丝锚固。

②锚固点应垂直基面并不得超出圆垫衬平面,锚固点呈梅花形布置。间距为:拱部0.5~0.7m,边墙1.0~1.2m,在凹凸处适当增加锚固点。

③防水板(卷材)铺设采用无钉(暗钉)铺设法。先在喷混凝土面上用明钉铺设法固定缓冲层,然后将防水层热焊或粘合在缓冲层垫圈上,使防水层无穿透钉孔。

④采用1.5mm厚ECB防水板(卷材)进行半包防水,底板平面部位的防水层上表面设置$400g/m^2$的无纺布保护层,并浇筑7cm厚的C20细石混凝土保护层。

⑤防水板(卷材)搭接应为热合双焊缝,单条焊缝的宽度不应小于15mm,且焊缝需密实,无虚焊、漏焊等现象,焊缝表面应平整无波纹,防水板(卷材)焊缝质量进行密封性检测。

4.4.8　车站特殊部位的防水

①施工缝防水处理采用背贴止水带+预埋可维护注浆管系统,通过预埋的注浆槽注浆,浆液充满施工缝的不密实空隙中。

②墙体纵向施工缝不应留在剪力与弯矩最大处或底板与侧墙的交接处,应留在高出底板表面不小于300mm的墙体上。混凝土结构施工缝的设置间距对结构开裂影响较大,环向施工缝的设置间距宜不大于18m。

③对于在隧道洞口、地层突变处、结构变化处设置变形缝,控制隧道纵向不均匀沉降。隧道变形缝设三道防水线进行防水。第一道为结构外防水层,第二道为结构混凝土中部埋设可维护式注浆止水带,第三道为后装止水带和接水槽(结构模板施工时按设计预留凹槽)。

④穿墙管件(如接地电极或穿墙管)等穿过防水层的部位采用止水法兰和遇水膨胀腻子条(止水胶)进行防水处理,同时根据选用的不同防水材料对穿过防水层的部位采取相应的防水密封处理。

4.4.9　小结

暗挖车站结构防水遵循"以防为主、刚柔结合、多道防线、因地制宜、综合治理"的原则。应重点做好以下几个方面工作:

①初支基面的处理应参考隧道内初支验收标准和验收制度,保证防水板(卷材)在无水环境下施作。

②防水板(卷材)施作实行实名制,质量可追溯。

③结构混凝土自防水是防水的根本,要在混凝土本身质量控制、运输、浇注、施工缝等环节重点控制。

本章参考文献

[1] 王明高. 地铁车站暗挖施工技术研究[J]. 城市建设理论研究(电子版),2016(34):86-89.

[2] 桂金本,刘文兵,周锦强,等.暗挖地铁车站柱洞法施工梁—柱结构防偏技术研究[J].铁道标准设计,2016(12):114-118.

[3] 王梦恕,等.中国隧道及地下工程修建技术[M].北京:人民交通出版社,2010.

[4] 马林林.四六导洞组合 PBA 暗挖车站施工技术[J].铁道建筑技术,2016(07):10-13.

[5] 李享松.紧邻建筑物浅埋暗挖车站的施工技术[J].湖南文理学院学报(自然科学版),2016(02):54-59.

[6] 王俊.岩质地层暗挖车站施工设计关键技术研究[J].地下空间与工程学报,2016(02):442-449.

[7] 路耀邦,高军伟,刘东亮.BIM 技术在地铁暗挖车站施工中的应用[J].施工技术,2015(S2):679-682.

[8] 廖秋林,马敬东,张鹏飞,等.富水砂卵石地层暗挖车站洞桩法施工关键技术[J].施工技术,2015(23):49-53.

[9] 杨会军,孔恒.浅埋大跨暗挖地铁车站施工地表沉降分析[J].铁道工程学报,2015(05):81-85.

[10] 刘娜.青岛地铁中山公园暗挖车站防排水技术研究[J].山西建筑,2015(10):153-154.

[11] 冯亚恒.地铁暗挖车站预留核心土双侧壁导坑法施工技术[J].国防交通工程与技术,2014(05):52-55+51.

[12] 吕波.暗挖地铁车站拱盖法关键施工技术[J].现代隧道技术,2014(03):181-187.

[13] 黄祚琼.地铁车站暗挖隧道穿越既有线的施工技术研究[J].现代隧道技术,2014(02):133-139.

[14] 孙旭东.暗挖隧道密贴下穿既有线车站施工关键技术[J].隧道建设,2013(05):412-418.

[15] 王立新.重庆地铁某暗挖车站设计方法及安全性分析[J].地下空间与工程学报,2012(04):857-862+868.

[16] 吴学锋,吕文杰,张黎明,等.暗挖地铁车站围岩稳定性分析与支护优化[J].地下空间与工程学报,2012(05):1059-1064.

第5章 不良地质段注浆加固技术

5.1 不良地质段注浆加固概况

在不良地段加固领域,注浆工艺占据十分重要的地位。注浆工艺已经应用在土建工程的各个领域,尤其是井巷工程和水电工程中得到了广泛的应用,已经是不可或缺的施工方法,其主要有以下九个方面的应用:加固建筑物地基、提高土坡稳定性、加固挡土墙的后土体、修补已有建筑混凝土裂隙和缺陷、加固坝基及其防渗、加固地下构筑物及其止水、加固井巷工程及其止水、破碎带体补强和裂隙岩体止水及动力基础的抗震加固。

5.1.1 注浆技术发展历程

注浆技术的历史大致可分为四个阶段:原始黏土浆液阶段(1802~1857年)、初级水泥注浆阶段(1858~1919年)、中级化学浆液注浆阶段(1920~1969年)和现代注浆阶段(1969年以后)。根据相关文献资料,将注浆技术的历史发展大致总结为下表5-1。

注浆技术历史发展　　表5-1

阶　段		国　家	事　件
原始黏土浆液阶段	1802年	法国	查理斯·贝里格尼采用压浆泵修复了被水流侵蚀的挡潮闸的砾土地基
	1824年	英国	Aspdin发明水泥
	1838年	英国	水泥充填汤姆逊隧道
	1845年	美国	W.E.沃森在一个溢洪道的陡槽基础灌入水泥砂浆
	1854年	美国	W.E.沃森加固了闸墩砌体,注浆不被认为是一种施工方法,仅作为对有缺陷的基础的一种补救措施来使用
初级水泥注浆阶段	1886年	英国	Hosagood建桥时第一次使用化学浆液,由此,其问世于印度 Kinniple使用黏土—水泥浆液阻断Rosetta和Damietta坝坝基的地下渗流 英国研制出了"压缩空气注浆泵",加快了水泥注浆法的发展
	1887年	德国	杰沙尔斯基创造了原始硅化法:一个钻孔灌注水玻璃,另一个相邻钻孔灌注氮化钙
	1909年	比利时	勒马尔蒙特通过在水玻璃中加入浓度较稀的酸,发现其胶凝的原理,提出在一个注浆系统中采用两种浆液同时进行灌注的方法获得了专利
	1914年	比利时	阿尔伯特·弗兰科伊斯采用水玻璃和硫酸铝注浆

续上表

阶 段		国 家	事 件
中级化学浆液注浆阶段	1920 年	荷兰	E. J. Joosten 第一次证明了化学浆液是可行的,采用水玻璃与 $CaCl_2$ 在两个系统对同一介质进行注浆,在 1926 年取得了专利
	1934 年	法国	朗格改进了尤思登法,制作了扩散半径和渗透能力都更优越的浆液
	20 世纪 40 年代	日本	丸安隆和在注浆时使用水玻璃、铝酸钠双浆液单系统的 1.5 次注浆法,为使用凝胶时间短的浆液创造了条件
	20 世纪 50 年代	美国	研制出了丙烯酰胺类树脂浆液(AM-9),其黏度接近水、凝胶时间可任意调节
现代注浆阶段	1974 年	日本	福冈发生了丙烯酰胺化学注浆污染事件,随后,日本总理府规定今后的浆液只能采用水玻璃类浆液
	1978 年	美国	停止生产 AM-9
	20 世纪 80 年代	日本	制备出了 MC-500 型超细水泥注浆材料

虽然我国较早地认识并运用了注浆技术,但对其进行系统的研究却比其他国家要迟一些。在 20 世纪 50 年代之前我们对其研究较少,直到 50 年代才逐渐对其有一定的了解,同时将其应用在各类土建工程中。其主要发展历程见表 5-2。

我国注浆技术发展历程　　　　　　　　　　　　　　表 5-2

时 间	进 程
1953 年	着手研究将水玻璃作为注浆材料; 黑龙江省佳木斯市第一次使用水玻璃浆液
1960 年	三峡岩基专题研究组首创了甲凝
1964 年	开始室内研究化学浆液; 中国科学院广州化学研究所成功研发了丙烯酰胺(即丙凝),同时完成工业性试验,在我国化学注浆技术历史上增添了一笔
1967 年	成功研制了水泥—水玻璃双液注浆法,使水泥注浆法又前进了一大步
1968 年	广州化学研究所研发出以糠醛—丙酮作为稀释剂的环氧树脂化学浆液
1973 年	天津大学等单位研发出聚氨酯化学浆材(即氰凝)
1974 年	华东勘测设计研究院科学所开发出水溶性的聚氨酯浆(HW)
1979 年	长江科学院、广州化学研究所等开发出我国独创化学浆材—弹性聚氨酯浆材,并对葛洲坝水利枢纽工程的护坦止水作出了显著贡献
20 世纪 80 年代	中国水利水电科学研究院研制出了 SK-E; 中国水利水电基础工程局科学研究所开发出 JX; 广州化学研究所开发"中化-798"等一系列改性环氧浆材; 南京水利科学研究院开发出无溶剂注浆材料 MU 丙烯酸酯—聚氨酯
20 世纪 90 年代	中国水利水电科学研究院开发出水下注浆材料 PU/EPIPN 聚氨酯—环氧树脂; 长江科学院开发出高渗透性、高亲润的 CW 环氧浆材,并成功用于施工

近年来，注浆材料向无污染环保型的绿色浆材发展，诸多学者陆续采用工业废渣完全代替水泥熟料或者水泥中加入工业废渣的方法，研发出大量新型绿色注浆材料。如武汉理工大学的张高展等开发出水玻璃—工业废渣（粉煤灰、矿渣、钢渣）双液注浆材料并成功运用在武汉长江隧道中。该方法不仅提高了注浆材料的性能，还节约了水泥的用量，并且减少了由工业废渣引起的环境污染，也是实现注浆材料高性能和节能环保的一种方法。

我国除了在注浆材料品种上发展迅速外，施工技术工艺、配套的注浆机具以及检测手段相应地也得到重大的发展，并且在注浆应用领域方面也具有较高的水平。

5.1.2 注浆加固工艺

注浆加固就是用适当的方法将某些能固化的浆液注入岩土地基的裂缝或孔隙中，通过置换、充填、挤压等方式以改善其物理力学性质的方法。根据注浆原理，注浆技术划分为渗透注浆、劈裂注浆、压密注浆和喷射注浆四类。其中硬岩地层地铁不良地质段注浆加固常见的技术有如下几种。

1) 高压旋喷桩预支护

高压旋喷桩预支护的加固原理是梁拱效应、壳效应以及改善土的物理力学性质，其强度高、承载力大、抗渗性好、可控性强、经济实用、成本较低，但桩长受限制，一般水平旋喷桩在8~15m。在风化破碎围岩中，成孔效率低。浆液扩散范围较小，有结石物或硬物阻碍时无法达到所需加固范围。水灰比较大，固结体收缩也较大，在砂质不均匀的土层中可能会产生问题。其主要适用于处理淤泥、淤泥质土、流塑、软塑或可塑黏性土、粉土、砂土、黄土、素填土和碎石土等地层，对于含大粒径块石、大量植物有机质以及地下水流速过大和已涌水的场地适用性差，应根据现场适应结果确定。

2) 地表注浆加固

隧道开工往往容易出现失稳塌方的情况，尤其是在雨季施工，地表土体易受到雨水冲刷和洞内施工，使隧道顶覆盖层更加减小，增大偏压荷载。地面注浆可以提高地表岩土体的整体强度和刚度，降低围岩的透水性，改善隧道成拱，进而达到保护水资源、保证工程安全之目的。这种方法在浅埋、地表塌陷区的加固效果和对注浆处治的效果显著，因此根据施工的实际地质状况和施工外部环境采取地表加固技术。地表注浆加固工艺主要包括袖阀管注浆、WSS注浆以及钢花管注浆等。

3) 洞内帷幕注浆

洞内帷幕注浆是指在隧道拱顶、两帮、掌子面、具有合理孔距的钻孔中，注入浆液，使各孔中注浆体相互搭接以形成一道类似帷幕的混凝土防渗墙，以此截断水流，从而达到防渗堵漏的目的。洞内帷幕注浆可分为全断面帷幕注浆和半断面帷幕注浆。顾名思义，全断面帷幕注浆是指在整个断面全封闭深、浅孔注浆固结止水；半断面帷幕注浆是指在地层薄弱断面进行部分断面半封闭深、浅孔注浆固结止水。其目的都是在隧道开挖断面周边形成一定厚度的堵水帷幕，从而保证隧道的顺利开挖，减少工程事故发生的几率。

4) 小导管注浆加固

小导管注浆加固地层技术，是通过沿隧道开挖轮廓线外纵向向前倾斜安设注浆管，并注入浆液，达到超前加固围岩和止水的目的，同时小导管还可起到超前管棚预支护作用。

小导管注浆施工工艺简单,易于操作,施工安全,土层加固见效快,浆液损失少,成本低,是隧道施工中最常用的加固土层的方法之一。小导管注浆仅作为地下工程施工防坍塌和沉陷的辅助手段。小导管超前注浆设计应根据地质条件、隧道断面大小及支护结构型式选用不同的设计参数。主要适用于处于无黏结、自稳能力差的砂层及砂砾(卵)石层;小导管施工只是对开挖掌子面局部土层进行加固,开挖土层不宜长时间暴露,应坚持先支撑后开挖的原则;同时小导管注浆也可用于各种临时性的地层加固。

5.2 常规注浆材料

随着注浆技术的发展以及注浆工程类型的复杂多样,注浆材料种类和数量越来越多。其中,黏土类和石灰类材料作为最早的一种注浆材料,至今仍在一些工程中广泛应用。英国的阿斯普丁于1826年发明硅酸盐水泥后,水泥浆液、水泥—黏度浆液、水泥—水玻璃浆液等得以在注浆工程中大范围使用,目前,仍作为最为主要的材料应用在注浆工程中。随着化学工业制备技术的发展,无机化学组分改性水泥基材料、有机化学组分改性水泥基材料、有机—无机化学复合材料等开始在注浆工程中使用。1970年,发明了硫铝酸盐水泥后,以硫铝酸盐水泥为主的快速水化膨胀类材料也迅速出现。为了克服水泥类材料的缺点,国内外相关研究人员又开发了溶液型的无机或有机类化学注浆材料,并在工程中取得了良好的应用效果。

目前,虽然已有注浆材料的种类繁多,但根据其组分构成和性能特点,可分为无机系注浆材料和有机系注浆材料。其中无机系列注浆材料又分为纯水泥类材料、水玻璃类材料和水泥基复合材料;有机系列注浆材料又可分为单纯有机高分子类和有机复合材料。广泛使用的无机系注浆材料以水泥单液浆、水泥—水玻璃双液浆为主,常用的有机系列注浆材料主要有聚氨酯类、环氧树脂类、酪酸树脂类等。

5.2.1 无机系注浆材料

1)单液水泥类浆液

单液水泥类浆液是以水泥为主,添加一定量的附加剂,用水调剂成的浆液,采用单液方式注入岩土层,这样的浆液称为单液水泥浆。附加剂是指能改善水泥浆液性能的速凝剂、早强剂、塑化剂、悬浮剂等。

(1)单液水泥浆的基本性能和特点

①纯水泥浆液的基本性能。

不含有任何附加剂的纯水泥浆的基本性能如表5-3所示。

水泥浆液基本属性 表5-3

水灰比 (重量比)	黏度 ($\times 10^{-3}$Pa·s)	密度 (g/cm^3)	凝胶时间		结石率 (%)	抗压强度(MPa)			
			初凝	终凝		3d	7d	14d	28d
0.5:1	139	1.86	7h41min	12h36min	99	4.14	6.46	15.3	22.00
0.75:1	33	1.62	10h47min	20h33min	97	2.43	2.60	5.54	11.27
1:1	18	1.49	14h56min	24h27min	85	2.00	2.40	2.42	8.90

续上表

水灰比 （重量比）	黏度 （×10⁻³Pa·s）	密度 （g/cm³）	凝胶时间		结石率 （%）	抗压强度（MPa）			
			初凝	终凝		3d	7d	14d	28d
1.5:1	17	1.37	16h52min	34h47min	67	2.04	2.33	1.78	2.22
2:1	16	1.30	17h7min	48h15min	56	1.66	2.56	2.10	2.80

由表 5-3 可见，随着纯水泥浆水灰比的增大，水泥浆的黏度、密度、结石率、抗压强度等都有十分明显地降低，初凝、终凝时间增长。

②单液水泥浆的基本性能。

根据实际工程的需要，在水泥浆液中掺入一些附加剂来调节水泥浆的性能，以满足工程队注浆效果的要求。常用的附加剂及其对水泥浆性能的改善表述如下：

a. 水泥速凝剂。速凝剂能够缩短水泥浆凝固时间的化学药剂，如"711"型、红星一型、阳泉一型、氯化钙、水玻璃、苏打、碳酸钾、硫酸钠等。上述几种速凝剂加入水泥浆后，很快就能使水泥浆初凝，在单液水泥注浆时不宜应用。一般情况下，采用古老的单液水泥浆注浆方法，即在水泥浆中加入占水泥重量 3% 以下的水玻璃或 5% 以下的氯化钙，水泥浆中加氯化钙或水玻璃均有显著速凝作用，而对水泥浆的结石体强度影响不大。

b. 水泥的速凝早强剂。速凝早强剂多数为复合附加剂，它不仅缩短水泥胶固时间，而且提高水泥结石体早期强度，对注浆堵水具有较好的作用。常用的速凝早强剂有三乙醇胺加氯化钠、三异丙醇胺加氯化钠、二水石膏加氯化钠等。一般情况下，速凝剂早强剂用量为：三乙醇胺（或三异丙醇胺）占水泥用量 0.05%～0.1%，氯化钠占水泥用量 0.5%～1.0%。

c. 其他附加剂。为了满足工程的特殊需要，除上述水泥附加剂外，有时需要在水泥浆中加入其他一些附加剂，例如缓凝剂、减水早强剂、膨胀剂、流动剂、加气剂、防吸水剂等。

③单液水泥浆的特点。

单液水泥浆是以水泥为主的浆液，它具有材料来源丰富、价格低廉、结石体强度高、抗渗性能好、单液注入方式、工艺简单、操作方便等优点，是当前乃至今后相当长时间内应用最多的一种注浆材料。但是，由于水泥是颗粒性材料，可注性较差，难以注入中细砂、粉砂层和细小的裂隙岩层，而且水泥浆凝固时间长，并有容易流失造成浆液浪费，以沉淀析水、强度增长慢、解释率低、稳定性较差等缺点，所以水泥浆应用范围有一定的局限性。为此近年来，国内外在改善水泥浆性能方面做了大量的工作，其中超细水泥的研究在扩大水泥浆应用范围、提高水泥浆性能方面取得突破性进展。

（2）超细水泥浆液

普通水泥的最大粒径在 44μm～100μm 范围内，这些颗粒使水泥浆难以注入渗透系数小于 5×10^{-2}cm/s 的粗砂土层或宽度小于 200μm 的岩体裂缝中。为解决水泥浆可注性差的问题，日本于 20 世纪 80 年代初首先研制出超细水泥注浆材料（简称 MC）。随后世界各国在建筑物的地基处理和地下工程的施工中，广泛采用超细水泥注浆材料，它既有化学浆液的良好可注性，同时又有水泥浆液结石体的力学性能，对地下水和环境无污染，而且价格较低，是一种性能优越的注浆材料。

超细水泥注浆材料由极细的水泥颗粒组成，其平均粒径为 4μm，最大粒径约等于 10μm，

比表面积在 $8000cm^2/g$ 以上。这一性质使超细水泥浆液有很好的可注性。能注入渗透系数为 $10^{-3} \sim 10^{-4} cm/s$ 的细砂。其可注性与化学浆液相识,而结石体强度又大大高于化学浆液,且对地下水和环境均无污染。

①化学组成。

超细水泥的化学组成见表 5-4。

超细水泥的化学组成(wt%)　　　　　　　表 5-4

烧失量	SiO_2	Al_2O_3	Fe_2O_3	CaO	MgO	SO_3	总数
0.3	29.0	13.2	1.2	19.2	5.6	1.2	99.7

②超细水泥浆液的特性。

a. 在同样水灰比条件下,超细水泥浆液黏度比普通水泥和胶体水泥浆液黏度都低。

b. 超细水泥浆液的稳定性与其他水泥浆液的比较试验结果证明超细水泥液具有良好的稳定性。

c. 浆液结石强度。超细水泥颗粒有较高的化学活性,能较好地凝结硬化,获得高的早期和后期强度。龄期 3d 的超细水泥结石体抗压强度不低于 20MPa,28d 可达 30MPa 以上($W/C = 0.6$)。

d. 凝结时间。超细水泥浆液凝结时间的确定可用掺入硅酸钠的方法在 45~150s 的范围内调解。

由于超细水泥具有可调的膨胀率,可十分容易地使结石体充满整个裂隙,使其界面结合的十分严密,大大提高了其抗渗能力。如在其中加入一些附加剂,可显著地改善超细水泥浆液的性能。这种新型水泥的出现为注浆领域开辟了新的途径,在一定的稠度下,它完全可以代替化学浆液。但由于其比表面积很大,因此欲配制成流动性较好的浆液需水量较大。所以当采用超细水泥注浆时,浆液的水灰比应控制在 0.8 以上。正是其比表面积很大,使得浆液的保水性强,浆液中的水分不易排除而使结石体强度降低。为解决这一矛盾可采用高效减水剂来改善浆液的流动性。

2)水泥水玻璃类浆液

水泥—水玻璃浆液亦称 C-S 浆液,C(Cement)代表水泥,S(Silicate)代表水玻璃。是以水泥和水玻璃为主剂,两者按一定的比例以双液方式注入,必要时加入附加剂所组成的注浆材料。这种浆液克服了单液水泥浆的凝结时间长且不能控制,结石率低等缺点,提高了水泥注浆的效果,扩大了水泥注浆的适用范围。可用于防渗和加固注浆,在地下水流速较大的地层中采用这种混合型的浆液可达到快速堵漏的目的。这是一种用途极广、使用效果良好的注浆材料。

(1)水玻璃

水玻璃不是单一的化合物,而是氧化钠(Na_2O)与无水二氧化硅(SiO_2)以各种比率结合的化学物质,其分子式为 $Na_2O \cdot nSiO_2$。按照水玻璃本身的 pH 值和在胶凝时的性态,可分为碱性水玻璃和非碱性水玻璃,碱性水玻璃即普通水玻璃,它本身呈强碱性,当与胶凝剂混合时,是在碱性条件下发生胶凝。由于碱性较强,在注浆处理的地层内会发生较强的碱性影响,使生成的二氧化硅胶体逐渐溶出,大大降低了处理体的耐久性;非碱性水玻璃一般呈酸性,它是在接近中性范围内胶凝的,避免了碱的溶出,从而增加了耐久性。

非碱性水玻璃可以用酸直接酸化普通水玻璃成为酸性水玻璃(pH=1.5~2.0),然后以碱性化合物将其在接近中性范围内胶凝,也可将普通水玻璃进行脱钠处理,制成硅溶胶,再用胶凝剂使其胶凝。

水泥浆中加入水玻璃有两个作用:一是作为速凝剂使用,掺量较少,一般约占水泥重量的3%~5%;另一个作用是作为主材料使用,掺量较多,可根据注浆的目的和要求而定,注浆用水玻璃对模数和浓度有一定的要求。模数 M 是描述水玻璃性能的一个重要参数,定义为水玻璃含二氧化硅(SiO_2)的摩尔数与氧化钠(Na_2O)的摩尔数的比值。

水玻璃模数的大小对注浆的影响很大。模数小时,二氧化硅含量低、凝结时间长、结石体强度低;模数大时,二氧化硅含量高、凝结时间短、结石体强度高。模数过大过小都对注浆不利。注浆时,一般要求水玻璃的模数在 2.4~3.4 较为合适。

(2)水泥—水玻璃浆液的性能

对于水泥—水玻璃浆液,根据注浆工程的需要,一般可分为加固和堵水两个方面。对于堵水,特别是水压较大,水流速较快或充填岩土的大空隙。要求浆液的凝结时间短且具有一定的抗压强度;对于加固地基,则要求浆液具有足够的抗压强度,现分别讨论如下。

①凝胶时间。

水玻璃能显著加快水泥浆的凝胶时间。凝胶时间随水玻璃浓度、水泥浆浓度(水灰比)、水玻璃与水泥浆的体积比以及温度等因素的变化而变化。

一般情况下,在一定范围内,水玻璃浓度减小,凝胶时间缩短,两者呈直线关系;水灰比越小,水泥与水玻璃之间的反应加快,凝胶时间缩短。总的来说,水泥浆越浓,反应越快;水玻璃越稀则反应越快。

②抗压强度。

对于水泥—水玻璃浆液,决定其浆液结石体抗压强度的主要因素是水泥浆的浓度(水灰比)。其他条件一定时,水泥浆越浓,其抗压强度越高。通常情况下,浆液结石体抗压强度可达 5~10MPa。

当水泥浆浓度较大时,随着水玻璃浓度的增高,抗压强度增高;当水泥浆浓度较小时,随着水玻璃浓度的增加,抗压强度降低。但当水泥浆浓度处于中间状态时,则其抗压强度变化不大。

水泥浆与水玻璃的体积比对抗压强度也有较大的影响。当水泥浆与水玻璃的体积比在 1:0.4~1:0.6 时,抗压强度最高,在这个配合比范围内,反应进行的最完全,强度也就最高。实际上,浓水泥浆需要浓水玻璃;稀水泥浆需要稀水玻璃。水玻璃过量对其抗压强度将产生不良影响。

综合考虑凝胶时间、抗压强度、施工及造价等因素,水泥—水玻璃浆液的适宜配方为:水泥为 425 号或 525 号普通硅酸盐水泥,水泥浆的水灰比为 0.8:1~1:1,水泥浆与水玻璃的体积比为 1:0.5~1:0.8,水玻璃模数 2.4~3.4,浓度为 22~40°Bé′。

(3)水泥—水玻璃浆液的特点

①浆液的凝胶时间可准确控制在几十秒至几十分钟范围内;

②结石体的抗压强度达 5~10MPa;

③凝结后结石率可达 100%;

④结石体的渗透系数为 10^{-3} cm/s;

⑤可用于裂隙宽度为 0.2mm 以上的岩体或粒径为 1mm 以上的砂层;

⑥材料来源丰富,价格较低;

⑦对环境及地下水无污染。

5.2.2 有机系注浆材料

1)丙烯酸盐类浆液

丙烯酸盐是一种性能指标与丙烯酰胺相似的注浆材料,但其毒性远比丙烯酰胺低得多。水溶液型丙烯酸盐浆液黏度低、低毒、凝固点低、胶凝时间可调,凝胶体具有一定的强度和弹性,可用于岩体、土层和混凝土等的微细裂隙注浆止水防渗。

丙烯酸盐溶液呈深绿色透明溶液,比重 1.185(22℃),黏度 0.01244Pa·s(22℃),pH 值 6,丙烯酸盐含量不少于 35%。

浆液呈淡蓝色,比重 1.081(18℃),黏度 0.0028Pa·s(18℃),pH 值 7~8,凝胶时间从瞬间至数小时范围内可调,随铁氯化钾的添加和用量的增加,凝胶时间延长。影响凝胶时间的因素主要有温度、引发剂和促进剂的浓度、浆液浓度、pH 值等。凝胶体的渗透系数为 1.7×10^{-7} cm/s,固砂体的抗压强度为 0.3MPa。

2)聚氨酯类浆液

聚氨酯类浆液是采用多异氰酸酯和聚醚树脂等作为主要原材料,加入各种附加剂配制而成。由于浆液中含有未反应的多异氰基团,遇水发生化学反应,交联生成不溶于水的聚合体,浆液注入地层后,起加固地基和防渗堵水作用。反应过程中生成二氧化碳,使体积膨胀,增加了固结体体积,且产生较大的膨胀压力,使浆液二次扩散,从而加大了扩散范围。

聚氨酯浆液可分为非水溶性聚氨酯浆液(简称 PM)和水溶性聚氨酯浆液(简称 SPM)。

(1)非水溶性聚氨酯浆液

①原材料组成。

a. 多异氰酸酯。常用的多异氰酸酯有甲苯二异氰酸酯(TDI)、二苯基甲烷二异氰酸酯(MDI)和多苯基多次甲基多异氰酸酯(PAPI)等。其中,甲苯二异氰酸酯的黏度最小,用它合成的预聚体,黏度低,活性大,遇水反应速度快;而由 MDI 或 PAPI 合成的预聚体,黏度大,但固结体强度高。

b. 多羟基化合物。多羟基化合物有聚酯类和聚醚类两种,由于酯键容易水解,而醚键比较稳定,且相同分子量的聚醚树脂的黏度比聚酯树脂小,所以一般都采用聚醚树脂作为注浆材料。

②外加剂。

聚氨酯浆液除主剂—预聚体外,还有附加剂,如催化剂、稀释剂、表面活性剂、乳化剂和缓凝剂等。

a. 催化剂。浆液中加入催化剂的目的是加速浆液的反应速度和控制发泡时间。

催化剂有叔胺类和锡盐类两种,由于叔胺中的氮原子负电性很强,对提高 -NCO 与水反应的活性起着催化作用,叔胺类催化剂有三乙胺、三乙烯二胺、三乙醇胺等。锡盐类催化剂主要是促进 -NCO 与水作用的链增长和进一步胶凝硬化,常用的有二月桂酸二丁基锡、氯化亚锡、辛酸亚锡等。一般情况下,两种催化剂共同使用,起到相互协同的作用,更好地收到预期效果。

b. 稀释剂。稀释剂的作用是降低预聚体或浆液的黏度,提高浆液的可注性。一般采用丙酮、二甲苯、二氯乙烷等稀释剂。其中丙酮的效果最好,但聚合体的收缩较大。二甲苯稀释浆液后,其聚合体的收缩较小,但二甲苯掺量过大时,会增加浆液的憎水性,使凝胶速度显著减慢。稀释剂的用量不宜过多,否则还会降低其他物理力学性能。

c. 表面活性剂。加入表面活性剂可提高泡沫的稳定性及改善泡沫的结构,一般采用发泡灵,是一种非离子型表面活性剂,是有机硅烷和聚醚的衍生物。表面活性剂的用量一般在1%以下。

d. 乳化剂。乳化剂可以提高催化剂在浆液中的分散性及浆液在水中的分散性。常用的有吐温-80,学名为聚氧化乙烯山梨糖醇酐油酸酯,用量约为0.5%~1%。

e. 缓凝剂。浆液中加入缓凝剂可以使预聚反应减少支联化,防止凝胶,同时在注浆过程中,也可减缓反应速度,增大浆液扩散距离。

(2) 水溶性聚氨酯浆液

水溶性聚氨酯预聚体也是由聚醚树脂和多异氰酸酯反应而成的。但这种聚醚一般是由环氧乙烷开环聚合而得,也可由环氧乙烷和环氧丙烷开环共聚而得。水溶性聚氨酯能与水以各种比例混溶成乳浊液,并与水反应成含水凝胶体。

①浆液组成。

水溶性聚氨酯浆液是由预聚体和其他附加剂所组成。外加剂与非水溶性聚氨酯所用的基本相同,预聚体主要有两种。

a. 高强度浆液的预聚体。环氧乙烷聚醚与环氧丙烷聚醚及甲苯二异氰酸酯反应制得预聚体。预聚体由甲苯二异氰酸酯(80/20,主剂)、环氧丙烷聚醚(604,主剂)、环氧乙烷聚醚(分子量1500,主剂)、邻苯二甲酸二丁酯(溶剂)、二甲苯(溶剂)和硫酸(阻聚)组成,组成预聚方法与非水溶性聚氨酯的预聚体中采用604聚醚的基本相同,反应温度应控制在40~50℃。维持温度为90℃,最后,将预聚体与其他附加剂混合即配成浆液。

b. 低强度浆液的预聚体。先制成环氧丙烷、环氧乙烷的混合聚醚(分子量1000~4000,主剂),然后再与甲苯二异氰酸酯(80/20,主剂)预聚而成预聚体。预聚时,先将聚醚加热溶化,再与甲苯二异氰酸酯混合摇匀,在80℃下维持4h即可,因为预聚体是蜡状固体,配浆时,应先加热溶化,再加入附加剂。

②浆液主要性能。

a. 黏度。高强度水溶性聚氨酯浆液黏度在25~70cp之间,如再多加溶剂则会降低固结体的强度。至于低强度水溶性聚氨酯浆液黏度,则根据加水量或溶剂量而定,当然也会影响其固结体的强度。

b. 可注性。水溶性聚氨酯浆液的可注性良好,如将其配成黏度为10cp的浆液,它的可注性比丙烯酰胺浆液还好。

c. 胶凝时间。水溶性聚氨酯浆液的胶凝时间根据催化剂或缓凝剂的用量在数秒到数十分钟之内调整。但低强度水溶性聚氨酯浆液的胶凝时间很短(通常在数分钟之内)。

d. 固结体的抗压强度。低强度水溶性聚氨酯浆液胶凝后是一个含水的弹性凝胶体,其固砂体抗压强度为 0.1MPa~5MPa(随加水量而变化)。

高强度水溶性聚氨酯浆液固结体的抗压强度与非水溶性聚氨酯浆液相近,不同压力下的固结体,其抗压强度变化不大。

e. 抗渗性能。水溶性聚氨酯浆液固结体的抗渗性高于非水溶性聚氨酯浆液的抗渗性。一般在 10^{-6}~10^{-8}cm/s 之间,高强度水溶性聚氨酯浆液固结体的抗渗强度可达 1.5MPa。

5.3 地表旋喷加固技术

地表旋喷加固起源于20世纪60年代末期,日本将高压水射流技术应用到灌浆工程中,创造出一种全新的施工工法——高压喷射注浆法。又称 CCP 工法(Chemical Churning Pile)。1972年铁道部科学研究院率先开发高压喷射注浆法。1975年,我国冶金、水电、煤炭、建工等部门和部分高等院校,也相继进行了试验和施工。目前该技术成功应用于已有建筑和新建工程的地基处理、深基坑地下工程的支挡和护底、构造地下防水帷幕等。

5.3.1 工艺原理

高压喷射注浆是将高压水力喷射切割技术和化学注浆技术相结合用于地基加固的一种施工工艺。其原理是利用钻机等设备,把安装在注浆管最底部的特殊喷嘴,置于土层预定的深度,以高压的水流(或水泥浆)或压缩空气流在地下切碎软弱土体后,再以高压注入水泥浆体与切碎的土体混合形成加固柱体。根据施工过程中喷管旋转与提升的方式不同可实现旋喷、摆喷和定向喷射,相应地可形成旋喷桩、成片的止水帷幕和挡土墙等地下结构。

5.3.2 施工方法

1) 施工准备

将所需设备按施工现场情况进行合理布置、安装,分别检查气、浆两大系统各种设备运转是否正常,管路是否畅通(进行地面管路试喷),测试监控仪器是否齐备、完好,确信无误后方可进入下一步工序。

2) 测量放样

首先采用全站仪放出高压旋喷桩位置,然后使用钢卷尺和麻线根据桩距传递放出旋喷桩的桩位位置,用小竹签做好标记,并撒白灰标识,确保桩机准确就位。

3) 钻孔就位

钻机就位是喷射注浆的第一道工序,钻机应安置在设计孔位上,使钻头对准孔位的中心,同时为保证钻孔后达到设计要求的垂直度,钻机就位后,必须作水平校正,使其钻杆垂直对准钻孔中心位置,对不符合垂直度要求的钻杆进行调整,直到钻杆的垂直度达到要求,为了保证桩位准确,使用定位卡,桩位对中误差不大于5cm。

4) 钻孔

在钻进过程中,应精心操作,合理掌控钻进参数,控制钻进速度,防止埋钻、卡钻等各种孔内事故。为避免钻孔倾斜,在钻机就位和钻孔过程中,要随时注意校核钻杆的垂直度,发现倾斜及时纠正,以确保钻孔倾斜度在设计允许的范围内:钻速要打慢档,并采用导正装置防止孔斜。

5) 下注浆管

下注浆管时应对喷头加以保护,防止风嘴、浆嘴堵塞,当遇到注浆管下不到位或下不去现象时,应视不同的情况进行处理,确保不塌孔,必须确保喷杆下至预计深度,方可正式喷射注浆。

6) 高压旋喷注浆

将注浆管下到预定位置后,依次送浆、送风,在孔底定喷数秒,调整泵压、风压至设计值并孔口返浆正常后开始边旋转边提升,按设计确定的各项高喷参数进行施工。高喷过程中经常测试水泥浆液进浆比重,当其达不到设计要求时,立即暂停喷杆提升并调整水灰比与比重,然后迅速恢复喷浆作业。施工过程中,按要求随时检验并记录提升速度、喷浆压力与流量、气压与气量、进浆和回浆比重等;每孔需作制浆与耗浆(水泥量)统计和记录。

7) 喷射结束,钻机移位

单根桩喷射施工完毕后,移位钻机进行下一根桩施工或对注浆管路器具进行清洗。清洗时,应把注浆管等机具设备冲洗干净,管内机内不得残存水泥浆。

5.3.3 加固效果验证

【工程实例】 青岛地铁 13 号线嘉灵区间 1#斜井高压旋喷加固效果验证

1) 工程概况

青岛地铁 13 号线嘉灵区间 1#斜井敞开段设置双排 $\phi800@600$ 高压旋喷桩,均采用三重管工艺,旋喷桩进入不透水层 1m。旋喷桩数量共 498 根,根据地质资料,桩底标高 $-7.4m \sim -8.0m$(图 5-1)。

图 5-1　1#斜井高压旋喷桩示意图

2) 方案设计

根据图纸要求,高压旋喷桩采用三重管工艺,采用 42.5 级普通硅酸盐水泥,利用钻机把带有特殊喷嘴的注浆管钻进至土层的预定位置后,用高压脉冲泵,将水泥浆液通过钻杆下端的喷射装置,向四周以高速水平喷入土体,借助液体的冲击力切削土层,使喷流射程内土体切削破坏,与此同时钻杆一边以一定的速度旋转,一边低速徐徐提升,使土体与水泥浆充分搅拌混合,胶结硬化后即在地基中形成直径比较均匀具有一定强度的圆柱体(称为旋喷桩),桩体间相互咬合,在斜井敞开段四周形成一圈闭合的止水帷幕,达到止水效果,保证斜井施工过程安全。

(1) 施工参数

2015年4月6日下午,在1#斜井进行了高压旋喷桩试桩,试桩3根,经过试桩总结,确定各项施工参数见表5-5。

施工工艺参数表　　　　　　　表5-5

项　　目		技　术　参　数
压缩空气	气压(MPa)	0.75
	气量(m³/min)	5
水	压力(MPa)	28
水泥浆	水泥用量	320kg/m
	压力(MPa)	1.2
水灰比		1.1
水泥浆比重		1.5
提升速度(cm/min)		15
旋转速度(r/min)		20

(2) 施工方法及工艺流程

① 三重管法原理

三管法旋喷是一种水、气喷射、浆液灌注搅拌混合喷射的方法。即用三层喷射管使高压水和空气同时横向喷射,并切割地基土体,借空气的上升力把被破碎的土由地表排除;与此同时,另一个喷嘴将水泥浆低压力喷射注入到被切割、搅拌的地基中,使水泥浆与土混合达到加固目的。

采用三管法旋喷,应先送高压水、再送水泥浆和压缩空气;喷射时先应达到预定的喷射压力、喷浆量后,再逐渐提升注浆管,注浆管分段提升的搭接长度不得小于100mm;当达到设计桩顶高度或地面出现溢浆现象时,应立即停止当前桩的旋喷工作,并将旋喷管拔出并清洗管路。三重管法是将水泥浆与压缩空气同时喷射,除可延长喷射距离、增大切削能力外,也可促进废土的排除,减轻加固体单位体积的重量。

② 三重管旋喷施工工艺

三重管旋喷施工工艺流程见图5-2。

③ 具体施工步骤

A. 施工准备

a. 场地平整。正式进场施工前,进行管线调查后,清除施工场地地面以下2m以内的障碍物,不能清除的做好保护措施,然后整平、夯实;同时合理布置施工机械、输送管路和电力线路位置,确保施工场地的"三通一平"。

b. 桩位放样。施工前用全站仪测定旋喷桩施工的控制点,埋石标记,经过复测验线合格后,用钢尺和测线实地布设桩位,并用竹签钉紧,一桩一签,保证桩孔中心移位偏差小于50mm。

c. 修建排污和灰浆拌制系统旋喷桩施工过程中将会产生10%~20%的返浆量,将废浆液引入沉淀池中,沉淀后的清水根据场地条件可进行无公害排放。沉淀的泥土则在开挖基坑时一并运走。

灰浆拌制系统主要设置在水泥附近,便于作业,主要由灰浆拌制设备、灰浆储存设备、灰浆输送设备组成。

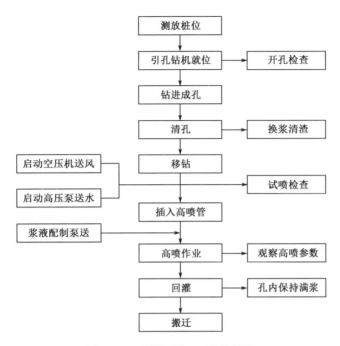

图 5-2　三重管旋喷施工工艺流程图

B. 钻机就位

钻机就位后,对桩机进行调平、对中,调整桩机的垂直度,保证钻杆应与桩位一致,偏差应在 10mm 以内,钻孔垂直度误差小于 0.3%;钻孔前应调试空压机、泥浆泵,使设备运转正常;校验钻杆长度,并用红油漆在钻塔旁标注深度线,保证孔底标高满足设计深度。

C. 钻进

根据地质资料及实地调查,滨海大道为海滩回填区,地层中有碎石回填层,需要采用地质钻机引孔。钻机钻杆长度 18m,可一次钻进至设计标高。在钻架上做好深度标记,以方便控制。钻进至强风化层 1m,孔底标高根据地质资料确定。根据地质资料,强风化层顶标高为 −6.2 ~ −6.9m,则孔底标高为 −7.2 ~ −7.9m。

D. 旋喷提升

当钻杆钻进至设计深度后,启动高压水泵,然后由下向上喷射高压水流切割土体,同时利用高压空气将泥浆清理排出。泥浆排出过程中,输浆泵开始灌浆。为保证桩底端的质量,喷嘴下沉到设计深度时,在原位置旋转喷射 60s 左右,待孔口冒浆正常后再旋喷提升。钻杆的旋转和提升应连续进行,不得中断,钻机发生故障,应停止提升钻杆和旋转,以防断桩,并立即检修排除故障,为提高桩底端质量,在桩底部 1.0m 范围内应适当增加钻杆喷浆旋喷时间。

E. 钻机移位

旋喷提升到设计桩顶标高时停止旋喷,提升钻头出孔口,清洗注浆泵及输送管道,然后将钻机移位。

F. 注浆工艺控制

影响高压旋喷桩注浆固结体的质量因素较多,当确定采用一定形式的高压喷注浆之后,注浆工艺是影响固结体的重要因素之一。

a. 旋喷。高压旋喷注浆,均是自下而上,连续进行,若施工中出现了停机故障,待修好后,需向下搭接不小于500mm的长度,以保证固结体的整体性。

b. 复喷。在不改变旋喷技术参数的条件下,对同一土层作重复注浆(喷到顶再下钻重喷该部位),能增加土体破坏有效长度,从而加大固结体的直径或长度并提高固结体强度,复喷时全部喷浆,复喷的次数愈多固结直径加长的效果愈好。

G. 水泥用量的控制

在喷浆提升过程中,控制水泥用量是关键。水泥的用量与喷浆压力、喷嘴直径、提升速度及水灰比等有直接关系,具体控制方法:

a. 若水泥量剩余措施:适当增加喷浆压力;加大喷嘴直径;减慢提升速度。

b. 若水泥量不够措施:保证桩径的情况下适当减少压力;喷嘴直径适当减少;保证桩体强度的情况下适当加快提升速度;加大水灰比值。

针对本工程具体情况,每根桩分次进行搅拌,施工用水精确量取,确保定量的水和水泥比例进行拌制水泥浆,通过以上参数可保证水泥量满足设计要求;针对水泥浆下沉现象(水泥浆液密度较大),采取自桩顶向下3.0m进行复喷,可保证桩体上部水泥土强度。

H. 冒浆处理

在旋喷过程中,往往有一定数量的土颗粒,随着一部分浆液沿着注浆管管壁冒出地面,通过对冒浆的观察,可以及时了解土层状况,判断旋喷的大致效果和断定参数合理性等,根据经验,冒浆(内有土粒、水及浆液)量小于注浆量20%为正常现象,超过20%或完全不冒浆时,应查明原因及时采取相应措施。

a. 流量不变而压力突然下降时,应检查部位的泄漏情况,必要时拔出注浆管,检查其封密性能。

b. 出现不冒浆或断续冒浆时,或系土质松软则视为正常现象,可适当进行复喷;如系附近有空洞、暗道,则应不提升注浆管,继续注浆直至冒浆为止,或拔出注浆管待浆液凝固后,重新注浆直至冒浆为止,必要时采用速凝浆液,便于浆液在注浆管附近凝固。

c. 减少冒浆的措施:冒浆量过大的主要原因,一般是有效喷射范围与注浆不相适应,注浆量大大超过旋喷固结所需的浆量所致。

可采取:提高旋喷压力(喷浆量不变);适当缩小喷嘴直径(旋喷压力不变);加快提升和旋转速度。

对于冒出地面的浆液,可经过选择和调整浓度后进行前一根桩返浆回灌,以防止空穴现象。

I. 固结体控形

固结体的形状,可以通过调节旋喷压力和注浆量,改变喷嘴移动方向和提升速度,予以控制。由于本工程设计固结体的形状为圆柱形,在施工中采用边提升边旋转注浆,考虑到深层部位的成形,在底部喷射时,加大喷射压力,做重复旋喷或降低喷嘴的旋转提升速度,而且针对不同土层(硬土)可适当加大压力和降低喷嘴的旋转提升速度,使固结体达到匀称,保证桩径差别不大。

J. 确保桩顶高度

当采用水泥浆液进行喷射时,在浆液与土粒搅拌混合后的凝固过程中,由于浆液析水作用,一般均有不同程度不同的收缩,造成固结顶部出现一个凹穴的深度一般为设计桩径的1~1.5倍。这种凹穴现象,对于止水帷幕而言是极不利的,必须采取有效措施予以清除。

为防止因浆液凝固收缩而产生的凹穴现象,便于地基加固达到理想的效果,可采取超高旋喷、返浆回灌等措施。

3) 实施效果

旋喷桩施工技术标准见表5-6。

旋喷桩技术标准表　　　　表5-6

序号	项目名称	技术标准	检查方法
1	钻孔垂直度允许偏差	1/150	实测或经纬仪测钻杆
2	钻孔位置允许偏差	50mm	尺量
3	钻孔深度允许偏差	±200mm	尺量
4	桩体直径允许偏差	≤50mm	开挖后尺量
5	桩身中心允许偏差	≤0.2D	开挖桩顶下500mm处用尺量,D为设计桩径
6	水泥浆液初凝时间	不超过20h	
7	水泥土强度	$q_u(28) \geq 1.0$MPa	试验检验
8	水灰比	1.1~1.3	试验检验

5.4 地表注浆加固技术

地表注浆作为一种应用方便、效果较好、成本较低的加固方法,被广泛应用于地下工程建设中。目前应用较为广泛的地表注浆加固工艺分别有:袖阀管注浆工艺、WSS注浆工艺以及钢花管注浆工艺。其中袖阀管注浆是一种比较先进的注浆施工工艺,最早起源于法国,其具有能较好地控制注浆范围和注浆压力,可进行重复注浆,且发生冒浆与串浆的可能性很小等特点;WSS双液注浆技术起源于日本,在中国台湾地区应用比较广泛。

5.4.1 袖阀管注浆

1) 工艺原理

袖阀管注浆法是通过较大的压力将浆液注(压)入岩土层中,注浆芯管上下的阻塞器可实现分段分层注浆,可由施工需要选择联系或跳段注浆。此工法在需要全程注浆的施工中,通过分段注浆,使得松散的地层和较密实的地层均得到很好的注浆加固效果,避免了以往的注浆工艺在松散地层和较密实地层同时存在时,松散地层注浆量大、较密实地层注不进浆的现象的发生。

地表采用袖阀管注浆的原理主要是通过外界较大的压力把浆液通过袖阀管压入岩土层中,通过渗透及劈裂作用,将土体粒子间的水分及空气排挤到加固圈以外,并充填土粒之间的空洞、空隙,使注浆范围周边的松软土粒通过浆液凝结成为一个整体,使土体的物理力学性能得到充分改善,提高地层的稳定性和土体的强度,降低地层的渗透性,地下水不易渗透到加固层以下,从而保证隧道在开挖后地层的稳定,在保证施工安全可靠的同时也保护了周围的环境。

袖阀管注浆工法是在浆液经过注浆泵加压后,通过连通管进入注浆管,聚集到袖阀管注浆管段,然后通过泄浆孔的PVC管(即袖阀管),在内压力的作用下,将包裹在PVC外的橡胶圈胀开和套壳料挤碎。当压力逐渐增大到一定程度,被加压的浆液就会沿着地层结构产生充填、渗透、压密、劈裂流动,此时由于供浆量小于进入量,压力会自动回复到平衡状态,之后的浆液在压力作用下,使得劈裂裂缝不断向外延伸,浆液在土体中形成固结体,从而达到增加地层强度,降低地层渗透性的目的。逐次提升或降低注浆内管即可实现分段注浆,袖阀管注浆原理如图5-3所示。

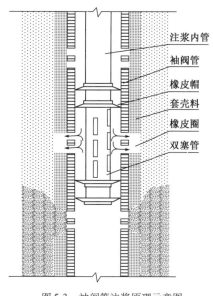

图5-3 袖阀管注浆原理示意图

橡胶圈的作用是当孔内加压注浆时橡胶圈胀开,浆液从泄浆孔进入地层,停止注浆时橡胶圈在袖阀管外部浆液的作用下封闭泄浆孔,阻止泥土和地下水逆向进入袖阀管内。

套壳料的作用是在袖阀管周围形成具有一定强度的保护层,注浆时浆液在袖阀管有孔的部位挤碎套壳料,而上部和下部的套壳料仍具有一定强度,可以阻止浆液的上下流动。这样浆液就只在很小的范围横向流动,以增加地层加固半径。而双塞管的作用是增压,当浆液通过注浆内管进入双塞管后,浆液从内管上的出浆孔流出。当浆液进入袖阀管和双塞管中间时,在压力作用下,橡皮帽被顶起,随着浆液的聚集,压力达到一定程度后,袖阀管外侧的橡胶圈被胀开,套壳料被挤碎,从而浆液被挤压到地层中。袖阀管注浆需分段进行,每段注浆应一次完成。

2)施工方法

袖阀管注浆法主要施工流程包括放样定位和钻孔、置换套壳料、插入袖阀管、注浆等。

(1)放样定位和钻孔

利用现场基准点采用全站仪按设计要求进行布孔,组织相关人员对孔位进行测量和复核,确认无误后方可进行钻孔施工。钻孔孔位及钻孔深度严格按照设计进行。

钻孔前确定孔位位置,检查钻机机身的水平度及钻杆的垂直度,要求钻机基本水平,钻孔垂直偏差小于1%。在钻孔过程中,做好钻进速度记录,认真分析地质情况,为注浆时压力调整提供参考。成孔标准:钻孔深度达到设计孔深或钻进比较困难,且接近钻孔设计深度时可终孔,终孔时准确记录钻孔深度,并注意对孔口和孔壁的保护。钻孔注意事项:①开孔前确保钻机的水平和垂直;②钻孔时保持中速,遇到硬层时,减速慢钻,防止卡钻;③泥浆护壁要做好,防止塌孔。

(2)置换套壳料

套壳料一般由粉煤灰、膨润土、水泥加水搅拌而成。成孔后立即通过钻杆用套壳料置换孔内泥浆,方法是将通过循环泥浆的管接到挤压式注浆机上,在注浆压力的作用下,通过钻杆将孔内泥浆置换成套壳料。套壳料在压力的作用下,通过钻杆进入钻孔底部,随着套壳料的进入,泥浆从地面孔口置换出来,置换出来的泥浆通过孔口的泥浆沟排到泥浆循环池。在发现排出的泥浆中含有套壳料时,停止置换。

(3)插入袖阀管

套壳料灌注完毕后,应立即埋插袖阀管。下放袖阀管时管与管之间的连接必须牢固,开孔处管外紧箍橡胶套,覆盖注浆孔;袖阀管下底端要套好锥形堵头,上顶端要戴上保护帽,防止孔中泥浆或套壳料进入袖阀管内。下放时管中注满清水,减小浮力影响,使袖阀管顺利下沉,减小管的弯曲度。按照要求的配合比配置套壳料对袖阀管进行固定,袖阀管要尽量位于钻孔中间并保持竖直,套壳料就能均匀地固结在袖阀管周围,注浆效果更为明显。

(4)注浆

采取分段式注浆,每段注浆长度称为注浆步距。开口钢管长度为注浆步距长度。注浆步距一般选取 0.6~1m,这样可以有效地减少地层不均一性对注浆效果的影响。对于砂层,注浆步距宜采用低值;对卵石或破碎岩层,注浆步距宜采用高值。注浆过程中,每段注浆完成后,向上或向下移动一个步距的芯管长度。宜采用提升设备移动,或人工采用2个管钳对称夹住芯管,两侧同时均匀用力,将芯管移动。每完成3~4m注浆长度,要拆掉一节注浆芯管。在注浆过程中应注意以下几个方面:①每次正式注浆前,均要用清水试泵,看注浆机性能是否良好;②注浆过程中力求连续作业,确保注浆达到设计效果和防止浆液堵管;③注浆压力宜控制在 0.15~0.5MPa 间;④应遵循自下而上,逐节注浆的原则;⑤严格控制注浆流量在 7~10L/S。对填充型灌注时也不宜大于 20L/S。⑥正式注浆后当压力达到或超过 0.5MPa,或者吃浆量小于 1L/min 时应停止注浆,严防爆管喷漏浆液伤人。注浆结束后,在注浆管上口盖上闷盖,以便于复注施工。注浆工艺流程见图5-4。

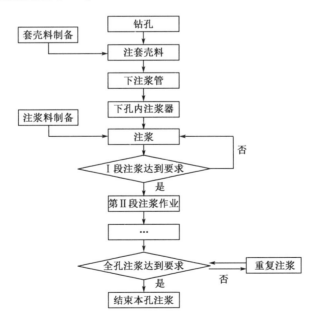

图 5-4 袖阀管注浆工艺流程图

3）加固效果验证

近年来袖阀管注浆法在注浆加固工程中得到较广泛应用,青岛地铁施工中曾多次采用袖阀管注浆技术加固地层,取得了良好的效果。

【工程实例】 青岛地铁13号线二工区1#斜井袖阀管注浆加固效果验证

（1）工程概况

嘉灵区间1#斜井袖阀管分别穿过第四系全新统人工填土层、全新统海积层、第四系上更新统冲洪积层、角质凝灰岩、强风化带、中风化带化带、微风化带。本标段嘉灵区间1#斜井暗挖段采用袖阀管地面加固固结斜井隧道上方及周边软弱围岩,注浆段位于滨海大道南侧,自斜井的明暗交界开始,纵向长度约90m。袖阀管施工范围斜井标准宽度为5m,拐弯处净宽6m,错车道净宽7m,袖阀管平面注浆宽度约为2倍洞径（开挖轮廓线外扩3m）,开挖过程平缓过渡。

（2）方案设计

注浆断面分为全断面注浆、半断面注浆两种注浆,全断面注浆里程约40m,注浆断面布置详见图5-5。

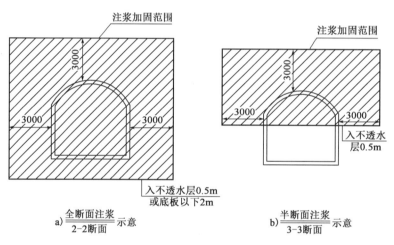

图5-5 嘉灵区间1#斜井袖阀管施工全、半断面注浆图

袖阀管平面布置间距为1.0m×1.0m,呈梅花状布置。遇到现场大树时避开,从两侧斜向下钻进（图5-6）。

根据设计图纸要求,袖阀管施工采用潜孔钻进后插管注浆与跟管钻进成孔注浆相结合的施工工艺,采用42.5级普通硅酸盐水泥和水玻璃进行高压双液注浆从而实现固结预定地层的目的,达到一定的止水效果,保证斜井施工过程安全。

部分地质条件较好、坚硬、完整的地层,采用潜孔钻进工艺。潜孔锤冲击回旋钻进土（岩）层成孔直径约91mm,钻孔进入不透水层内约0.5m。土层中采用泥浆护壁钻孔法,钻进深度应达到注浆固结段高度。成孔后,根据设计要求连接相应的注浆管并下到钻孔孔底,上部高出地面50cm以上。

部分地层地质较差、存在碎石层和砂层,机械易在碎石层中卡钻,不易钻进成孔,采用锚固钻机（型号YGL-C150M）跟管钻进成孔工艺,成孔直径为150mm,钻孔进入不透水层内约

0.5m。土层中采用全液压驱动、冲击动力头式双管钻机钻进,钻杆为外管套内管的双管钻杆,钻进时内管加压注水利用冲击钻头旋转钻进,循环水从外管和内管之间流出并带出泥沙,入岩后内管继续钻进,深度达到注浆固结段高度。为防止注浆管无法插入钻孔或者插入后被挤压损坏,钻孔成孔后先取出内管保留外管在钻孔内,根据按设计要求连接相应的注浆管并下到钻孔孔底,上部高出地面50cm以上。

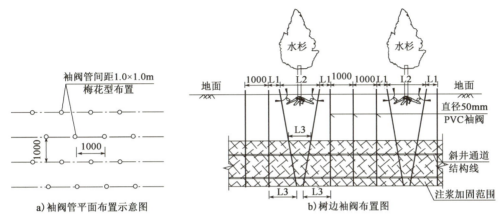

图5-6 嘉灵区间1#斜井袖阀管施工平面布置及树侧布置图

注浆时采取分段式注浆,每段注浆长度称为注浆步距。花管长度为注浆步距长度,一般选取0.33~1.0m,有效地减少地层不均一性对注浆效果的影响。对于砂层,注浆步距宜选用低值;对于卵石或破碎岩层,注浆步距宜选用高值。

根据成孔的先后顺序,待套壳料具有一定强度后,将 $\phi12.7mm$ 带双塞的注浆钢管从袖阀管中下到注浆段位置,自下而上分段注浆,分段间距不得大于2.0m;注浆压力为0.8MPa~1.2MPa、开环压力为0.5MPa。如果增加注浆量,可采用"间歇定量分序注浆法"进行注浆;保证地面不产生裂痕和抬升。

(3)实施效果

为检验注浆质量,在袖阀管之间取芯检测。通过查看芯样,并检测芯样的强度和抗渗系数,均达到设计要求(图5-7)。

a)

b)

图5-7 芯样照片

5.4.2 WSS 注浆

1）工艺原理

WSS 是中文无收缩双液注浆的拼音缩写。二重管无收缩双液注浆是通过二重管的端头混合室将两种混合浆液，即 A 液和 B 液（或 C 液），在地层所需加固止水位置喷出，在不改变地层组层的情况下，将地层颗粒间存在的水强迫挤出，使颗粒间的空隙充满浆液并使其固结，达到改良土层性状的目的。其喷浆特性使该地层黏结力（C），内摩擦角（φ）值增大，从而使地层粘结强度及密度增加，达到加固作用；地层颗粒之间充满了不流动而且固结的浆液后，使地层透水性降低，从而形成相对隔水层。

WSS 注浆技术的特点主要包括：①钻机采用的二重管直接作为钻杆钻孔达到预定深度或地点，同时二重管可以用来直接注浆，管头装有 30cm 混合器用来使双液充分混合；②注浆过程中注浆管可以旋转（正反均可），不会发生钻杆卡死及浆液溢流现象，节省了其他注浆管一次性投入的费用，另外有利于保护环境不受污染；③浆液分溶液型（A、B 液组成）和悬浊型（A、C 液组成）。浆液对土层有很强的渗透性，采用调节浆液配比和注浆压力的办法可使注浆范围人为控制；凝结时间可以调节，并可以复合注入施工，满足不同的要求；④二重管端头的浆液混合器可使两种浆液在出管的时候完全混合，既能使浆液均匀，又不会出现常规方法容易出现的堵管现象；⑤平常的加固可从地面垂直注浆，对于隧道的周边亦可倾斜注浆，调整好注浆压力，亦可进行水平超前注浆；⑥从钻孔至注浆完毕，可连续作业；⑦注浆材料是水泥、水玻璃、冰醋酸、二氧化硅系胶负体等，材料来源普遍；⑧钻机体型较小，移动方便，适用较困难的施工环境；⑨该工艺适用范围广，可用于各种土层。岩层亦可适用，前提是要另外的钻机进行提前引孔。

2）施工方法

WSS 注浆技术的施工方法主要包括以下几点：

(1) 钻孔。钻孔位置及孔间距根据工程实际确定，一般认为 1～1.5m；

(2) 注浆系统设置。钻孔机将钻杆（注浆管）设于预定深度后，连接好注浆系统，注入清水并从浆液混合器端部流出；

(3) 后盘调制好浆液，并保证连续供应；

(4) 注浆。施加压力注浆时，必须精心操作控制压力。在某点上的压力达到预定值，缓缓提升钻杆（注浆管），以压力减小或提升 30～50cm 为宜。根据施工需要，每孔可以由上至下，也可以由下至上分段进行。多孔时，要分孔序，以间隔注浆为原则；

(5) 注浆结束注浆完毕将注浆管冲洗干净全部收回，对注浆孔进行密封，恢复原状；

(6) 浆液强度、硬化时间、渗透性能可根据工程实际需要调整；

(7) 浆液不流失、固结后不收缩、硬化剂无毒、对周围环境及地下水资源不造成污染。

注浆工艺流程如图 5-8 所示。

3）加固效果验证

WSS 注浆技术为注浆加固工艺增添了新的方法，在工程实践的应用中取得了良好的效果。

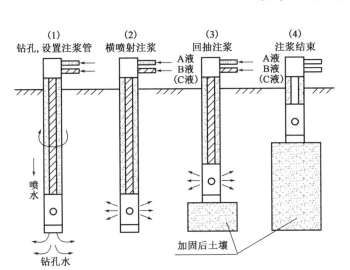

图 5-8 WSS 注浆工艺流程图

【工程实例】 青岛地铁 13 号线井嘉区间 4#竖井横通道 WSS 注浆加固效果验证

(1) 工程概况

井冈山路站嘉年华站区间由井冈山路站引出后,沿井冈山路继续前行,途径傲海星城;拟建航运中心,然后转入漓江西路,途径唐岛湾、海上嘉年华,到达嘉年华站,区间全长约 3733.72m。在区间中部设置三座施工竖井、一座风井兼临时竖井和一座斜井。其中 4#竖井横通道中心里程为 YSK11+419.309,距离区间斜井约 809m。该竖井主攻方向为距离嘉年华车站约 147m 区间,施工竖井内净空为 5m×9m,横通道净宽 6m,横通道下穿漓江西路至海上嘉年华小区绿化带,全长 57.8m,埋深约 9m,采用喷锚支护结构。

横通道过渡段开挖至 28m 处,突遇地下不明水囊,水囊存水沿掌子面与封闭格栅之间的空隙涌出。现场已采用地面回填混凝土填充空洞,但应进一步对填充体及周边进行注浆堵水,并对填充体和调高段之间的松散土体进行地面加固。为保证安全,经综合考虑,采用 WSS 注浆工艺进行加固。

(2) 方案设计

据地质资料,本 WSS 注浆桩分别穿过沥青面层、回填混凝土层、杂填土、素填土、淤泥质粉质黏土、强风化闪长岩进入中风化岩层等。由于坍塌以后地层较为复杂,需采用潜孔钻配合引孔,WSS 双液注浆机后续进行注浆施工。WSS 注浆施工长度为穿越淤泥质粉质黏土进入中风化岩层以下不小于 0.5m,桩径为 1.2m,加固范围为横通道轮廓线外扩 3.5m,掌子面南面(未支护面)7m,掌子面北面(已支护面)5m;四周采用 0.8m 间距双排梅花形布置,中间范围为 1m 间距。双液注浆桩根数 230 根,外排间距 0.8m,桩径 1.2m,桩长 12m;内排间距 1m,桩径 1.2m。

该工程采用两台 ZLJ-350 煤矿用坑道钻机在已经引孔的孔位上下钻,两台 SYB-60/5 双液变量注浆泵进行低压注浆。注浆流速 2.4m/h,注浆压力约为 0.5~0.8MPa,水泥浆密度为 1.52kg/cm³,水玻璃浆密度为 1.15kg/cm³。水泥浆液与水玻璃稀释液以 1:1 体积比在注浆管头进行混合,根据水泥浆比重推算每立方米双液浆需用水泥 380kg。

注浆施工时,由外排向内排依次施工,跳孔注浆;注浆钻杆到达孔底后开始注浆:由孔底向地面注浆,钻杆提升速度先慢后快,平均提速控制在2.0m/h;在接近混凝土回填层1m的位置,加速提升钻杆,减少注浆量,最大限度减小地面隆起和开裂。定期测定水泥浆、水玻璃浆、双液混合浆的密度;结合现场注浆效果,及时调整配合比;定期测定双液混合浆凝结时间,调整配合比,使之既不容易造成堵管现象,又能保证达到预期堵水加固效果。

(3)实施效果

为检验注浆加固质量,分别就加固区非加固区范围内进行取芯。采用直径为90mm的钻头下钻取芯,取芯深度13m,钻孔位于注浆孔0.6m范围。通过取芯可以看出:混凝土回填层以下的素填土、淤泥质粉质黏土、砂层都分别得到了很好的加固,芯样完整。同时,隧道内土体也得到了很好的加固,主要表现在两个方面:隧道内原本松散的淤泥质粉质黏土经WSS注浆加固后整体性较好并且有很好的强度;隧道内几乎没有渗漏水点,土体含水率也很低,开挖过程中无需排水。

5.4.3 钢花管注浆

1)工艺原理

钢花管注浆是通过压力将水泥浆液注入边坡岩土体中,水泥浆液在压力的作用下,挤密、充填、封闭岩层的孔隙和裂缝,并在凝结过程中与周围的松散岩土体颗粒产生物理及化学性质的改变。注浆完毕钢花管永久植入边坡,又对岩土体起到加筋锚固的作用。钢花管注浆技术,结合了注浆、加筋两种边坡加固技术,增加了岩土体的密实度,使之形成一个受力整体,从而提高了边坡内的防渗水性质,以及抗滑抗剪能力,有效的改善较软弱破碎、节理裂隙发育边坡的力学性能。在边坡加固工程中,钢花管注浆技术主要应用于三个方面:①在边坡坡顶,进行开挖前的预加固;②边坡坡面上替代锚杆的注浆锚管;③作用于边坡坡脚,以提高应力集中部位的抗滑抗剪能力。

2)施工方法

(1)注浆泵一般使用额定压力6MPa以上的可调控进浆压力的注浆泵。泵上的压力表要安装正确,并保证其工作正常。

(2)注浆所使用的高压注浆胶管额定压力要在20MPa以上,并确保管身无孔隙漏洞。连接钢花管和高压注浆胶管的压浆头,要有控制阀,以作闭浆使用。

(3)注浆钢管注浆前必须提前对孔口进行封口,封口采用掺入速凝剂的C30混凝土,以提高凝结速度及强度,封口时要预埋一根排气管。

(4)第一次注浆采用1:1水泥砂浆,先用PVC管插至孔底进行洗壁注浆,即将岩土体孔壁和钢花管外壁之间的空隙用水泥浆冲洗干净并填满,待到孔口间隙处冒出水泥浆与注入水泥浆从颜色到浓度相同时,停止洗壁。洗壁的目的是将钢花管外壁与岩土体孔壁之间填满水泥浆,增加其黏结力。如是直径50mm×3.2mm的钢花管,则不用洗壁(图5-9)。

(5)洗壁过后45~60min,封堵钢花管外侧空隙,再用带喷头的洗孔水管插入到钢花管底部,用高压水冲洗留在管内的水泥浆,以疏通出浆孔。

(6)第二次注浆材料为M30的纯水泥浆,采用分次间歇式注浆。待第一次注浆稳定后,对排气孔进行封口,进行第二次钢花管孔内的压浆,注浆压力应稳定在1.5~2.0MPa。按照设计要求一般注浆量为 200~300L/m,如注浆量已超过设计用量,注浆的压力表还未稳定,或者边坡坡面局部渗出水泥浆,则要暂停注浆,用水泥砂浆把冒浆口堵住,或待水泥浆初凝后再进行压浆。如此反复几次,使得压力达到设计大小并稳定一段时间后,将管口的控制阀门关闭,拆除注浆管(图 5-10)。

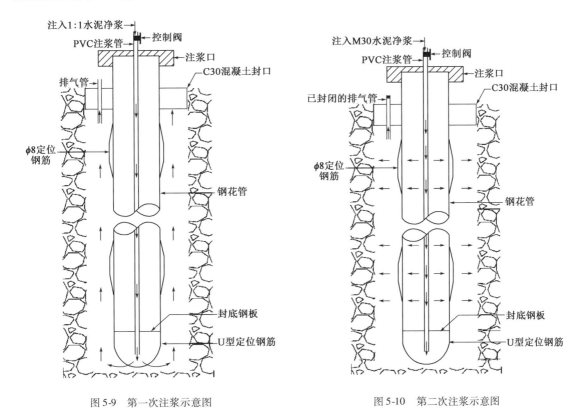

图 5-9　第一次注浆示意图　　　　图 5-10　第二次注浆示意图

(7)注浆稳定压力,是指注浆压力达到 2.5MPa 时,关上压浆头控制阀并停止进浆,这时压力会慢慢下降。当下降到 2.0MPa 时,压力表指针基本不动,并能维持 4~5min,这时的压力为稳定压力。

3)加固效果验证

【工程实例】　青岛地铁 13 号线嘉灵区间 1#斜井地表钢花管注浆加固效果验证

(1)工程概况

青岛地铁 13 号线嘉年华~灵山卫区间隧道拱顶埋深 10~16m,隧道上覆或穿越含有黏性土粗砾砂的第四系表土层与破碎的强风化凝灰岩地层,隧道内初支渗水较为严重,开挖掌子面难以自稳。

(2)方案设计

根据隧道区域地质资料及注浆加固需求,地表注浆施工范围为 1#斜井正线右线大里程和左线小里程各 6m,注浆范围上边界为拱顶以上 3m,注浆范围下边界为隧道拱顶轮廓线,隧道两侧区域注浆范围下边界为拱顶以下 1.5m,若强风化岩层下边界处于拱顶以下,则注浆加固范围下边界调整为强风化岩层下边界。

钻孔方式采用地表垂直钻孔,采用两序钻孔布置,第Ⅰ序钻孔为正常注浆孔,第Ⅱ序钻孔为检查及补充注浆孔。Ⅰ序钻孔孔间距为2m,Ⅱ序钻孔内插Ⅰ序钻孔,注浆范围为加固范围上边界以下区域。施工过程中先对第Ⅰ序钻孔进行注浆,第Ⅰ序钻孔注浆结束后,对注浆薄弱区域选择部分Ⅱ序钻孔进行注浆效果检查并对注浆效果较差的区域进行补充注浆。

钻孔方式采用地表垂直钻孔,采用两序钻孔布置,第Ⅰ序钻孔为正常注浆孔,第Ⅱ序钻孔为检查及补充注浆孔。Ⅰ序钻孔孔间距为2m,Ⅱ序钻孔内插Ⅰ序钻孔,注浆范围为加固范围上边界以下区域。施工过程中先对第Ⅰ序钻孔进行注浆,第Ⅰ序钻孔注浆结束后,对注浆薄弱区域选择部分Ⅱ序钻孔进行注浆效果检查并对注浆效果较差的区域进行补充注浆,注浆钻孔布置如图5-11所示。

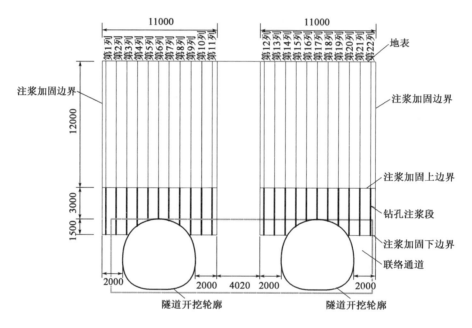

图5-11 钻孔布置横断面图(尺寸单位:mm)

(3)实施效果

为确保注浆效果,需对地表注浆效果进行检查,若注浆存在加固薄弱区应进行相应补充注浆。注浆效果检查手段主要采用以下四种:

①洞内检查孔探查,在隧道开挖之前对注浆加固区域进行超前孔探测,通过检查孔出水量、钻出岩屑类型、塌孔情况判断前方围岩及注浆加固效果(图5-12)。

②地表检查孔探查,对注浆过程中可能存在的加固薄弱区域,通过Ⅱ序检查及补充注浆孔对注浆加固区域进行注浆效果检查(图5-13)。

③对于富水性强的区段采用地质雷达探测前方注浆区域含水状态,若含水量较多,则进行补充注浆。

④钻孔电视探查,选取特征性检查孔进行钻孔电视探查,获得钻孔内部岩性随钻孔深度变化情况、出水位置等地质信息,评估注浆加固效果。

图 5-12　洞内开挖断面　　　　　图 5-13　Ⅱ序孔钻心取样

5.5　洞内帷幕注浆技术

20 世纪 50 年代初我国对于帷幕注浆技术的研究和应用开始起步。70 年代在岩溶发育地区修建高坝时,为防止坝基渗透开始广泛应用帷幕注浆法。经过多年的发展,21 世纪的今天,帷幕注浆已广泛应用到水利、建筑、铁路和矿业等多个领域。

5.5.1　工艺原理

帷幕注浆是一种注浆技术,该注浆技术是用液压或气压将能凝固的浆液按设计的浓度通过特设的注浆钻孔,压送到规定的岩土层中,填补岩土体中的裂缝或孔隙,旨在改善注浆对象的物理力学性质,以满足各类工程的需要。按其功能不同可分为防渗注浆和加固注浆,防渗注浆是为增强各种基础抗渗能力而被广泛采用的一种方法,它是在具有合理孔距的钻孔中,注入浆液,使各孔中注浆体相互搭接以形成一道类似帷幕的混凝土防渗墙,以此截断水流,从而达到防渗堵漏的目的,称为帷幕注浆。

5.5.2　施工方法

帷幕注浆是通过在地面钻地质探孔和注浆孔,再向孔内压注水泥或水泥—水玻璃等浆液,浆液挤出开挖断面及其周围一定范围内的岩缝中的水,保证围岩的裂隙被具有一定强度的混合浆体充填密实,并与岩体固结成一体,形成止水帷幕。

其质量保证措施有以下三点:

(1) 单孔单段注浆结束标准

以注浆终压、注浆量及井壁封水情况作为单孔单段注浆结束标准。

当注浆终压达到设计要求时,应终止注浆;当注浆量达到设计要求,而注浆封水效果不好时应继续注浆。

(2) 采用间歇复注的方式

根据浆液的扩散条件,确定单次注入量,一般按 30m³ 左右考虑。对于流砂层可进行一次复注。

对于黏土层可进行一次复注。先注孔可加大注入量,后注孔适当减少注入量。

(3)注浆压力的控制

根据井壁强度及不同注浆深度确定合理的注浆压力。采用压力表和卸压阀双重控制。

5.5.3 加固效果验证

【工程实例】 青岛地铁13号线四工区灵黄竖井小里程洞内帷幕注浆加固效果验证

1)工程概况

在灵山卫站大里程端140m范围内主要穿越中、粗砂层、粉质黏土层及中风化凝灰岩层,风险评估等级为Ⅱ级。右线小里程上台阶掌子面上半部分为砂层、淤泥、粉质黏土层等不良地质,含水量较大,有溪状水流出,形成空洞,随时会有塌方、突泥、突沙现象发生,下半部分为中分化角砾凝灰岩,围岩上软下硬仍然需要爆破开挖。左线小里程掌子面围岩情况变化较大,上台阶掌子面为砂层、淤泥、粉质黏土等不良地质情况,含水量较大,有溪状水流出,形成空洞,随时会有塌方、突泥、突沙现象发生,右侧拱脚处为中风化角砾凝灰岩,仍然需要爆破开挖(图5-14)。

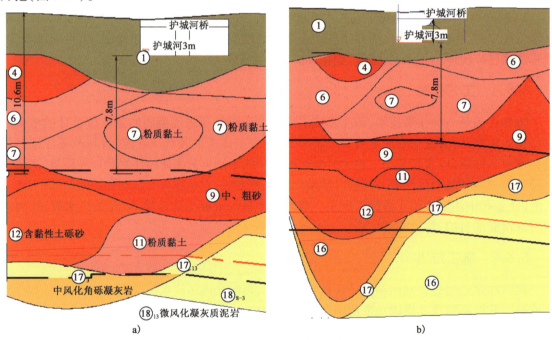

图5-14 左右线地质纵断面示意图

2)方案设计

(1)注浆治理的重难点

本区间地段拱顶直接揭露第四系沙层,沙层自稳能力极差,沙岩界面有线状流水,随时面临涌水溃沙风险;同时治理段地下管线密集,需在保证效果的前提下,严格控制地表隆起。

①沙层位于拱顶上方、沙层含泥量低,单纯的挤密劈裂注浆加固难度大;

②流沙层涌水涌沙严重,极易造成地面塌陷;

③围岩自稳性差,开挖过程容易引发溃沙塌方;

④地下管线密集,对地表隆起控制要求严格;
⑤治理区下半段为中风化岩石,需爆破开挖,极易破坏原有注浆加固体,影响注浆效果。

(2) 注浆加固治理设计

①注浆动态控制。灵黄区间隧道上方经过燃气、污水、雨水等管线,对注浆引起的地表隆起量要求严格,隧道掌子面右洞全部揭露砂层,左洞半断面揭露砂层,加固及渗漏水治理设计需针对地质条件变化及地表隆起情况对注浆钻孔、注浆参数等进行动态调整(图 5-15)。

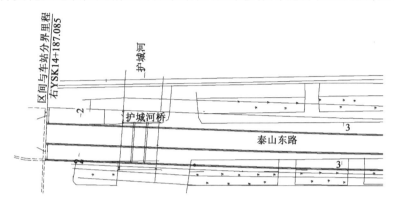

图 5-15 注浆加固区管线平面示意图

②注浆方案。为加强注浆加固效果,提高隧道开挖安全性,注浆加固圈厚度定为 3m,注浆加固角度为 150°,注浆扩散范围暂定为 1~1.5m。

③注浆钻孔设计(图 5-16)。半断面预注浆治理设计以 12m 为一治理循环,开挖 9m,预留 3m 为止浆岩盘。采用四序次钻孔施工,旨在加固单一循环隧道半断面外 3.5m 范围内流沙层,同时封堵渗漏水通道,第一序钻孔针对掌子面前方 0~5m 段,第二序钻孔针对掌子面前方 5~8.5m 段,第三序钻孔针对掌子面前方 8.5~12m 段。四序孔针对砂—岩界面及隧道拱肩,进行加固。四序钻孔施工及注浆治理结束后,将根据工程地质条件施工针对性检查孔,进行检验及补充注浆。其中第一序注浆钻孔为 8 个,第二序注浆钻孔为 7 个,第三序注浆钻孔为 8 个,第四序注浆钻孔为 5 个,检查钻孔根据实际情况确定,暂定为 9 个。

为避免注浆过程中串浆,在各序钻孔由两侧向中间施工,采用跳孔法施工。

④注浆施工参数设计。

根据类似工程经验,注浆材料采用普通 425 水泥浆及水泥—水玻璃双液浆,水灰比采用 1∶1,水泥—水玻璃配比采用 1∶1,初凝时间约为 40~50s。

注浆压力暂定为 1~1.5MPa,但注浆过程中应密切注意地表隆起情况。

第一、二、三、四序注浆孔采用 $\phi 108$ 模袋套

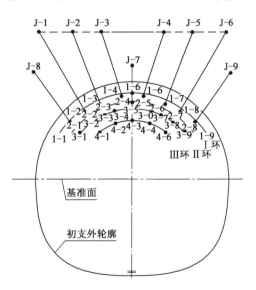

图 5-16 钻孔及检查补充孔布置平面示意图

管注浆,第一序为一次性成孔注浆,二、三、四序孔为前进式分段注浆,山东大学基于流沙层渗流效应研究分析及施工情况确定为 1.5~2MPa,但注浆过程中应密切注意地表隆起情况。

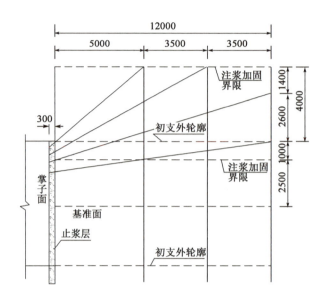

图 5-17　钻孔及检查孔注浆剖面示意图(尺寸单位:mm)

注浆过程中,要充分做好注浆过程中钻孔涌水情况、注浆数据记录以及注浆后涌水记录,以便于后续方案的调整;同时,做好注浆期间的围岩变形实时监测工作,保证注浆作用下结构安全,也为确定合理的注浆压力提供依据。

⑤注浆过程控制。

在注浆治理过程中,通过观察各注浆孔跑浆及各渗漏水点串浆情况分析流沙层及基岩交界面含导水构造发育情况。

根据地层可注性及渗漏水点串浆情况,动态调整水泥水玻璃配比,实现隧道拱顶围岩加固及渗漏水封堵的动态调控。注浆过程中,注浆压力达到 1.5MPa 持续 5min 或地表隆起超过报警极限时,停止注浆。

3)实施效果

开挖过程中对注浆体进行开挖验证,注浆结石体的浆液充填情况良好,掌子面浆脉丰富,隧道内原本含水量大、松散的沙层经注浆治理后整体性较好,且强度较高;隧道掌子面无水,沙层含水率很低。说明该注浆设计适合在此类地层注浆(图 5-18)。

图 5-18　注浆治理效果

5.6 典型工程案例

5.6.1 青岛地铁 13 号线井嘉区间初支渗漏水治理工程

1）工程概况

井冈山路站至黄海东路站区间起点位于井冈山路与长江路路口，向南沿井冈山路敷设，至滨海大道向西敷设，至峨眉山路与滨海大道路口，区间设计里程 YCK7+809.3～YCK11+565.3，长约 3756.0m（图 5-19）。本区间以 18.0m 线间距出井冈山路站，在里程 YCK9+525 左侧设区间风井及联络通道（2号竖井），在里程 YCK11+419 右侧处设临时施工竖井及联络通道（3号竖井），并在里程 YCK10+600 右侧与设施工斜井及联络通道，以 13.5m 线间距进入嘉年华站，区间拟采用矿山法施工，竖井拟采用明挖法施工，斜井拟采用明挖法+矿山法施工。本区间隧道底板标高 -31.0～-10.5m，底板埋深 16.0～36.9m。

图 5-19　拟建场地交通位置示意图

本区间隧道洞身通过的围岩主要为第四系淤泥质粉质黏土、粉质黏土、中/粗砂及中～微风化花岗斑岩、闪长岩、角砾凝灰岩，局部发育节理密集带和构造碎裂岩。

上覆为第四系人工填土、粉细砂、粉质黏土、中、粗砂及含黏性土砾砂，厚 6.6～18.6m，下伏燕山晚期花岗斑岩、闪长岩及白垩系角砾凝灰岩。本区间揭露的中风化带呈碎裂状～块状，多个结构面见构造蚀变现象。隧道洞身主要位于基岩中～微风化带，围岩等级Ⅱ～Ⅳ2 级。地下水类型主要为基岩裂隙水，强～微风化岩在天然状态下含水量不大，抽水试验反映其渗透性相对较差，但实际工程实例表明，此类地层的基岩裂隙水在基坑开挖后一旦形成通道，地下水通道会很快疏通，水量明显增大，洞室开挖过程中，常形成点状或线状涌水，对暗挖区间隧道内的渗水采用集水明沟泵排即可。Y(Z)CK11+245 至嘉年华站段局部洞顶位于淤泥质粉质黏土、粉质黏土中，围岩分级为Ⅵ级。受区域构造影响，节理密集带及砂土状、块状碎裂岩较发育，围岩等级Ⅳ2～Ⅵ级。地下水类型主要为第四系孔隙水及基岩风化裂隙水，水量较大；在局部发育节理密集带及构造碎裂岩地段,地下水类型主要为基岩构造裂隙水,受岩体构造裂隙发育程度及汇水条件影响,其水量及围岩透水性差异较大。隧道开挖过程中,岩土层失水后基本不会引起地表沉降、地面建(构)筑物开裂等问题。

2)方案设计

(1)治理难点

治理区段内以四级围岩为主,有少量三级围岩区段,地质显示,渗水揭露围岩主要位于微风化粗粒花岗岩中,穿经段节理裂隙较发育,同时该段地下水发育丰富,经过水质分析,确定有海水补给。根据现场勘察,初步分析,渗漏水主要为基岩裂隙水,且部分裂隙与上部海水联通,仰拱渗漏水主要由围岩裂隙或初支背后越流引起(图5-20～图5-23)。

图5-20　洞内渗漏水

图5-21　仰拱渗漏水

图5-22　侧墙渗漏水

图5-23　洞内渗漏水汇流

(2)原因分析

根据地质资料分析及现场勘察,渗漏水主要有以下两点原因:

①该区域地下水丰富,围岩节理裂隙较为发育,且与海水联通;

②未对整个出水隧道进行系统注浆,在以前注浆施工后,虽拱顶基本无水,但地下水通过初支背后及围岩裂隙汇集至仰拱,导致仰拱涌水量大。

(3)方案思路

针对渗漏水现状,总体方案设计思路如下:

①首先,用 900M 天线的地质雷达对隧道进行全方位探测,明确富水区域,明确地下水的补给范围和补给方式,对其进行针对性注浆;

②将上游的出水通过管路输送至治理区域的下游,判别治理区域内出水点分布及出水量大小,并在治理区域上端头环形注浆,封闭上游涌水;

③从相对标高较高的位置向较低的位置,循序推进;

④经初步分析,围岩裂隙是主要导水通道,针对围岩裂隙的封堵,采用径向群孔注浆,即对同一环的 6 个注浆孔同时进行注浆,有效的防止串浆,提高注浆效率;

⑤经过上一步注浆,如若不能将水完全止住,需要对初支背后及浅层裂隙进行充填注浆,切断初支背后的水力联系,增强初支的抗渗能力;

⑥最后,针对难以根治的滴水点,使用环氧树脂进行针对性治理。

(4)方案实施

①深层围岩裂隙注浆。

如图 5-24 所示,将注浆孔均匀分布在隧道同一断面内,终孔位置距离初支垂直距离 3.5m,注浆孔角度根据现场围岩产状确定,为实现深层围岩裂隙注浆,在孔深 0.8m 位置安装橡胶止浆塞,防止孔口跑浆,确保浆液注入较深的围岩裂隙。

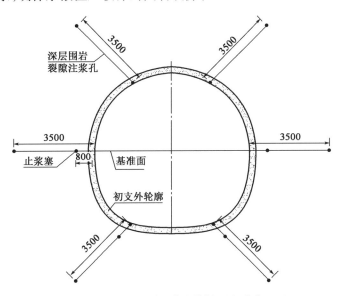

图 5-24 深层围岩裂隙注浆孔横剖面图(单位:mm)

根据表 5-7 所示参数,所作注浆孔剖面图及俯视图如图 5-25、图 5-26 所示。

深层围岩裂隙注浆钻孔参数表 表 5-7

注浆孔直径	每环钻孔数	环间距	注浆管长度	注浆压力	孔 深
42mm	6 个	3m	1.5~2m	0.5~1.5MPa	终孔位置距离初支垂直距离 3.5m

为防止浆液向未注浆的钻孔串浆,同时提高打孔效率,如图 5-27 所示,将在治理区域内设置 4 个工作断面,施工顺序依次为断面 1、断面 2、断面 3、断面 4。

a. 成孔后,采用钻孔电视对钻孔进行高清摄像,明确出水位置,调整注浆管的长短,定向封堵出水点。

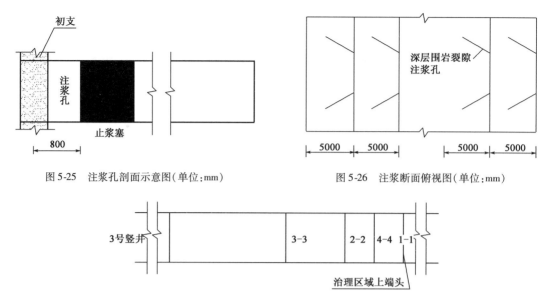

图 5-25 注浆孔剖面示意图(单位:mm)　　图 5-26 注浆断面俯视图(单位:mm)

图 5-27 注浆工作面断面图

b. 对注浆孔进行压水实验,确定注浆孔周围裂隙发育程度,且起到冲洗钻孔,提高渗透性,增加浆液注入量的作用。

c. 为防止环与环之间注浆孔跑浆,将深层围岩裂隙注浆分为两部分施工,即先施工环间距 6 米注浆孔,待治理单元注浆完成后,再在中间 3m 位置处打孔,穿插施工剩余注浆孔,完成剩余深层围岩裂隙注浆孔。

d. 为防止注浆孔之间的跑浆、串浆,提高效率,缩短工期,将采用群孔注浆,即一次对整个断面 6 个注浆孔进行注浆,每个注浆孔口设置压力表和流量计,监测各注浆孔的注浆情况,确保浆液扩散均匀。

e. 如若出现轻微跑浆情况,在水泥浆内掺入一定量的锯末,继续注浆,对集中跑浆点及时采用环氧树脂封堵,减少浆液浪费,提高浆液的注入率和减少对隧道环境污染,如若以上两种方法不能制止跑浆,将单液浆改为双液浆,并动态调整水泥浆与水玻璃配比,实现注浆过程的动态调控。

f. 注浆材料主要采用水灰比为 1:1 的水泥单液浆和 C-S 双液浆,通过观察周边跑浆情况,及时进行单、双液切换。同时,分析地层含导水构造发育及空间展布特征。注浆结束之前,注入一定量的硫铝酸盐水泥浆,提高结石体的耐海水腐蚀能力。

g. 根据地层情况,注浆过程中,注浆压力暂定 0.5~1.5MPa,根据现场实际情况调整。

②初支背后及浅层裂隙注浆。

如若某些区域深层裂隙注浆已将渗漏水全部封堵,则该区域不再进行初支背后及浅层裂隙注浆。

通过深层围岩裂隙注浆后,再对初支背后及浅层裂隙注浆,治理剩余渗漏水,参数见表 5-8。如图 5-28 所示,注浆孔将均匀穿插深部围岩裂隙注浆孔之间,注浆孔角度根据现场围岩产状确定,孔底距初支 1m。

初支背后及浅层裂隙注浆钻孔参数表　　　　表5-8

注浆孔直径	每环钻孔数	环间距	注浆管长度	注浆压力	孔　深
42mm	6个	3m	0.8m	0.5~1.5MPa	终孔位置距离初支垂直距离1m

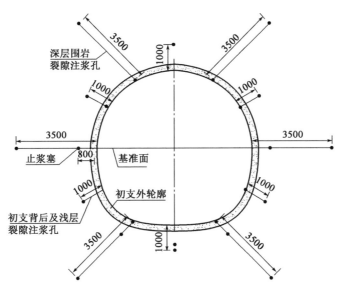

图5-28　初支背后及浅层裂隙注浆孔横剖面图(尺寸单位:mm)

如图5-29~图5-31所示,注浆管采用 ϕ42 无缝钢管,注浆管通过橡胶止浆塞封闭,橡胶止浆塞安装在初支上,防止跑浆。

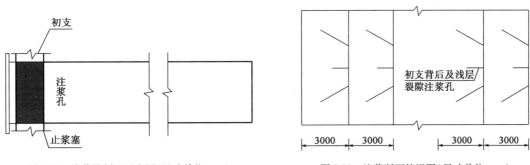

图5-29　注浆孔剖面示意图(尺寸单位:mm)　　　　图5-30　注浆断面俯视图(尺寸单位:mm)

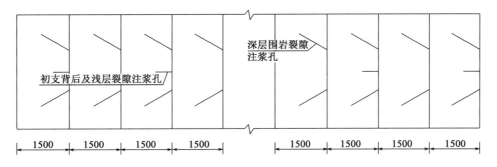

图5-31　钻孔位置示意图(尺寸单位:mm)

a. 成孔后,采用钻孔电视对钻孔进行高清摄像,明确出水位置,调整注浆管的长短,定向封堵出水点。

b. 对注浆孔进行压水实验,确定注浆孔周围裂隙发育程度,且起到冲洗钻孔,提高渗透性,增加浆液注入量的作用。

c. 因初支背后及浅层裂隙注浆孔较短,跑浆量大,因此,将采用单孔注浆,确保注浆效果。

d. 如若出现轻微跑浆情况,在水泥浆内掺入一定量的锯末,继续注浆,对集中跑浆点及时采用环氧树脂封堵,减少浆液浪费,提高浆液的注入率和减少对隧道环境污染,如若以上两种方法不能制止跑浆,将单液浆改为双液浆,并动态调整水泥浆与水玻璃配比,实现注浆过程的动态调控。

e. 为提高结石体的耐海水腐蚀能力,注浆材料主要采用水灰比为1:1的硫铝酸盐水泥单液浆。且硫铝酸盐水泥具有5‰的微膨胀性,能够有效治理岩石微裂隙渗水。

f. 根据地层情况,注浆过程中,注浆压力暂定0.5~1.5MPa,根据现场实际情况调整。

注浆结束后,先停注浆泵再关闭孔口闸阀,然后冲洗注浆泵及输浆管路,直至水清为止。拆卸注浆泵的缸体再次检查并冲洗,不准留有残留物。注浆结束后,按各自分工岗位将设备及废弃物清理干净并运离现场,保持清洁卫生。

对深层围岩裂隙和初支背后及浅层裂隙注浆结束后,还未能治理的滴水点,采用环氧树脂进行封堵。

3)实施效果

通过现场施工及数字钻孔电视摄像检测,对注浆效果综合分析。

每环注浆结束后进行注浆效果检测,检测主要采用检查孔法,检查孔无水即为合格。通过数字钻孔电视摄像检测孔内裂隙充填情况,如图5-32所示通过摄像观察可知检查孔内无水,浆液有效充填裂隙。如图5-33所示,注浆后隧道洞室内基本无水,达到了良好的注浆封堵涌水的效果,保证了施工质量和安全。

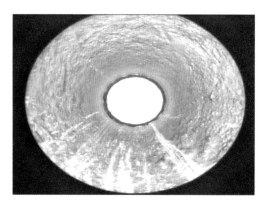

图5-32 钻孔电视摄像

图5-33 注浆后效果图

5.6.2 青岛地铁13号线灵山卫车站基坑开挖注浆治理工程

1)工程概况

灵山卫站位于泰山东路与阅武路十字路口东侧,沿泰山东路东西走向布置。本车站设计中心里程YCK14+119.085,长约190m(图5-34)。本车站为地下岛式车站,采用明挖法施工。车站结构底板标高-10.21m,埋深14.9~15.8m。灵山卫车站所处地貌为滨海堆积区,多为滨海沉积物、河流沉积物组成,表现为滨海沼泽带地貌。车站地层从上到下依次为:素填土3m、含淤泥中粗砂3m、粉质黏土3m、中粗砂6m、含黏性土砾砂2.2m、强风化凝灰岩2.6m。基底位于砾砂层与强风化层交接处。车站开挖过程中,多次发生基坑侧壁涌水溃砂事故,威胁正常施工安全。

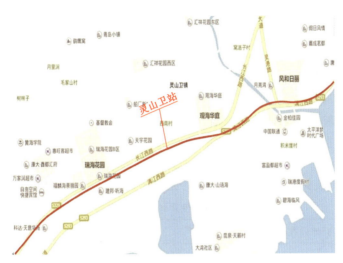

图5-34 灵山卫车站交通位置示意图

2)方案设计

(1)治理难点

①砂层无承载能力,易随地下水流动,负载作用下极易引发塌方。

②砂层注浆加固要求较高,不能存在注浆盲区,否则易造成大面积溃沙现象。

③对基坑周围进行帷幕注浆时,浆液扩散半径不易过大,否则极易造成对基坑侧壁的破坏,造成工程事故。

(2)原因分析

基坑开挖至砂层出现涌水涌砂,说明高压旋喷桩在中粗砂和砾砂层中未能达到止水效果,基坑外水和砂涌入基坑内。主要有以下几方面原因:

①砂层厚、砂层含泥量低、砂层含砾石。

该区域中粗砂层厚度6m,含黏性土砾砂层厚度2m。第9层中粗砂含泥量仅8%,含泥量低,水泥浆进入砂层后凝固慢;该层中2~5mm粗粒含量平均值为24%,局部夹有块径1~5cm的碎石,水泥浆向周边流失。第12层含黏性土砾砂粗颗粒含量平均值为26%,局部夹有块径1~5cm的碎石。高压旋喷桩在中粗砂和砾砂层成桩效果不佳,浆液向周边地层流失,桩体内含有粗砂、砾砂,水泥浆与砾砂和碎石胶结后存在孔隙,导致桩体渗水。

②微承压地下水。

拟建场地地下水类型主要为潜水、承压水。潜水:主要赋存于第1层和第4层,该层水量较小,有稳定的地下水位;承压水:主要赋存于第9层和第12层,该层承压水局部与表层潜水贯通,多表现为微承压性。高压旋喷桩施工后,微承压地下水在压力作用下,进入尚未凝固的桩体内,稀释了水泥浆。

③地下水侧向径流。

第9层和第12层的承压水局部与表层潜水贯通,主要接受侧向径流及大气降水补给,排泄以侧向径流为主,人工开采为辅。基坑东西两端50m线路横向各有一条老河道,距海边约400m,与海水连通,受海水涨落潮影响,地下水存在天然的侧向径流。高压旋喷桩施工后,因地下水侧向径流,水泥浆在砂层随侧向径流向四周流散,影响成桩质量。

④强透水层。

第9层渗透系数25,第12层渗透系数12,均为强透水层。旋喷桩水泥浆渗透至周边砂层中。

⑤人工开采地下水。

经调查,车站南侧居民未接入自来水,生产和生活用水均打井抽取地下水,北侧居民大多使用自来水,厂矿企业使用地下水,南北侧共计15处水井,井深15~30m,口径40~80cm,水井距基坑边10~20m,合计抽水量约20m^3/d。因持续取水,砂层内地下水产生侧向径流,高压旋喷桩水泥浆随水流流失导致成桩质量较差,见表5-9。

基坑周围使用地下水情况　　　　表5-9

位置	水井直径(cm)	用途	深度(m)	备注
鑫盈钢材	50	家用	18	
建材专卖(水泥)	50	家用	15	
车床加工	80	生产	28	生产用水
蔬菜配送	50	家用	15	
汇百川建材总汇	55	家用	20	
大家乐KTV	60	家用	18	
安顺达轮胎超市	50	家用	15	
金星汽修厂(洗车)	60	对外营业	20	用水量大
汇友美容美发用品	50	家用	22	
华昱广告	40	家用	30	
山东隆泰水泥	70	家用	9	
浩康管业	40	家用	11	
金博达机械(北侧)	55	家用	18	
宇晓明商店(北侧)	50	家用	20	
茂林油封(北侧)	80	厂区	30	生产用水

(3)方案设计

①钻孔布置。

钻孔方式采用地表垂直钻孔,采用两序钻孔布置,第Ⅰ序钻孔为正常注浆孔,第Ⅱ序钻孔为检查及补充注浆孔。Ⅰ序钻孔孔间距为2.8m,Ⅱ序钻孔内插Ⅰ序钻孔,注浆范围为加固范围上边界以下区域。施工过程中先对第Ⅰ序钻孔进行注浆,第Ⅰ序钻孔注浆结束后,对注浆薄弱区域选择部分Ⅱ序钻孔进行注浆效果检查并对注浆效果较差的区域进行补充注浆(图5-35、图5-36)。

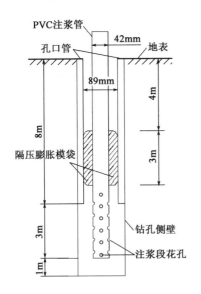

图5-35　第一段注浆(8~12m段)　　图5-36　第二段注浆(12~16m段)

②钻孔结构设计。

基坑周边帷幕控域注浆施工过程中,保证注浆加固效果的关键是确保注入的浆液都留存在目标加固区域内,目标区域内的有效注浆量与注浆加固效果紧密相关。为防止浆液在钻孔浅部进入地层造成无效的浆液扩散,保证浆液在钻孔注浆段区域内注入地层,采用隔压膨胀模袋隔断浆液的向上扩散通道。

隔压膨胀模袋的工作原理为:隔压膨胀模袋长度为3m,在注浆之前,向隔压膨胀膜袋中注入膨胀性浆液,使模袋膨胀并压紧钻孔周边地层,通过模袋对目标注浆层以上的土体进行挤密加固,膨胀模袋与土体挤密加固区域形成止浆岩盘使浆液不能由出浆区域向上返浆。隔压膨胀模袋只允许浆液由钻孔注浆段进入地层,从而实现浆液在目标区域的有效留存,为实现浆液的有效留存提供充分保障。

3)实施效果

(1)基坑开挖揭露侧壁检查。对灵山卫车站基坑试开挖直接揭露基坑侧壁,观察侧壁浆脉分布情况、砂层密实性、渗漏水情况等,综合以上信息对注浆效果进行评估,如图5-37所示。

(2)地表检查孔探查,对注浆过程中可能存在的加固薄弱区域,通过Ⅱ序检查及补充注浆孔对注浆加固区域进行注浆效果检查,如图5-38所示。

综上述可知,注浆效果较好,评定结果为:车站可以进行继续开挖。2016年11月中旬,基坑实现完全开挖,在开挖期间,再无大规模渗漏水害发生(图5-39)。

图 5-37 基坑开挖揭露浆脉

图 5-38 Ⅱ序孔钻芯取样

图 5-39 车站基坑开挖图

5.7 小　　结

本章针对不良地质段注浆加固技术及注浆材料进行介绍,阐述硬岩地层常见注浆加固工艺,并明确其适用地层,通过青岛地铁13号线具体工程实例,详述各注浆加固工艺的具体使用方法及操作流程。编者根据自身经验,得到以下结论以供读者借鉴:

(1)地表旋喷加固、地表注浆加固、洞内帷幕注浆等常规注浆工艺,基本可以满足硬岩地层不良地质注浆加固的要求。

(2)针对不同的地质特征,只有选择合适的施工工艺和方法,才能降低质量问题出现的概率,保证地铁工程的正常施工。

(3)工程经验表明:地表旋喷加固不适应富水砂层地层。

(4)每个工程都有各自的特点,针对特定工程地质特点,对不良地质进行准确把握,对常规注浆工艺的改进及综合运用,对工程安全、快速施工有重要意义。

本章参考文献

[1] 邝健政. 岩土注浆理论与工程实例[M]. 北京:科学出版社,2001.
[2] 王梦恕,等. 中国隧道及地下工程修建技术[M]. 北京:人民交通出版社,2010.
[3] 王梦恕. 地下工程浅埋暗挖技术通论[M]. 安徽:安徽教育出版社,2004.
[4] 李术才,张庆松. 隧道及地下工程突涌水机理与治理[M]. 北京:人民交通出版社,2014.
[5] 张忠苗. 桩基工程[M]. 北京:中国建筑工业出版社,2007.
[6] 崔玖江. 水下隧道注浆堵水[M]. 北京:人民铁道出版社,1978.
[7] 徐水根. 修建水下隧道的预注浆法[J]. 地下工程与隧道,2007(a01):55-57.
[8] 程骁,张凤祥. 土建注浆施工与效果检测[M]. 上海:同济大学出版社,1998.
[9] 周顺华,董新平. 管棚工法的计算原理及其应用[M]. 上海:同济大学出版社,2007.
[10] 周志军,何剑,吕大伟. 袖阀管注浆法加固地基技术的改进与应用[J]. 地球科学与环境学报,2014,36(11):7-12.
[11] 吴顺川,金爱兵,高永涛. 袖阀管注浆技术改性土体研究及效果评价[J]. 岩土力学,2007,28(7):1353-1358.
[12] F. G. 贝尔. 工程地质与岩土工程[M]. 北京:中国建筑工业出版社,1990.
[13] 福冈正已. 最新软弱地基处理方法[M]. 北京:中国铁道出版社,1988.
[14] H. F. 温特科恩,方晓阳. 基础工程手册[M]. 北京:中国建筑工业出版社,1983.
[15] 白石俊多. 土木工事施工法[M]. 日本:山海堂,1974.
[16] Pandian N S, Nagaraj T S, Raju P S R N. Permeability and compressibility behavior of bentonite-sand/soil mixtures[J]. Geotechnical Testing Journal, ASTM, 1995, 18(1):86-93.
[17] Fransson C F T J. Estimation of deformation and stiffness of fractures close to tunnels using data from single-hole hydraulic testing and grouting[J]. International Journal of Rock Mechanics and Mining Sciences. 2010, 6(47):887-893.
[18] SWEDENBORG S, DAHLSTRÖM L O. Rock mechanics effects of cement grouting in hard rock masses[C]// Proceedings of the 2003 Specialty Conference on Grouting at the Third International Conference on Grouting and Ground Treatment. New Orleans, Grouting and Ground Treatment, ASCE, 2003, GSP120:1089-1102.
[19] Nilsen A H V H. Rock Mass Grouting in the Løren Tunnel: Case Study with the Main Focus on the Groutability and Feasibility of Drill Parameter Interpretation[J]. Rock Mechanics and Rock Engineering. 2014.
[20] 杜嘉鸿. 地下建筑注浆工程简明手册[M]. 北京:科学出版社,1992.

第6章 绿色施工及标准化工地建设

6.1 绿色施工概况

6.1.1 国外绿色施工发展概况

绿色施工是可持续发展在施工环节的体现,绿色施工的概念在世界上有不同的提法,与可持续建筑、可持续建造、绿色建筑、清洁生产、环保施工的等具有极高的相关度。

20世纪30年代开始,从美国、欧共体、"联合国环境与发展"大会、国际标准委员会、ASTM International、美国建筑协会(AIA)、ASHRAE、美国绿色建筑委员会(USGBC)、美国照明工程协会(IES)等国家、国际组织、机构等纷纷开展了绿色施工研究,从可持续建筑、可持续建造、绿色建筑、清洁生产、环保施工等方面分别进行了应用。

发达国家特别关注用何种材料来建筑施工节省材料和能源、减少建筑施工对环境的污染、降低建造成本、减轻劳动强度、延长建筑寿命等问题,已经取得了较大的进展。一些建筑研究所和大型企业共同协作,出版了《绿色建筑技术手册(设计、施工、运行)》、《绿色建筑设计和建造参考指南》等书籍,具有一定指导性,促进了绿色施工的发展。

6.1.2 我国绿色施工发展概况

我国建筑业首先从文明施工、环境保护开始逐步延伸,陆续提出了"节能减排"、"节约型工地"等概念,并在发展中形成了我国绿色施工体系。

1)绿色施工在国家宏观层面的强化

从20世纪70年代开始,我国政府愈发重视节能减排及环境保护,出台了很多环境保护、节能等方面法规条例等政策性文件。

1978年开始国家开始在环境保护、防治污染、节约能源等方面开始构建顶层法律和规章,如《中华人民共和国宪法》、《环境保护法》、《环境保护标准管理办法》、《水污染防治法》、《节约能源管理暂行条例》、《水法》、《中水污染防治法实施细则》、《大气污染防治法实施细则》、《中国电力法》、《环境噪声污染防治法》、《节能技术政策大纲》等。

2005年7月,国务院发布了《关于做好建设节约型社会近期重点工作的通知》,强调以资源利用效率为核心,以节能、节水、节材、节地、资源综合利用和发展循环经济为重点,必须加快节约型社会的建设。

2007 年,建设部印发了《绿色施工导则》,随后国家标准《建筑工程绿色施工评价标准》、《建筑工程绿色施工规范》等先后发布,有效推进了绿色施工概念的发展;2013 年中国建筑业协会绿色施工分会成立,并开展了全国绿色施工示范工程评选,更进一步促进了绿色施工的理念、知识、方法、经验和研究创新成果在全国的在全国的推广应用。2015 年中国共产党第十八届中央委员会第五次全体会议提出,在"十三五"时期必须牢固树立并切实贯彻创新、协调、绿色、开放、共享的发展理念,可见绿色发展理念已提升至国家层面,必定成为未来建筑行业的重要发展方向。

2)绿色施工的定义

国内对绿色施工的定义基本相同,2011 年 10 月实施的国家标准《建筑工程绿色施工评价标准》(GB/T 50640 – 2010)中,对绿色施工定义为:在保证质量、安全等基本要求的前提下,通过科学管理和技术进步,最大限度的节约资源,减少对环境负面影响,实现"四节一环保"(节能、节才、节水、节地和环境保护)的建筑工程施工活动。

6.2 地铁工程绿色施工管理要点和工程实践

6.2.1 环境保护

1)环境保护基本要求

(1)环保工作应遵循:预防为主、防治结合、谁污染谁治理、强化过程控制的原则,实施"纵向到底,横向到边"的管理体系。

(2)施工现场必须落实环保要求,青岛市建委在工程建设管理中提出了"七个百分之百",即:裸土砂石百分百覆盖、施工道路百分百硬化、出场车辆百分百冲洗、产尘作业百分百抑尘、暂时不用地百分百绿化、强噪强光作业百分百防护、三废处理百分百达标。

(3)施工现场环保应做到"六必须、四不准、一确保":

①六必须:必须围挡封闭作业、必须硬化现场道路、必须设置冲洗设施、必须实行湿法作业、必须配备保洁人员、必须定时清扫施工现场;

②四不准:不准车辆带泥上路、不准高空抛撒渣土、不准场地存有积水、不准现场焚烧废弃物;

③一确保:保证现场各项防治扬尘措施得到有效落实。

(4)施工现场应设置环境防治监督牌。监督牌注明项目名称、建设单位、施工单位、现场监督员姓名和联系电话、项目工期、环保措施、举报电话等内容。

(5)施工前应严格开展环境调查。施工前,对施工范围、周边建(构)筑物和管道进行详细勘察,编制调查报告。相关的主管部门沟通,掌握其保护要求。必要时通过专门的房屋结构检测与鉴定,对结构的安全性做出综合评价。环境调查可以委托专业单位进行,对于可能发生纠纷和争议的应在各方见证情况下留存有关证据。

(6)施工前进行地质详堪和地质补堪工作,以便详细掌握地质和水文条件。

(7)推行环境管理体系,进行环境因素识别和评价、确定环境目标和指标、制定环境管理方案、实施和运行、过程检查及效果验证。

(8)按照风险辨识、风险估计、风险评价、风险控制(风险预警和预案)、风险监控进行环境风险管理。

(9)编制环境管理方案、环境应急预案、监测方案,配备环境监测工具,储备应急物资和器材,进行应急演练。

(10)施工处于居民密集、闹市、学校、医院、政府机关、旅游景点等区域以及爆破施工,现场的施工竖井、砂石料堆放场、材料加工厂、露天喷浆机、拌和机、空压机等易产生扬尘、噪声、光污染的作业点应进行全封闭式管理。地处郊外人烟稀少地区时,可根据实际情况采取简易防范措施。

2)环境综合监测(图6-1)

工地应建立环境监测系统,全天候全自动不间断监测、搜集扬尘、噪声、温湿度、风速等环境数据,监测数据要在现场显著位置公示,同时调度中心可查看现场即时数据。

a) b)

图6-1 环境监测显示屏

3)扬尘和废气控制

(1)一般要求

①施工产生的废气、污染物排放浓度不得超过国家和地方有关规定。

②现场产生大气污染的设施设备及作业场所,必须采取有效防范措施。

③严禁向大气排放含有毒物质的废气和粉尘。严禁焚烧沥青、油毡、橡胶、塑料、皮革、垃圾以及其他产生烟尘和恶臭气的物质。

④严格落实建筑工程扬尘污染防治措施,施工场地做到现场封闭管理、厂区道路硬化、渣土物料篷盖、洒水清扫保洁、物料密闭运输、出入车辆清洗"六个百分百"。

⑤基坑、土方作业阶段,采取洒水、覆盖等措施,喷射混凝土采取降尘工艺。隧道等密闭施工空间需采取强排通风及除尘过滤净化措施,喷射混凝土施工宜采用湿喷或水泥裹砂喷射工艺,并采取防尘措施。

⑥运送土方、垃圾、设备及容易散落、飘洒、流漏的物料时,必须采取措施封闭严密,保证车辆清洁,不能污损场外道路。施工现场出口设置洗车设施。

⑦对易产生扬尘的材料应采取覆盖防尘措施,如水泥、粉煤灰、膨润土、灌浆料细散颗粒材

料、易扬尘材料应封闭堆放、存储和运输。

⑧拆除前做好扬尘控制准备工作。机械拆除,采取洒水、设置隔挡等措施。选择风力小时进行爆破作业,爆破拆除前,可采取淋湿、预湿、蓄水、喷雾、搭设防尘排栅等措施进行综合降尘。

⑨隧道及地下空间内,采用电力运输设备取代内燃机械、改变施工工艺、减少电焊作业等控制措施减少有害气体排放。

(2)湿式喷浆技术(图6-2)

①使用湿喷混凝土施工工艺,作业粉尘低,可较大程度改善现场作业环境,减少资源浪费,满足职业健康要求,混凝土质量稳定,保证工程质量。

a)

b)

c)

d)

图6-2 常用湿喷机类型

②拌和设备应采用强制式搅拌机和原材料自动计量装置;运输设备应采用带自动搅拌功能的运输罐车。

③采用自建搅拌站必须为全自动计量强制式搅拌机,建议采用JS750及以上型号搅拌机组,应具备数据上传功能。

④区间隧道内的密闭空间内宜使用无碱速凝剂,避免对人体呼吸道造成化学腐蚀。

⑤湿喷机作业必须安置在安全的地方,摆放平稳,所有支撑轮、支腿牢靠着地。

⑥喷射手在进入喷射现场时,必须佩戴安全帽、防尘口罩等劳保用品。

(3)水压爆破技术（图 6-3）

水压爆破是由我国著名的爆破专家何广沂教授在 20 世纪 90 年代提出来的,其爆破设计与传统的隧道光面爆破设计方案基本相同,只是在装药结构和炮孔堵塞上进行了适当的调整。原理为"往炮眼中一定位置注入一定量的水,并用专用设备加工成的炮泥回填堵塞到炮眼中",利用在水中传播的冲击波对水的不可压缩性,使爆炸能量经过水传递到围岩中几乎无损失,同时,水在爆炸气体膨胀作用下产生的"水楔"效应,有利于二次破碎岩石,炮眼中的水可以起到雾化降尘作用,大大降低粉尘对环境的污染。隧道掘进水压爆破和常规爆破（炮眼无回填堵塞）有六点相同和两点不同之处。六点相同:在炮眼分布、掏槽形式、炮眼数量、炮眼深度、起爆顺序和起爆时间间隔等六方面,水压爆破与常规爆破一模一样,即水压爆破与常规爆破相比不增加任何工作量。两点不同:水压爆破与常规爆破相比,仅是水压爆破炮眼中增添了水袋和炮泥。

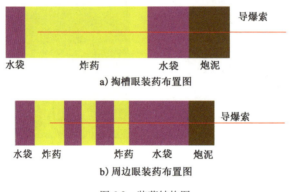

图 6-3 装药结构图

该工艺对改善施工现场施工作业环境,提高炸药有效能量利用率,减弱爆破振速,减少对周边建筑物及居民的扰动,起到了显著作用。经某工地实际使用效果对比,爆破作业产尘量有大幅度降低,降尘效果显著。

(4)脉冲袋式除尘器（图 6-4、图 6-5）

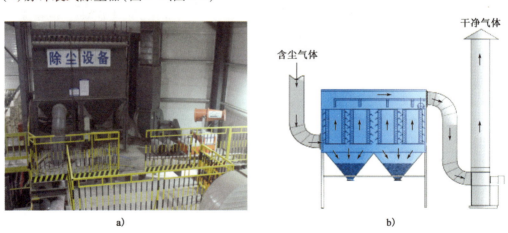

图 6-4 脉冲袋式除尘器

脉冲袋式除尘器的工作原理为:含尘气体由除尘器进风口进入中、下箱体、通过滤袋进入上箱体的过程中,由于滤袋的各种效应作用将粉尘、气体分离开,粉尘被吸附在滤袋上,而气体穿过滤袋由文氏管进入上箱体,从出风口排出。含尘气体通过滤袋净化的过程中,随着时间的增加,面积在滤袋的粉尘越来越多,因而使滤袋的阻力逐渐增加,通过滤袋的气体量逐渐减少,为了使除尘器能正常工作,所以要把阻力控制在限定范围内(一般为12~150mm水柱)。当阻力升到限定范围的时候,控制仪就发出指令按顺序触发各控制

图6-5 竖井井口周边除尘系统

阀开启脉冲阀,气包内的压缩空气由喷吹管各孔经文氏管喷射到各对应的滤袋内,滤袋在气流瞬间反向作用下急剧膨胀,使积在滤袋表面的粉尘脱落,滤袋得到再生。被清掉的粉尘落入灰斗经排灰系统排出机体,由于积附在滤袋上的粉尘定期清除,被净化的气体正常通过,保证除尘器的正常工作。

为了控制并收集施工过程中产生的粉尘,用于收集竖井井口外逸的粉尘,结合现场的具体位置,宜在井口两侧安装百叶箱式集气吸尘罩,集气吸尘罩采用有效均风技术多层捕集方式对井口外逸的粉尘做到最大程度的捕集。

(5)暗挖隧道降尘喷雾(图6-6)

隧道施工应通过增设全断面降尘喷雾,有效降低隧道内粉尘浓度。喷雾宜设两道,第一道位于距离施工作业面50m,第二道位于距离隧道洞口50m。

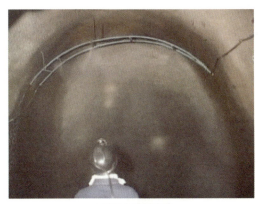
a)隧道全断面喷雾

b)喷头样式

图6-6 隧道降尘喷雾

(6)其他扬尘治理措施(图6-7、图6-8)

场地内扬尘治理,还可以采取其他多种除尘措施。场地内未硬化道路及裸露渣土及时采用密目网覆盖,远程喷雾机、洒水车、机械清扫车、渣场喷淋系统等在工地普遍使用。

4)噪音与振动控制

(1)一般要求

a)　　　　　　　　　　　　　　　b)

图 6-7　洒水车降尘雾炮降尘

图 6-8　渣场喷淋系统

①对施工现场噪音进行监测和分析,合理安排作业时间,减少夜间施工。夜间施工作业符合国家和当地规定,并办理有关手续。

②实施封闭式施工,对噪音控制要求较高的区域应采取隔声防护措施。

③对噪音进行实时监测与控制,噪音排放不得超过《建筑施工场界环境噪音排放标准》及当地主管部门的具体规定。日间施工噪声不得超过 70db,夜间施工噪声不得超过 55db。

④使用低噪音、低振动的施工机具,如无声振捣设备;对施工机械采取隔音与隔振措施,避免或减少施工噪音和振动,如阻尼消声器、微孔消声器等;机械设备定期保养维护,机械不用时停机关闭。

⑤土石方爆破施工前,进行爆破方案的编制和评审;应采用降噪、防尘和飞石控制措施。在城镇或人员密集区域,宜采用噪声小、对环境影响小的爆破方案。爆破施工应采取隔音被、隔音板、隔音门、消音台车等降噪措施。

⑥现场木工、电锯、电刨、空压机、搅拌机、固定式混凝土输送泵等强噪机械设备应设置防护棚,在密闭空间内使用,必要时使用具有降噪功能的防护棚。无法设置防护棚时应设置在远离居民区一侧,采用隔音布、低噪设备等方法来减少噪声污染。

(2)爆破噪音控制措施(图 6-9)

(3)设备噪音控制(图 6-10)

5)水污染控制

(1)一般要求

①施工现场设置排水、排污设施,雨污分流排放。施工现场污水排放达到国家标准《污水综合排放标准》的要求。委托有资质的单位进行废水水质检测,提供污水检测报告。使用非传统水源和现场循环水时,根据实际情况对水质进行检测。

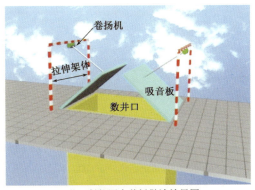
a) 井口斜拉隔音盖板做法效果图

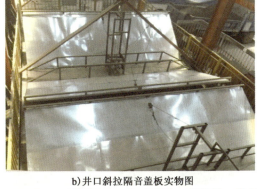
b) 井口斜拉隔音盖板实物图

c) 竖井口钢板封闭

d) 竖井口隔音被

e) 洞口隔音门

f) 洞口隔音门

g) 棚架侧板为隔音板

h) 水压爆破炮被覆盖

图 6-9 爆破噪音控制措施

a) 钻孔隔音棚

b) 风机加设消音箱效果图

c) 消音台车

d) 全封闭围护棚

图6-10 设备噪音控制措施

②在施工现场设置相应的污水处理设施。排水、排污管道设置过滤、沉淀措施。食堂应设隔油池。固定厕所设化粪池。隔油池和化粪池应做防渗处理,并及时清运、消毒。

③岩土勘察和基础工程施工中采取措施避免地下水污染。

④施工机械设备使用和检修时,控制油料污染;清洗机具的废水和废油不得直接排放。盾构使用环保可降解的油脂、泡沫,以降低对环境造成污染。

⑤油料和化学溶剂等物品设专门库房存放,地面做硬化防渗漏处理。集中收集处理废弃的油料和化学溶剂,不得随意弃置。

⑥施工现场场地污水、施工废水及洗车台排水均需系统汇集,集中沉淀处理,达标后统一排放,严禁排放不达标污水进入城镇下水道或雨水管。禁止向城镇下水道倾倒垃圾、废渣、泥浆等造成地下水道堵塞的物质。施工单位应定期联系市政部门对管道进行检查疏导,保证管道畅通。

⑦对于经沉淀处理不能达到排放标准的污水应采用污水处理设备进行处理。

(2)排放标准

①排放的污水、废水感官上必须清澈且无特殊气味。

②氯离子浓度不满足要求的工点,不得将污水、废水排放至污水管道。

③施工污水、废水排放至污水管道应满足《污水排入城镇下水道水质标准》(GB/T

31962—2015)的要求。易沉固体含量不大于10mL/(L·15min),检测方法为《城市污水水质检测方法标准》(CJ/T 51—2004)中体积法;悬浮物含量不大于250mg/L,检测方法为《城市污水水质检测方法标准》(CJ/T 51—2004)中重量法。

④施工污水、废水排放至雨水管道应满足《山东省半岛流域水污染物综合排放标准》(DB 37/676—2007)的要求。易沉固体含量不大于10mL/(L·15min);悬浮物含量不大于50mg/L,检测方法同本条(三)。

(3)桩基施工泥浆处理工艺

桩基施工中泥浆的处理一直是一个难题,特别是地铁桩基施工大多位于市区内,文明施工要求高、外运难度大。通过正常的晾晒只是将表层泥浆晒干,无法装车运输。基坑周边环境复杂,汛期基坑极易发生失稳、坍塌风险。如采用泥浆拌干土的方法处理泥浆,外运成本大大增加。

青岛地铁1号线人民广场站采用了一种编号为ZX-250的泥浆净化装置(黑旋风,图6-11),其工作原理为:反循环砂石泵由孔底抽吸出来的污浆通过总进浆管输送到泥浆净化装置的粗筛,经过其振动筛选将粒径在3mm以上的渣料分离出来。粗筛筛选后的泥浆进入泥浆净化装置的储浆槽,由泥浆净化装置的渣浆泵从槽内抽吸泥浆,在泵的出口具有一定储能的泥浆沿输浆软管从水力旋流器进浆口切向射入,通过水力旋流器分选,粒径微细的泥沙由旋流器下端的沉沙嘴排出落入细筛。经细筛脱水筛选后,较干燥的细碴料分离出来,经过细筛筛选的泥浆再次返回储浆槽内。处理后的干净泥浆从旋流器溢流管进入中储箱,然后沿总出浆管输送回。

图6-11 ZX-250泥浆净化装置(黑旋风)工作流程

转鼓与螺旋以一定的差速高速旋转,泥浆由进料管连续进入螺旋进料室,加速后进入转鼓,在离心力场作用下,较重的固相沉积在转鼓壁上形成沉渣层。螺旋推料器将沉积的固相物连续不断的推至转鼓锥端,经干燥区干燥后从排渣口排出机外,较轻的液相侧形成内层液环,由转鼓打断溢流口连续溢出转鼓,经出液口排出机外(图6-12)。

6.2.2 节能

节能总体要求为:

①合理制订能耗指标。改善能源结构,提高能源利用效率,选择如电、气等高效环保能源,

减少煤炭使用。

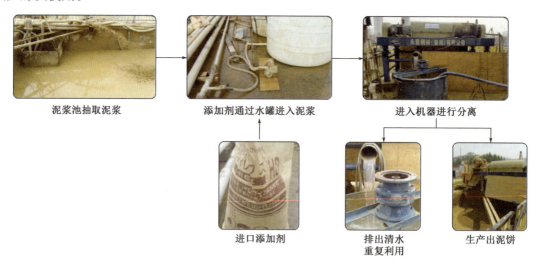

图 6-12 LW360×1580Y 卧式螺旋卸料沉降离心机工作流程

② 使用节能、高效、环保的施工设备和机具,采用补偿技术节约用电。选用变频技术的节能施工设备、节能灯具。

③ 分区用电,对各区域和各大型设备分别设定用电控制指标,分区控制、分区设表计量。对临时用电进行定期计量、核算、对比分析,并采取预防与纠正措施。

④ 合理安排施工顺序和工作面,减少机具数量,不同区域尽量共享资源。优先选择耗用电能的或其他能耗较少的施工工艺。

⑤ 避免设备负荷过低或超负荷使用现象。

⑥ 优化线路选择和线路布置,尽量减少配电箱与用电设备的距离,降低无用损耗。

【工程实例】 青岛地铁 13 号线古镇口车辆基地、董家口停车场光伏发电系统

(1) 基本情况(图 6-13)

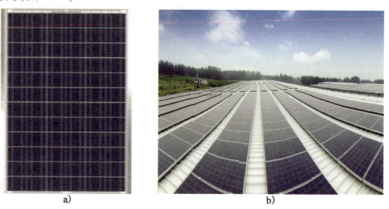

图 6-13 多晶硅电池板和安装效果图

青岛地铁 13 号线设计大量采用了太阳能光伏发电系统。特别是利用停车场、车辆段的联合检修库、运用库、停车列检库等大库库顶,设置大容量的光伏发电系统,所发电量除直接供给场、段内的动力照明负荷外,剩余电量还可并入中压网络,为临近的车站提供电源,经济对比优

势明显,见表6-1。

方案投资回报情况统计 表6-1

序号	单体名称	屋顶面积（m²）	安装容量（kWp）	首年发电量（万度）	初始投资（万元）	动态投资回收期(年)	负荷占比
1	运用库	25200	1008	139.81	987.8	12	——
2	检修库	32000	1280	177.54	1254.4	12	——
小计	——	57200	2288	317.35	2242.2	——	90.67%

注:上述数值均为基于多晶硅太阳能光伏板的理论测算值。始投资中包含了太阳能板、储能电池及其安装附件、组网配件费用。太阳能光伏面板实际可利用面积按屋顶总面积的50%考虑。经测算,古镇口车辆基地动力照明负荷年用电量预计为350万度,略高于光伏系统年发电量,光伏发电可被低压动力照明负荷吸收利用。表中动态回收期包含运营管理、光伏板清洁等费用。

(2)古镇口车辆基地接轨于古镇口南站,占地34.7公顷,段内设置运用库、检修库、综合楼、调机工程车库、洗车库、轮对动态检测棚、混合变电所、工建料棚、检修及空压机间、污水处理站、锅炉房、试车线用房、门卫等建筑(图6-14)。设计可安装2.3MW光伏发电设备。

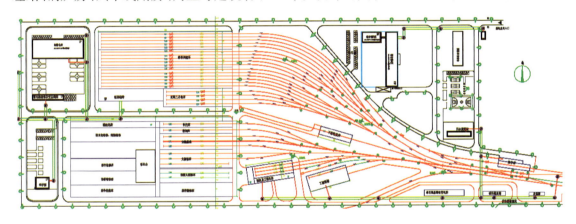

图6-14　古镇口车辆基地平面布置示意图

(3)董家口停车场设于董家口镇,场内设有一座牵引降压混合变电所及运用组合库、洗车库、特种车库及综合楼,废水处理站等建筑,总建筑面积约31000m²(图6-15)。设计可安装1MW光伏发电设备。

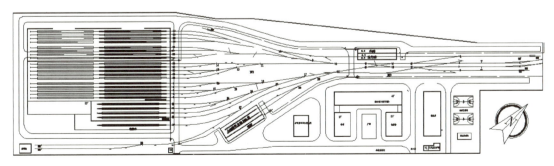

图6-15　董家口停车场平面布置示意图

(4)根据国家产业政策,国发〔2013〕24号文件《国务院关于促进光伏产业健康发展的若干意见》和国发改价格〔2013〕1638号《关于发挥价格杠杆作用促进光伏产业健康发展的通知》,完善了光伏发电价格政策;对分布式光伏发电项目,实行按照发电量进行电价补贴的政策,电价补贴标准为每千瓦时0.42元。《山东省人民政府关于贯彻落实国发〔2013〕24号文件促进光伏产业健康发展的意见》中提到2013~2015年,纳入国家年度指导规模的分布式光伏发电项目,所发全部电量在国家规定的每千瓦时0.42元补贴标准基础上,省级再给予每千瓦时0.05元的电价补贴。综合以上政策,工程设置的光伏发电系统,将得到国家财政和山东省财政的一定补贴,提高光伏发电系统的经济性,方案投资回报情况见表6-2。

方案投资回报情况统计   表6-2

单体名称	屋顶面积（m²）	安装容量（kWp）	首年发电量（万度）	初始投资（万元）	动态投资回收期（年）	负荷占比
运用组合库	25600	1024	142	1003.5	12	71%

注:上述数值均为基于多晶硅太阳能光伏板的理论测算值。始投资中包含了太阳能板、储能电池及其安装附件、组网配件费用。太阳能光伏面板实际可利用面积按屋顶总面积的50%考虑。经测算,董家口停车场动力照明负荷年用电量预计为200万度,高于光伏系统年发电量,光伏发电可被低压动力照明负荷吸收利用。表中动态回收期包含运营管理、光伏板清洁等费用。

6.2.3 节地

用地规划和总平面布置为:

①选择节地型施工工艺、设备,减少占用土地。结合现场条件及施工要求等因素合理确定临时设施的布置,临时设施尽量轻量化、可移动。临时设施的占地面积按用地指标所需的最低面积设计。

②在安全及文明施工、环境保护要求的前提下,规划合理施工场地平面,做到紧凑、不浪费边角场地,做到地尽其用。施工总平面管理做到科学、合理、有序。

③有条件的可以利用原有建(构)筑物、道路、闲置场地作为施工使用。结合工程情况,利用原有的房屋、厂房或在满足安全的情况下使用已建成的建筑物,减少和避免大量临时建筑拆迁和场地搬迁。

④临时办公和生活用房应采用经济、美观、占地面积小、对周边地貌环境影响较小,易拆装、拼装简单快捷的装配式结构,尽量采取多层搭设。

⑤临建生活区与生产区应分开布置,并设置围挡、围墙等分隔设施。施工场地应与周边设置有效的隔离措施,如连续封闭的轻钢结构预制装配式活动围挡。临时占道时需保证交通和行人安全。

⑥需要时采取基坑上加盖设置场地和道路的方法,解决场地问题。

⑦施工现场搅拌站、仓库、加工厂、作业棚、材料堆场等布置应尽量靠近路边,以减少运输距离。

⑧钢筋及钢架加工优先采用集中加工、集中配送方式。

⑨施工现场道路按照永久道路和临时道路相结合的原则布置,有效利用已有的出入口道路。

⑩合理存储建筑材料,采取JIT(just in time)方式管理材料。按使用时间的先后顺序,统筹分类堆放,易于取出,避免材料堆放杂乱、不便取用及浪费场地空间。

【工程实例】 青岛地铁13号线3号梁场双层存梁台座

青岛地铁13号线3号梁场存梁区采用双层存梁设计(图6-16~图6-18),下层U梁存放于混凝土台座上,上层梁存放于门式钢结构上,按照高峰期存储400片U梁计算,比单层存放节约用地约85亩。

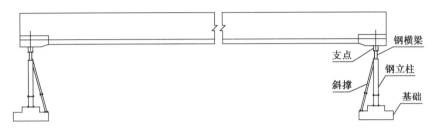

图6-16 存梁台座纵立面图

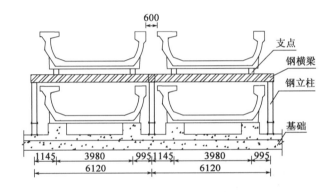

图6-17 存梁台座横立面图(单位:mm)

6.2.4 节水

节水总体要求为:

①选择先进的节水施工工艺和设备,如旋挖钻机施工、长螺旋钻施工、全套筒钻机施工、干法砌筑等。对于需要大量用水的打桩、注浆施工时,合理选择配合比,采取循环使用和废浆控制、处理工艺,节约用水。

②施工现场喷洒路面、绿化浇灌、冲厕、洗车不使用市政自来水,使用基坑降水、雨水、中水等非传统水源。

③制定有效的节水、保水措施。加强节水管理,对施工人员进行节水教育。采取有效措施减

图6-18 双层存梁

少管网和用水器具的漏损,杜绝跑、冒、滴、漏现象。

④混凝土宜采用塑料薄膜加保温材料覆盖保湿、保温养护;当采用洒水或喷雾养护时,养护用水使用回收的基坑降水或雨水。

⑤施工现场建立水收集处理利用系统,实现循环利用。现场机具、设备、车辆冲洗用水设立循环用水装置。

⑥按不同工区,分别对生产区、生活区、办公区等确定用水定额指标,并分别进行计量管理。

⑦对混凝土搅拌站点等用水集中的区域和工点进行专项计量考核。

【工程实例】 青岛地铁 13 号线 3 号梁场水循环系统

(1)U 梁喷淋养生

传统人工洒水养护,洒水不均匀,养护用水浪费严重,项目根据 U 梁外形特点,自制喷淋养护装置,既达到充分养护的目的又节约了水资源。

喷淋养生装置由纵向主管道、支管和若干喷头组成,纵向主管道置于翼板顶部,纵向主管每隔 1.5m 设置四通接头,向腹板内外侧连接支管,支管端部连接喷头,养生用水通过主管道进入,由喷头喷出,喷洒在梁体上。

(2)厂区水循环系统(图 6-19)

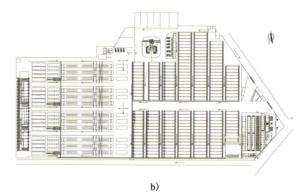

图 6-19 U 梁喷淋养生水循环利用示意图

根据场区功能划分,将存梁区养护用水、洗石机用水、生活用水、雨水分别通过三级沉淀后,通过排水管道进入蓄水池进一步沉淀处理,待水质达标后进行场区内循环使用。

6.2.5 节材

节材管理措施

①图纸会审时,提出节材与材料资源利用的相关内容。

②使用绿色建材、充分利用本地资源,就地取材,减少运输成本和能源消耗。

③推广使用工厂化预制装配的工艺,进行车站结构、装修和机电施工。

④选择绿色建材,采用高性能混凝土、高强钢筋、高强钢材等材料。选择高效模板及支架体系。做好施工组织,加强维修和保养,增加模板、脚手架等周转料的周转次数。

⑤根据进度、库存情况等合理安排材料的采购、进场,减少库存。建立材料盘点制度、材料

定额领料制度、材料使用奖惩制度,定期分析材料耗用情况,制定具体节材措施。建立健全材料管理与仓库保管制度,落实材料管理责任,强化收、发、存、用各阶段的管理。加强安保,避免材料被盗。

⑥为避免材料发生损坏和损失情况的发生,在装卸和运输前选择适宜运输工具和装卸方法。装卸时,尽量就近装卸、合理堆放,做到整洁、有序,避免和减少二次搬运及意外损失。

⑦最大限度发挥施工效率,做到"工完料尽"、提高施工操作水平和施工质量,避免发生返工现象。

【工程实例】 青岛地铁13号线两河站清水混凝土施工

(1) 基本情况

两河站位于薛馆路与两河路交叉口东侧,为地下两层岛式车站,车站总长203m,标准段宽19.7m,有效站台长80m,站台宽11m。车站公共区中板以上侧墙、柱子、顶板和顶梁采用清水混凝土。

(2) 工艺做法(图6-20)

两河站清水混凝土浇筑顺序:站厅层框柱钢筋绑扎→站厅层框柱模板支拆→站厅层侧墙钢筋绑扎→站厅层侧墙模板支拆→顶板支架搭设底模安装→顶板钢筋绑扎→顶板浇注混凝土。

a) 清水柱子

b) 侧墙模板

c) 使用高频振捣现场振捣

d) 现场振捣

图 6-20

e) 覆膜土工布养护

图 6-20 清水混凝土浇筑工艺做法

(3) 实施效果(图 6-21)

清水混凝土车站直接利用混凝土成型后的自然质感作为饰面效果,使混凝土更加富有表现力,充分强调了造型的艺术性、材料的特异性。同时,节省了各种装饰涂料的使用,大大节约了装饰装修成本。

a)

b)

图 6-21 两河站清水混凝土成品展示

6.3 场地选址及布设

6.3.1 施工现场选址原则

(1) 遵循因地制宜、节约用地,保护环境、安全可靠、交通便利,通信畅通、布局合理的原则选址,应优先考虑空地,尽量避开市政公共用地。对周围道路、建筑及管线进行调查,并在平面布置图中标明对应位置。

(2)严禁在易发生泥石流、滑坡、落石、洪水及陡峭悬崖、危岩等危险区域的下方选址。应避开高压线路及高大树木,与通信、天然气等地下管线保持安全距离。

6.3.2 现场建设基本要求

(1)施工现场实行封闭式管理,周边用围挡进行围护,围挡结构必须稳固,外敷布整洁美观。围挡结构有基础时,基础结构露出地面高度为30~50cm,当地势低洼有挡水要求时应另行增高。基础结构可采用砖砌或现浇混凝土等形式,结构体必须牢固,按设计要求预留排水洞。

(2)施工场内应按施工总平面布置图划分办公区、生活区、施工作业区。办公区、生活区应与施工作业区隔离分开,并保证安全距离。隔离材料可采用砖砌墙、格栅栏等,高度不低于1.3m。各区应设有明显的指示标志牌。

(3)施工现场应建立完善排水系统并保持通畅,排水量满足最不利环境下的要求,预防雨汛季、冬雪等阶段水对现场造成危害。

6.3.3 典型场地布置

1)场地布设总体要求

城市轨道交通施工场地受周边环境影响制约因素较多,需综合考虑施工场地对周边环境影响合理确定施工工艺工法。施工场地一般分为区间竖井、区间斜井、暗挖车站风井、明挖车站基坑等几种典型形式。场内布置应能满足现场生产基本需求,考虑因素如下:

(1)分析施工管理需要:一般情况施工场地内仅设置少量办公、应急用房和必要库房,办公、住宿、食堂等设施在场外集中安置;

(2)施工材料堆放布置:钢筋加工原则上以工区或线路设置集中钢筋加工区,区间竖斜井不设钢筋加工区,车站施工根据场地情况适当留设钢筋加工区域。合理确定砂石料仓、钢筋加工区、材料堆码(仓库)等现场生产需要的位置和大小;

(3)临时用水用电的布置:供水、供电端的确定,然后布置管线到各个需要的终端;

(4)考虑安全文明施工的布置,消防、排水、污水处理、标识标牌安放位置、大门位置;

(5)施工机械设备安放位置,如提升机、拌和站等;

(6)施工道路的布置,保证施工车辆的通畅。

2)各生产、服务设施占地计算

(1)临建板房占地计算

生产区不设置管理人员、施工人员的住宿用房,只布置生产设施、应急用房。应急用房在环境允许的情况下可双层布置,警卫室、标养室、厕所等单层布置。单间房屋占地按约$25m^2$考虑,施工竖斜井考虑10间占地面积,明暗挖车站考虑15间占地面积。

施工竖斜井临建板房占地面积约$250m^2$,明暗挖车站临建板房占地面积约$375m^2$。

(2)拌和站及砂石料仓

包括水泥罐、拌和机、控制室、上料斜道、砂石料仓等。

①水泥罐:2.1m直径,基础3m×3m,占地$9m^2$。

②拌和机等:JS500 尺寸 4.7m×3m,JS750 尺寸 5.4m×3.3m,配料机 2.2m×6.6m,考虑接料高度等,统一按 10m×7m 考虑占地面积,70m²。

③矿山法区间竖斜井砂石料仓:160m²。

Ⅱ、Ⅲ级围岩 4 个面各平均进尺 2m,每天喷浆料 2m/d×4 作业面×5m³/延米 = 40m³/d,加超挖及损耗喷浆料需 80m³/d,每方石子、砂子重量各 832kg,现场存三天喷浆料砂石用料:60m³×0.832t×2÷1.3×3 天 = 307.2m³,堆高平均 2m,所需砂石料仓 160m²。

④暗挖风井砂石料仓:130m²(拌和站在其中一个风井场地设置)。

风道初支喷混 21.8m³/延米,进尺 1.5m/d,加超挖及损耗喷浆料需 65.4m³/d,每方石子、砂子重量各 832kg,现场存 3 天喷浆料砂石用料:65.4m³×0.832t×2÷1.3×3 天 = 251m³,堆高平均 2m,所需砂石料仓 125m²。按 130m² 布置。

⑤明挖车站砂石料仓:60m²。

挖方按 1000m³/d,需喷混面约 100m²,加损耗每天喷浆料 100m²/d×0.1m×200% = 20m³/d,每方石子、砂子重量各 832kg,现场存三天喷浆料砂石用料:20m³×0.832t×2÷1.3×3d = 76.8m³,堆高平均 2m,所需砂石料仓 38.4m²。考虑进料车方量、应急备料,按 60m² 布置。

(3)渣土存放场地

①区间竖斜井:300m²

Ⅱ、Ⅲ级围岩每天每个作业面进尺 2m,8m×30m³/延米×1.5 松散系数 = 360m³,存放 2d,堆高 2.5m,360×2÷2.5 = 288m²,需占地 300m²。

②暗挖风井:310m²

车站主体下断面 171m³/延米,每天进尺 1.5m,171m³/延米×1.5m×1.5 松散系数 = 385m³,存放 2d,堆高 2.5m,385×2÷2.5 = 308m²,需 310m² 占地。

(4)钢筋场地:有条件时,场外集中加工或及时下到作业面

①原材堆放:52m²

场地 13m×4m,堆放 4-5 种规格钢筋,存放钢筋长 12m。

②钢筋加工:52m²

场地 13m×4m,主要功能为切断、车丝、弯曲、盘条调直等钢加工,以及钢筋半成品的临时堆放。

③半成品堆放:32m²

场地 4m×8m,主要存放钢拱架、网片、锚杆、超前、锁脚等存放。

钢拱架:按每断面每日 2 榀,每榀 6 单元,4 个掌子面需 48 个单元,按一半及时进洞,地面临时存放一半考虑,每单元按弦长 3m,失高 0.7m 考虑,一次垒高不超过 4 榀,需垒 6 堆。占地:3m×6m。网片:每榀 13 张考虑,单日需 104 张,需 1 堆,按网片 1.2m×2.4m,占地:1.5m×3m。锚杆:1m×4m。超前小导管:1m×4m。

(5)周转料

需存放钢管、方木、钢模板、工字钢、竹胶板、顶托、扣件等。区间竖斜井:30m²;暗挖风井:100m²;明挖车站:200m²。

(6)场转弯道路宽度计算:以东风 EQ1141 为例(图 6-22)

汽车最小转弯半径 $r_1 = 10.5m$。汽车环形内半径:$r = \sqrt{(r_{12} - L_2)} - (b+n)/2 = 7.03m$;

汽车环形外半径:$R = \sqrt{((L+d)2 + (r+b)2)} = 11.33m$;环道外半径 $R_0 = R + x = 11.73m$;环

道内半径：$r_2 = r - y = 6.63\text{m}$；环道最小宽度：$W = 11.73 - 6.63 = 5.1\text{m}$；$x$、$y$ 分别为汽车环形时最外点至环道外边距离和至内边距离，大于或等于 0.25m，取 0.4m 车道设置宽度需在环道基础上加 $r_2 - r_2 \div \sqrt{2} = 1.94\text{m}$，车道设置宽度：$5.1 + 1.94 = 7.04\text{m}$。

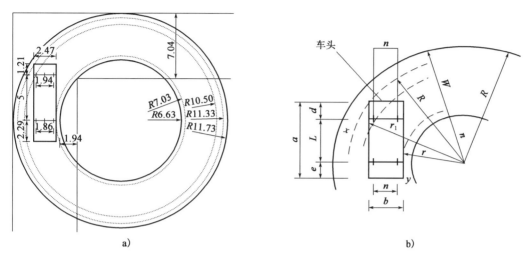

图 6-22　场转弯道路宽度计算示意图（单位：m）

车长 $a = 8.49\text{m}$，宽 $b = 2.47\text{m}$，轴距 $L = 5\text{m}$，前弦 $d = 1.205\text{m}$，后弦 $e = 2.285\text{m}$，后轮距 $m = 1.86\text{m}$，前轮距 $n = 1.94\text{m}$，最小转弯半径 $R = 10.5\text{m}$。

综上，90°转弯处道路设置需 7.1m 以上。车辆转弯需占地较大且存在安全隐患，布置时应考虑物料堆场与大门的位置关系，避免设置转弯道路。

(7) 明挖车站基坑周边道路设置

明挖基坑应至少一侧布置车辆通道，尤其应考虑混凝土泵车、汽车吊作业时伸展支腿的安全距离，另一侧按距基坑外侧 2m 考虑即可。

① 二层明挖车站选用 37m 混凝土泵车（图 6-23）

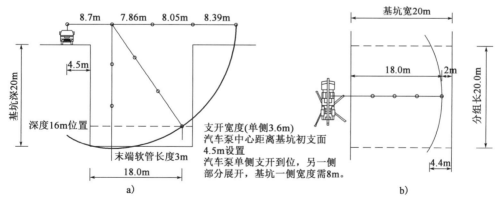

图 6-23　37m 混凝土泵车示意图

第一节臂长：8.7m，第二节臂长：7.86m，第三节臂长：8.05m，第四节臂长：8.39m。

臂架垂直高度 $H = 37\text{m}$，臂架水平长度 $R = 33\text{m}$，臂架垂直深度 $D = 21.3\text{m}$。

②三层明挖车站选用48m混凝土泵车(图6-24)

第一节臂长:9.06m,第二节臂长:8.01m,第三节臂长:7.8m,第四节臂长:9.465m,第五节臂长:9.665m。

臂架垂直高度 $H=48.0m$,臂架水平长度 $R=44.0m$,臂架垂直深度 $D=30.8m$。

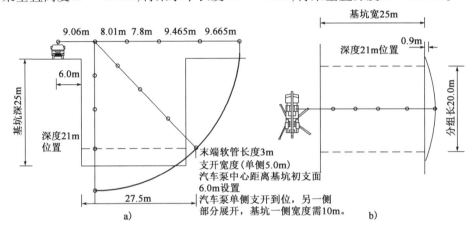

图6-24　48m混凝土泵车示意图

③基坑侧边预留道路宽度计算如下(图6-25)

根据支腿伸开长度确定,地下二层车站施工围挡距基坑外侧距离约8m为宜,地下三层车站施工围挡距基坑外侧距离约10m为宜。

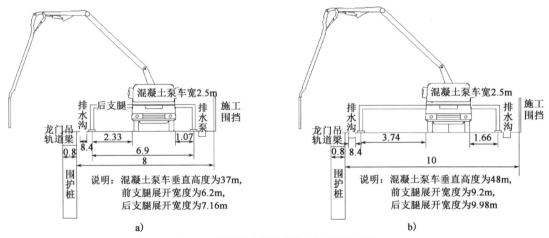

图6-25　基坑侧边预留道路宽度计算示意图

各典型场地生产、服务设施占地面积见表6-3。

各典型场地生产、服务设施占地面积汇总　　　　　　　　表6-3

序号	用途	面积(m²)				说明
		竖井	斜井	车站风井	明挖车站	
1	结构及护栏占地	60	600	140	6000	竖井按6m×10m,斜井按6m×100m,车站风井按7m×20m,明挖车站按30m×200m,(明挖车站以宽20m车站为例,含纵向两侧道路)

续上表

序号	用　途	面积（m²）				说　明
		竖井	斜井	车站风井	明挖车站	
2	板房	250	250	375	375	
3	场内道路	180	180	270	270	板房前通道按5m计算
4	围挡加固不可利用部分	160	300	170	160	
5	拌和站	79	79	79	79	拌和机等70m²，水泥罐9m²
6	砂石料仓	160	160	130	60	
7	钢筋场地	32	32	160	160	竖斜井仅留设半成品堆放区
8	出碴临时存放	300	300	310	0	
9	洗车槽	0	0	0	0	计算在场地公共区域内
10	安全质量样板间	26	26	26	26	
11	水泥库房	0	0	13	13	
12	空压机房	26	26	26	26	
13	发电机房	26	26	26	26	
14	变压器房	26	26	26	26	
15	火工品临时存放	8	8	8	8	
16	氧气乙炔	10	10	10	10	
17	油料库	6	6	6	6	
18	周转料	30	30	100	200	
19	消防砂池	10	10	10	10	
20	合计	1389	2069	1885	7455	实际计算时增加10%以上公共区域

注：表中部分数据为经验数据，实际建设过程中根据需求适当调整。

3）各典型场地布置设计图（图6-26～图6-29）

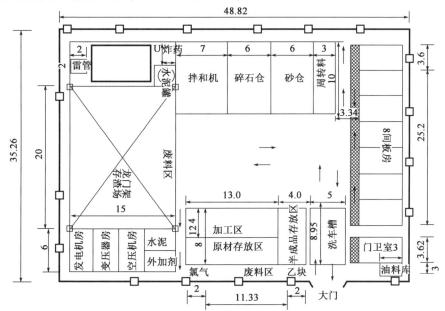

图6-26　区间竖井布置设计图（尺寸单位：m）

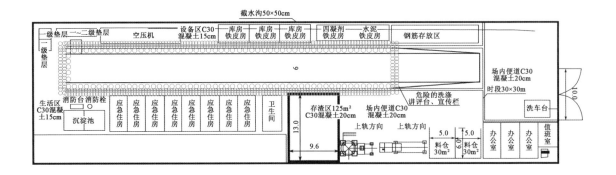

图 6-27 区间斜井布置设计图

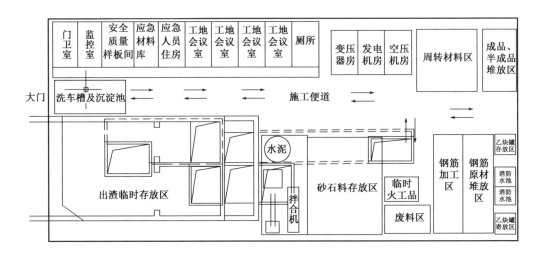

图 6-28 暗挖车站风井布置设计图

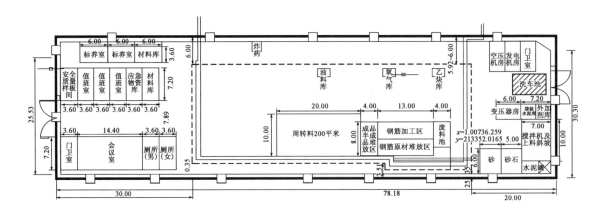

图 6-29 明挖基坑布置设计图(尺寸单位:m)

6.4 标准化工地建设

6.4.1 施工外部形象

1)大门(图6-30)

(1)轨道交通施工现场实行封闭式管理,现场进出口处设置大门。

门分为大小门,大门行车小门走人,做到"人机分离"。小门周边根据现场情况可设置仪容镜。小门应用不透明材料,小门位置可根据现场情况设置在左右侧。小门上应设置人员出入读卡器,做到持卡入场,严禁随意出入。

(2)门扇为不通透封闭门,底部安装滚轮,可做成平开或推拉门,门扇上框高度不小于2200mm,骨架可用钢管、角钢或其他型钢制作,

图6-30 企业标志和企业名称图

外包铁皮厚不小于1mm,柱间净距不小于6000mm,柱顶安装照明灯具。

大门颜色为蓝色[C100M30],现场测量大门的尺寸,选择合适尺寸的效果图。

站名字体:叶根友刀锋黑草,大小为73cm×77cm;承建单位名称字体:华文中宋,大小为38.5cm×38.5cm;

青岛地铁Logo:大小为80.5cm×80.5cm,宜为草绿色。文字大小为28cm×24cm,设在大门左侧。

施工企业Logo:大小为108cm×72cm,白色或白夹红色,文字大小为28cm×24cm,设在大门右侧。

字体及标识现场用模具进行喷漆,所有字体宜为白色。

(3)大门旁侧根据实地情况可设置安保室,兼作"小门"之用。

(4)大门处应设置监控视频,大门外按临近道路要求覆盖道路钢板,钢板表面刷黄黑色条警示漆,宜设减震带、划设交通线。

2)围挡(图6-31~图6-34)

(1)青岛市轨道交通工程施工围挡采用喷绘板式围挡,主要由挡板、方管立柱、墙体基础三部分焊接组合成连续围挡墙,管线迁移、调流路等地铁配套工程的施工围挡可参照施做。

技术参数:

①挡板:

规格尺寸:2000mm×5000mm、4000mm×9000mm;

钢架:L40×3mm;

焊接板面:镀锌板0.5mm;

画面:灯箱布喷绘;

整体组合时将挡板两侧焊接在方管立柱上。

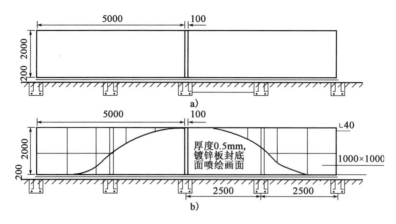

图 6-31 长期围挡立面图(2000mm×5000mm)(尺寸单位:mm)

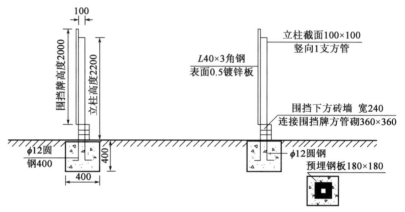

注:水泥、柏油路等硬质地面,应用膨胀螺栓12mm×150mm加固;立柱底部砌360mm×360mm 砖垛加固,松软地面400mm×400mm×400mm混凝土下预埋件固定;其他现场根据地面情况 确定加固方案;砌砖高度随现场标高调整,不低于200mm,围挡高度随地势变化,现场确定, 依据现场做出的设计调整,不另行出图说明.

图 6-32 长期围挡支撑剖面图(2000mm×5000mm)(尺寸单位:mm)

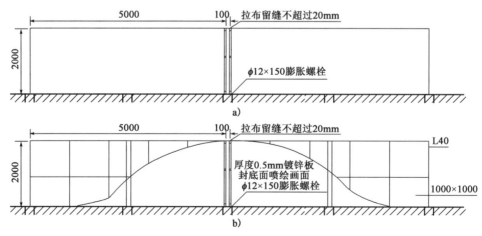

图 6-33 临时围挡立面图(2000mm×5000mm)(尺寸单位:mm)

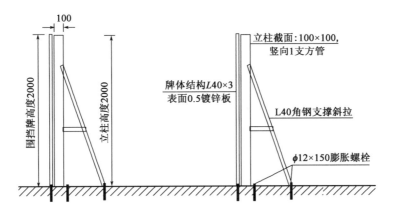

图 6-34　临时围挡支撑剖面图（2000mm×5000mm）（尺寸单位：mm）

②方管立柱：

规格尺寸：100mm×100mm×2.6mm；

高：2200mm、3800mm；

方钢立柱底板厚：200mm×200mm×5mm；

方钢立柱内侧加固：L40×3mm。

③墙体基础（长期围挡）

墙体砌砖后水泥抹面，高度不小于 200mm；

软地面基础为 400mm×400mm×400mm 混凝土浇筑。

（2）围挡保护网（图 6-35、图 6-36）

①适用于人流量较大、繁杂路段周边施工围挡的保护，防止围挡画布被破坏或贴小广告。

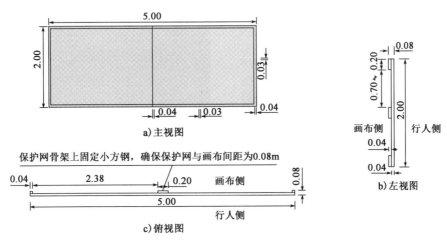

图 6-35　围挡保护网示意图（单位：m）

②围挡画布保护网骨架采用与围挡画布同样尺寸 2mm×5m，由 40mm×40mm×2mm 的方钢构成。

图6-36 围挡保护网效果图(钢制围挡)

③围挡画布保护网网孔尺寸为3cm×3cm,网丝直径为3mm。

④在围挡画布保护网骨架与围挡画布间加20cm长40mm×40mm×2mm的方钢,确保围挡保护网平整,保护网与画布间间距为8cm。

地铁施工在城区、景区等区域施工时,为尽量维护城市形象,减少对周边环境的影响,宜采用全封闭施工围挡。

3)大棚(图6-37)

采用全封闭围护棚时,应进行专项设计,设计应考虑棚内采光、照明、通风、除尘等因素,满足生产及作业环境等的要求。搭设方案应进行报审,同意后施作。

a)全封闭钢结构大棚效果图1

b)全封闭钢结构大棚效果图2

c)抗风压H型钢立柱+C型钢檩架

d)墙体隔音材料及C型钢檩架

图6-37 大棚

框架基础为钢筋混凝土独立基础,采用抗风压H型钢立柱,檩条采用C120×50×20×2.0镀锌C型钢。墙面和屋面材料为75mm聚氨酯封边玻璃丝棉夹芯防火吸音板(PVDF聚偏氟乙烯喷涂、内打孔）。

4) 调流设施（图 6-38）

（1）施工现场的起止点以及对车辆、行人通行安全有影响的位置，须设置危险警示灯。在车行道上施工作业，须在来车方向提前设置施工警示牌、交通导向牌等，提示和引导车辆有序安全通行。

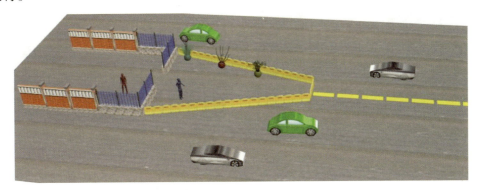

图 6-38　路中施工缓冲区设置图

（2）夜间、雾天、骤暗天气，须在作业区域边界上方设置警示闪灯或者悬挂 40W 以上红灯，相邻灯间距不得大于 4m。

（3）因工程施工等原因导致各种管线井盖缺损或因新建、扩建、改建工程等不能及时设置井盖的，施工单位须设置半通透式护栏进行围蔽并悬挂警示闪灯。在车辆、行人通行的地方施工，须设置沟井坎穴覆盖物和明显的施工标志牌。

（4）工程施工应尽量避开交通高峰，确需限制车辆行驶或者实行交通管制的，须报市公安交通管理部门批准，并事先进行公告，施工时要在适当位置设置临时交通管制告示牌和交通导向标志。

6.4.2　场内生产、服务设施

1) 场地及道路硬化

施工现场临时道路应进行硬化处理，道路硬化处理宜采用厚度不少于 200mm、强度等级不低于 C20 的混凝土路面，基底做处理，道路两旁设置排水沟；施工现场临时道路宜设置成环形道路，道路宽度宜 4.5～6.0m。施工现场材料堆场地及材料加工场地必须进行硬地化处理，宜采用厚度大于 100mm，强度等级不低于 C20 混凝土浇筑，基底做处理，场地应按要求设置排水沟。

2) 警卫室（图 6-39）

现场大门处应设置警卫室，警卫室安装常亮式红色警示灯具，警卫室内相关管理制度应上墙。

3) 八牌二图（图 6-40）

市政工程施工现场须在施工大门口或其他合理位置设置八牌二图：

（1）施工现场应在大门口或其他合理位置设置"八牌二图"。

八牌：工程概况牌、管理人员名单及监督电话牌、安全生产牌、入场须知牌、文明施工牌、消防保卫牌、施工现场管理制度牌、环境防治监督牌。

二图：施工现场总平面图，根据现场情况宜设置工程立面（或效果）图。

a)

b)

图 6-39　警卫室

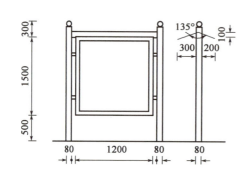
a) 尺寸示意图(尺寸单位：mm)

b) 八牌二图(室外)

c) 八牌二图(室内1)

d) 八牌二图(室内2)

图 6-40　八牌二图

（2）图牌标准。

图牌尺寸为 $1.5m \times 1.2m$（高×宽），距地高度 $0.5m$，采用不锈钢平直板材，不锈钢框架支撑，顶部设阳光板蓬，统一制作安装支架，支架下设基础以确保图牌稳固。图牌的颜色为蓝底白字。

4)洗车台及沉淀池

在出入口处设置排水沟、洗车池、沉淀池,配置高压水枪,运输车辆出场前要彻底清刷车体和车轮,净车出场。

(1)在施工场地出入口处必须设置洗车平台(图6-41),驶出工地的机动车辆必须在工地出入口洗车区内冲洗干净方可上路行驶。洗车平台优先选用全自动洗车装置,也可采用普通洗车装置。

a)全自动洗车平台

b)浸泡式洗车台

图6-41 洗车平台

(2)排水沟及沉淀池(图6-42)。

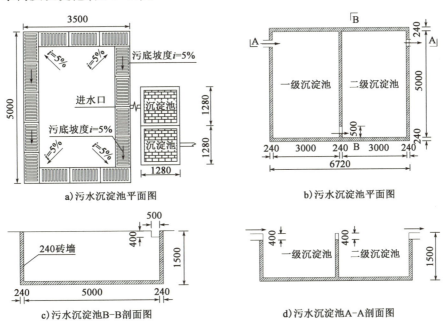

a)污水沉淀池平面图

b)污水沉淀池平面图

c)污水沉淀池B-B剖面图

d)污水沉淀池A-A剖面图

图6-42 排水沟及沉淀池尺寸示意图(尺寸单位:mm)

注:1.沉淀池采用240mm厚砖砌墙,表面抹灰。
2.沉淀池的沉淀物应定期清掏,沉淀池四周应进行围护,坑边立警示牌。

①洗车槽四周布置排水沟,并及时清掏排水沟内污泥。

②排水沟面板采用32以上螺纹钢或型钢格栅,确保能承受车辆重压。

③排水沟与沉淀池连接,沉淀池至少设置两级沉淀。

④沉淀池一般采用砖砌而成,也可以用混凝土浇筑。容量按废水排放情况确定,同时设置防止泥浆、污物堵塞排水管道的措施,并派专人进行不定期清理。

⑤挡水坎刷黄黑相间油漆,间距150mm。

(3)沉淀池。

①工地的施工污水、废水必须设置三级沉淀排放设施。沉淀池不小于剖面尺寸;施工现场可根据地下水情况及场地条件适当增大。

②沉淀池采用240mm厚砖砌墙,表面抹灰,或可用商品混凝土浇制,但底板必须使用商品混凝土。

③沉淀池墙体及底板应做防水处理,要求蓄水期间不得渗漏。

④沉淀池中的沉淀物应定期清掏,可用钢筋混凝土板或钢板全覆盖。

⑤沉淀池四周宜进行临边防护,设立警示牌,做好安全防护措施以防发生意外。

沉淀池应与工地排水系统连接,沉淀池位置应结合施工现场出入口布置,也可根据施工区域布置。

污水三级沉淀池如图6-43、图6-44所示。

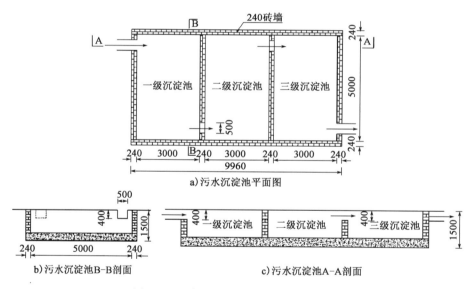

图6-43 沉淀池尺寸示意图(尺寸单位:mm)

5)临边防护(图6-45~图6-47)

(1)基坑、竖井锁口临边防护

①防护栏杆刷黄色警示漆,栏杆的立面使用钢丝网片防护,网眼不大于25mm。

②防护栏杆使用不低于300mm高混凝土或砌体基础,刷宽度200mm黄黑相间警示色油漆。

③防护栏杆下横杆与基础顶面密贴。

a)

b)

图 6-44 三级沉淀池

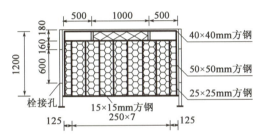

图 6-45 安全防护栏杆大样图(尺寸单位:mm)

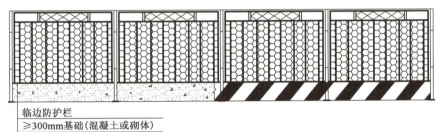

图 6-46 安全防护栏杆立面图

图 6-47 防护效果图

(2) 基坑加强防护(图 6-48)

如基坑边距围挡较近,应设置防社会等车辆冲撞围挡坠入基坑的措施。

参考做法:在围挡内侧架设型钢支撑进行防护。型钢应采用≥I250 工字钢,高度约 1.5m,立柱间距≤3m,埋入地下混凝土基础墩内,保证牢固可靠。I 字钢可用于周边围挡加固之用。

(3) 临边防护做法

做法一:钢管搭设(图 6-49~图 6-50)

①防护栏杆刷间距 300mm 红白相间警示漆,栏杆的立面用密目网防护。

②钢管用扣件连接,架体应锚地牢固。

图 6-48 基坑加强防护效果图

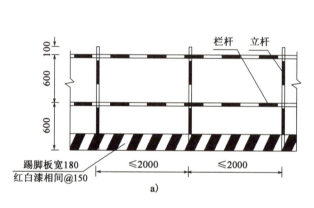

图 6-49 防护尺寸图(尺寸单位:mm)

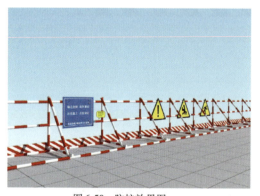

图 6-50 防护效果图

做法二:钢管或方管搭设(图 6-51~图 6-53)

①防护材料采用钢管或方管,立柱锚固于地下或混凝土结构中,或与地下预埋件连接牢固。

②防护栏设置不低于 180mm 踢脚板、挂警示标识。防护栏杆和踢脚板刷红白相间安全警戒色。临边夜间作业时设照明灯具。

③防护栏挂密目安全网。采用钢丝网片防护时网眼不大于 25mm。

6) 砂石料仓(图 6-54)

(1) 砂石等易产生扬尘的材料宜采用密闭式存贮方式,进出料口宜采用电动卷帘门,困难时可用防护篷布密闭。

(2) 仓体按多仓式设置,材料按不同粒径、不同品种分仓存放,不得混堆或交叉堆放。仓内地面应进行混凝土硬化,厚度不低于 20cm。仓内地坪应高于仓外地坪,设向外不小于 4%的排水坡,墙脚预留排水孔。

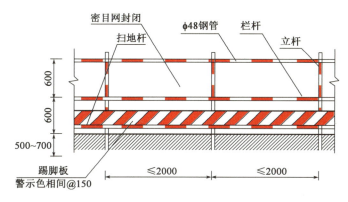

图 6-51　防护栏尺寸图（尺寸单位：mm）

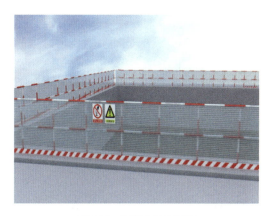

图 6-52　钢管防护效果图

图 6-53　方管防护实物图

a)

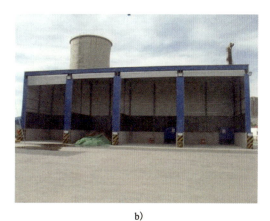

b)

图 6-54　砂石料仓

（3）分料墙应有足够的防挤压强度，可采用：混凝土墙、钢板墙、砖砌水泥抹面墙等，高度应满足分料要求。分料墙采用砖砌墙时参考做法：墙厚"37"、墙高 1.5m，水泥砂浆抹面。

（4）根据施工地气候情况，设置冬季保温措施。

7）拌和站（图 6-55、图 6-56）

（1）拌和站应搭设封闭式防护棚，采用彩钢板搭设，内装水雾除尘装置。对噪声排放有特殊要求的地段，棚体用隔音材料搭设。

a)　　　　　　　　　　　　　　　　b)

图 6-55　降噪拌和站防护棚实物

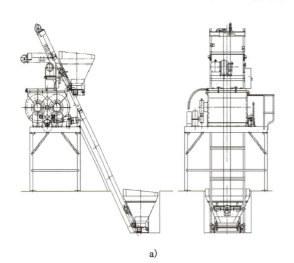

a)　　　　　　　　　　　　　　　　b)

图 6-56　拌和站设置示例图

（2）拌和配料机设置宜嵌入地下，有条件的应封闭，进出料口宜用帆布帘遮挡。

（3）水泥罐应安装除尘装置，防止加注水泥时扬尘扩散。

8）材料堆放

（1）建筑材料、构件应按总平面设计堆放做到整齐有序。料堆挂标志牌注明名称、品种、规格等内容。

（2）散装水泥应按不同厂家、品种、标号和生产日期分别堆放，不得混放。水泥储存期不得超过三个月。水泥仓库必须保持干燥，应设置在地势较高、排水良好的场地，屋顶门窗不得漏雨渗水。库房内地面应硬化处理，水泥应离地离墙存放。

（3）施工现场建筑材料存放区需设置材料标识牌。

材料标识牌、安全防护设施验收牌,如图6-57所示,宽0.4m,高0.3m,采用铝塑板制作,白底黑字。材料标示牌、安全防护设施验收牌,可以设置支撑,也可以悬挂在墙壁、护栏上。

a)(尺寸单位：mm)

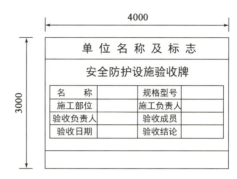
b)(尺寸单位：mm)

c)

d)

图6-57 材料标识牌(尺寸单位:mm)

材料堆放区应进行场地硬化,材料堆放离地不低于100mm,上部用篷布覆盖。材料应按不同规格、种类分类堆放,保证一端齐平,并在对应的位置挂设材料标识牌。

9)加工防护棚(图6-58)

(1)施工现场所有钢筋、木工加工场均需设置加工防护棚。

(2)防护棚的高度与宽度应根据现场条件和工作需要确定,满足作业要求。防护棚框架体系需采用型钢材料制成,拉接牢固并进行计算。顶面应使用厚度大于5cm的木板,并覆盖防雨材料。处于高空坠物半径内或处于起重机臂杆回转范围之内时,应采用双层5cm厚木板架设,上下两层间隔0.6m。

(3)加工棚应进行加固、拉结,确保在台风等灾害性天气下的安全使用。

(4)加工棚顶面四周刷红白油漆,并悬挂安全警示标语。

(5)木材、钢材的加工机具需在加工棚内使用,机具传动部位须设置防护措施。

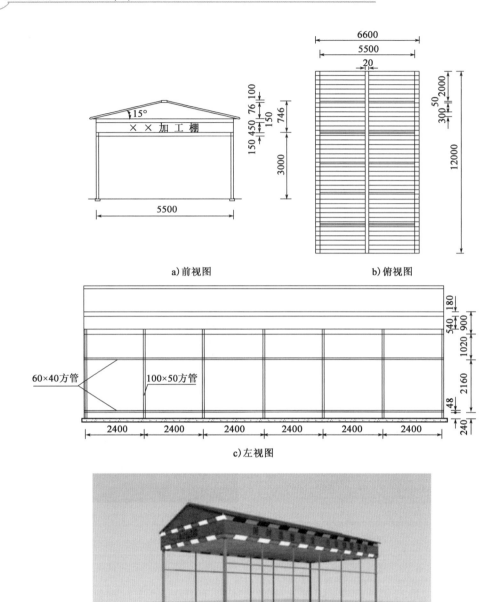

图 6-58　加工防护棚（尺寸单位：mm）

10）竖井上下通道（图 6-59）

（1）楼梯栏杆斜段高度 950mm（从踏步前沿算起），楼梯栏杆水平段高度 1050mm；

（2）楼梯宽度、踏步高宽、休息平台尺寸不宜调整，可根据竖井高度调整每跑楼梯数量，若不满足整数倍时最后一跑楼梯根据现场确定；

（3）竖井净宽大于 5m 时，应保证每跑踏步数不超过 18 级；

（4）临空侧应设置防护钢丝网，楼梯设置 180mm 高梯脚板，刷宽度 150mm 红白相间警

示漆;

(5)楼梯钢板采用花纹钢板,钢板厚度由专业厂家设计并安装;楼梯踏步下方采取有效防坠物措施,可根据现场实际情况稍作修改;

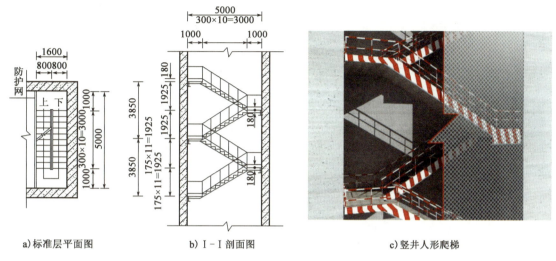

a)标准层平面图　　b)Ⅰ-Ⅰ剖面图　　c)竖井人形爬梯

图 6-59　竖井上下通道(尺寸单位:mm)

(6)对于深基坑的上下爬梯,可参照本标准制作。

11)易燃易爆物品库(图 6-60)

(1)使用氧气、乙炔临时存放柜时必须设置存放柜,左边放置已使用空瓶,右边放置未使用的满瓶,中间部分 1.5m 用于存放物品及安全宣传使用。设计上左侧空瓶存放区、右侧满瓶存放区及中间宣传部分采用拼装形式,可以结合现场实际空间进行拆解和拼装。中间宣传区下部设置备用防震圈存放区及灭火器存放区,上部分别设置氧气、乙炔相关的安全施工规程及相关安全宣传漫画,设置领用及退库登记表、日常检查巡视记录。

(2)配备氧气、乙炔临时运输小车,严格按照氧气瓶、乙炔瓶规范要求的颜色进行喷刷,并设置明显的标志,便于现场工人操作及项目的日常管理。

图 6-60　氧气乙炔瓶库

12)消防设施(图 6-61)

(1)施工现场生活区、楼层、仓库、材料堆场、模板加工场、电焊场地等区域应配备相应类型的灭火器材,灭火器材应定期更换所装药品,使其保持在有效期内。

(2)消防器材应放置在易拿易放且比较显眼的地方。

(3)一般临时设施区,每 $100m^2$ 应至少配备两具灭火级别不低于 3A 的灭火器,现场临建设施,应备有专供消防用的太平桶、消防铲、消防斧、蓄水池、砂池等消防器材。

(4)每组灭火器之间的距离不应大于 30m,每组灭火器不应少于 2 个。

a) 消防器材

b) 消防器材

c) 消防栓

d) 消防栓

e) 消防带

f) 灭火毯

g) 消防箱(池)、泵

h) 手抬式消防泵

图 6-61　消防设施

13）电气设备

（1）一般规定

①电工为特殊工种，必须持特种作业操作证上岗作业。

②临时用电工程必须经方案编制、审核、批准部门和施工单位共同验收，合格后方可投入使用。

③施工单位应建立用电安全技术档案，包括：临电方案、技术交底、用电工程检查验收表、接地电阻及绝缘电阻及漏电保护器漏电动作参数测定记录表、电工安装巡查维修拆除及隐患整改等工作记录。

④施工现场外露的工点线路，有条件的应加绝缘阻燃保护套管。

⑤施工现场照明宜使用 LED 灯具。

⑥施工单位应建立巡视制度，对现场用电进行定期和不定期检查。

（2）配电线路敷设

①架空电线必须采用绝缘导线，线路必须架设在专用电杆上，不得架设在树木、脚手架及其他设施上；架空敷设时用绝缘子固定，高度高于 2.5m，跨机动车道时，与地面距离大于 6m。

②线路敷设过程中，必须保证相序、相色一致，不得随意调整；严禁 N 线与 PE 线混用。

③电缆线路应采用埋地或架空敷设，严禁沿地面明设，随地拖拉

④埋地电缆路径应设方位标志。电缆埋地敷设方式、深度应符合要求，过道路及埋设时必须穿管保护。直接埋地敷设应植盖硬质保护层。

电缆架空敷设时，应沿电杆、支架或墙壁敷设，并用绝缘子固定，绑扎必须采用绝缘线。沿墙敷设时最大弧垂距地面不得小于 2.0m。架空电缆严禁沿脚手架、树木、或其他设施敷设。

⑤室内非埋地明敷主干线距地面高度不得小于 2.5m；架空进户线的室外端应采用绝缘子固定，过墙处应穿管保护，距地面高度不得小于 2.5m。

埋地敷设宜选用铠装电缆；当选用无铠装电缆时，应能防水、防腐，埋设线路上应保证电缆不受机械损伤，远离热源，尽量避开建、构筑物和交通要道。

电缆（图 6-62）应埋设于专门开挖的电缆槽内，槽深应不小于 0.7m；应在电缆上均匀铺垫 50～100mm 厚的细沙；并在上层覆盖硬质保护层；电缆横穿车道时应用钢管或硬质工程塑料管套护；采用开式电缆沟必须使用混凝土浇筑，电缆沟面上制作止口位，用厚木板或钢板封闭，电缆沟应有防积水措施。转弯处和直线段每隔 20m 处应设电缆走向标志。

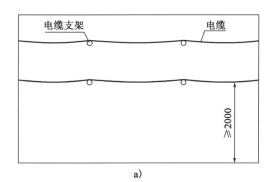
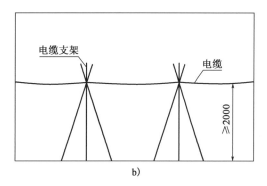

图 6-62

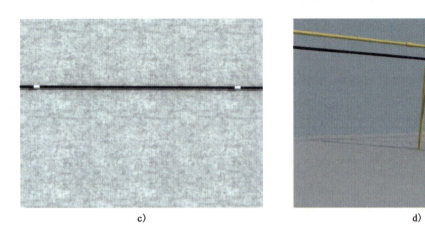

图 6-62 电缆图

架空电缆应沿电杆、支架或墙壁敷设,并采用绝缘子固定,绑扎线必须采用绝缘线。沿墙敷设时最大弧垂距地不得小于 2.0m。架空电缆严禁沿脚手架、树木、或其他设施敷设。(左:沿墙壁敷设;右:沿支架敷设。)

(3)固定式电箱防护(图 6-63)

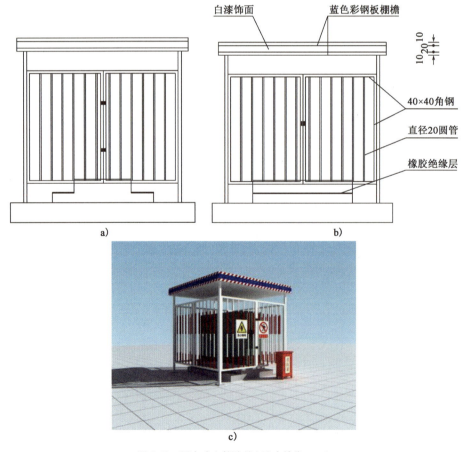

图 6-63 固定式电箱防护(尺寸单位:mm)

①电箱周围应有足够 2 人同时工作的空间和通道,不得堆放任何妨碍操作、维修的物品,不得有灌木、杂草。

②电箱应设置标示牌,标明名称、编号、分路标记、系统接线图、负责电工姓名及联系电话等内容。

用电管理应实行电工日常巡检制度,巡检表张贴在电箱门上,值班电工巡检无隐患后签字确认,发现问题时立即处理。

(4)移动式电箱防护(图 6-64)

①配电箱的电器安装板上必须分设 N 线端子板和 PE 线端子板;N 线端子板必须与金属电器安装板绝缘,PE 线端子板必须与金属电器安装板做电气连接;进出线中的 N 线、PE 线必须分别通过相应的端子板连接。

②电箱箱门应配锁,并由专人负责;金属箱门与金属箱体必须通过采用编织软铜线做电气连接。

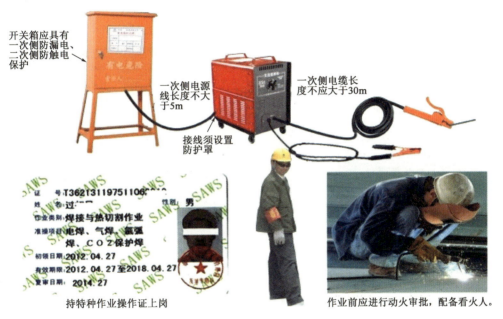

图 6-64 移动式电箱及特种作业

14)安全监控(图 6-65)

(1)施工单位要建立安全监控组织机构、明确管理职责,应编制监控实施方案,并报监理审批后实施,按照监控实施方案及时布设安全监控设施。

(2)施工单位应购置参数、性能符合建设单位要求的正规产品,严禁采购不满足要求的假冒伪劣、贴牌监控设备。

(3)施工单位在监控设备进场安装前后组织对设施设备进行验收,监理、供货商等单位参加。验收合格各方签字确认后方可使用。

(4)施工单位应积极开展宣传教育活动,宣传贯彻视频监控系统的重要性;每日应对监控系统设备进行巡查,发现问题及时处置,填写监控工作日志,并及时归档;摄像头等各种监控终端或监控点应按要求及时跟进、增补。

(5)在各施工阶段的生活区、办公区、施工作业区、施工竖井、起吊设备及其它需要重点监控的部位布设视频监控设备。视频监控的数量和位置依据现场情况确定,确保每个作业面均能监控到位。

a)无障碍门禁系统

b)人员定位系统(人脸抓拍、定位、轨迹回放)

c)视频监控系统1

d)视频监控系统2

图 6-65 安全监控设施

(6)进入施工现场(含地上地下)实行封闭化管理。入口处设置视频及闸机系统,安排专职人员职守,人员凭有效证卡进入,严禁无关人员入场。逐步完善作业人员定位、监控量测信息化管理等安全监控系统。推行新型门禁和定位芯片、接收装置,能够进行人员进出拍照和运行轨迹查询。

15)防火间距

(1)易燃易爆危险品库房与在建工程的防火间距不应小于 15m,可燃材料堆场及其加工场、固定动火作业场与在建工程的防火间距不应小于 10m,其他临时用房、临时设施与在建工程的防火间距不应小于 6m。

(2)施工现场主要临时用房、临时设施的防火间距不应小于表 6-4 的规定,当办公用房、宿舍成组布置时,其防火间距可适当减少,但应符合以下要求:

①每组临时用房的栋数不应超过 10 栋,组与组之间的防火间距不应小于 8m;

②组内临时用房之间防火间距不应小于 3.5m;当建筑构件燃烧性能等级为 A 级时,其防

火间距可减少到 3.0m。

施工现场主要临时用房、临时设施的防火间距（单位:m）　　表 6-4

名　称　间距	办公用房、宿舍	发电机房、变配电房	可燃材料库房	厨房操作间、锅炉房	可燃材料堆场及其加工场	固定动火作业场	易燃、易爆物品库房
办公用房、宿舍	4	4	5	5	7	7	10
发电机房、变配电房	4	4	5	5	5	5	15
可燃材料库房	5	5	5	5	7	7	10
厨房操作间、锅炉房	5	5	5	5	7	7	10
可燃材料堆场及其加工场	7	7	7	7	7	10	10
固定动火作业场	7	7	7	7	10	10	12
易燃、易爆物品库房	10	10	10	10	10	12	12

6.4.3　场外服务设施

1）办公区管理

（1）选址及建设基本要求

①建设应本着规范有序、规范用房、功能完备、方便生活的原则,硬件设施须满足合同要求。根据现场情况设置防雷装置。

②会议室、文化娱乐室等人员密集的房间应设置在临时用房的第一层,疏散门应向疏散方向开启。

③宿舍、办公用房不应与厨房操作间、锅炉房、变配电房等组合建造。

（2）文明建设

文明建设应从工地文化、工地卫生、工地生活三方面进行,以不断改善现场作业人员的生活水平和丰富业余文化,基本要求如下:

①生活区应设置文体活动室、图书室等。

②根据条件应配置室外文体设施,如篮球场、羽毛球场、室外健身器材等。

③施工现场应制定卫生急救措施,配备保健药箱、一般常用药品及急救器材,高温季节应有降温防暑措施。

④施工现场办公区、生活区卫生工作应由专人负责,明确责任。

⑤办公区、生活区应建立管理组织,制定卫生防疫制度。垃圾应存放在密闭容器内,定期灭蝇、定期消毒、及时清运,保持洁净卫生。

（3）办公区管理

①办公区应设置会议室、资料室、各部办公室、民工夜校、试验室等工作场所,应设置有关安全隐患举报、维权投诉等征求员工诉求的意见箱。根据企业要求挂社国旗、企业旗帜等。

②会议室应挂设工程概况图、施工形象进度图以及关于安全、质量、环保、应急抢险、职业健康等管理组织机构的图版。应安装投影仪,宜安装 LED 显示屏。

③各部办公室应挂设工作岗位职责标牌,职责应涵盖安全责任内容。

④办公区应进行绿化,创造美好工作环境。

2）集中居住区

（1）宿舍管理（图6-66）

①建筑构件燃烧性能等级应为A级。推广使用新型标准化箱式房。

②场地内搭建房屋不得超过二层，环境敏感地段只允许搭建一层。层建筑面积不应大于$200m^2$，超出时应设置不少于2部疏散楼梯。

③单面布置用房时疏散走道的净宽度不应小于1.0m，双面布置时不应小于1.5m。楼层通道应配备灭火器材，安装应急灯具，张贴疏散标志牌。疏散楼梯的净宽度不应小于疏散走道的净宽度。

④宿舍进行统一编号，每间宿舍门口挂责任牌，注明班组名称、治安、卫生、消防责任人及值日安排。

⑤宿舍内不允许设通铺，不允许打地铺，人均床铺面积不小于$1.9m \times 0.9m$，床铺的搭设不得超过2层，床头应设有姓名卡。宿舍内设置生活用品专柜，生活用品摆放整齐。

⑥生活区照明供电应采用安全电压，宿舍内设置36V标准安全电压，采用USB接口充电。房屋夏季降暑及冬季取暖应采用空调或集中供暖。手机完成充电后应及时拔除。严禁将充电电源拉接至充电室外使用。

⑦生活区应安装视频监控终端，保证全方位覆盖，按方案配置消防设施。

a）职工宿舍

b）宿舍逃生杆口

c）集中充电柜

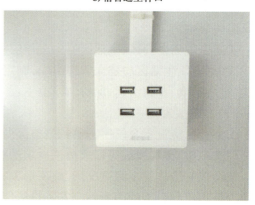

d）36VUSB充电接

图6-66 宿舍管理

(2)新型标准化箱式房(图6-67~图6-69、表6-5、表6-6)

图6-67 标准箱示意图

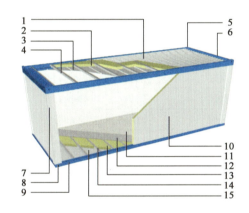

图6-68 标准箱构造

1-彩钢屋面瓦;2-玻璃丝保温棉;3-彩铜吊顶板;4-屋面檩条;5-屋面角件;6-屋面主梁;7-立柱;8-地面角件;9-底面主梁;10-角柱;11-橡塑地板;12-水泥板;13-玻璃丝保温棉;14-地面檩条;15-封底钢板

图6-69 标准箱效果图

标准箱尺寸　　　　　　　　　　　　　　　　　　　表6-5

项　　目		几何尺寸(单位:mm)	
		型式一	型式二
箱体	外	$L605×W2435×H2896$	$L6055×W2990×H2896$
	内	$L5840×W2225×H2540$	$L5840×W2780×H2540$
窗		$H≥1100$ $W650×H1100/W1500×H1100$	
门		$H≥2000$ $W≥850$	
框架梁高	顶	$H≥180$(钢板厚度$≥4$)	
	底	$H≥140$(钢板厚度$≥4$)	

标准集装箱式房材质清单　　　　　　　　　　　　表6-6

序号	名　称	详细描述	尺寸规格	备　注
1	外观	标准白色	6055mm×3000mm×2890mm	
2	结构	镀锌地面框架梁	厚$≥4$mm,镀锌量$≥100$g	
		镀锌屋面框架梁	厚$≥4$mm,镀锌量$≥100$g	
		镀锌立柱	厚$≥3$mm,镀锌量$≥100$g	
3	屋顶	彩钢板	0.4mm,白灰	
		玻璃丝棉	100mm厚,容重10kg/m³,单面铝箔	
		YX12-110-880彩钢板吊顶	0.35mm	
4	地面	玻镁纤维板	18mm	
		PVC地板(蓝)	1.6mm	
5	墙	玻璃丝棉彩钢复合夹芯板	0.5mm彩钢板/75mm玻璃丝棉保温层,容重60kg/m³	双面平板
6	窗	UPVC窗框推拉系列	1100mm×1100mm,白色,带纱窗	中空玻璃
7	门	钢质门	880mm×2020mm	
8	电气系统	暗装配电箱		
		工业插头插座	电压220V,50Hz,3极,32A	
		单管日光灯	18W	
		插座(空调)	16A 三孔	
		插座(墙面)	10A 五孔	
		灯开关		

生产和生活区临建板房应推广使用标准化箱式房,具有结构稳定、抗风效果好、可重复利用、节能等优点。

(3)消防设施(图6-70)

①消防设施主要包括:消防栓、灭火器、消防砂、消防钩、斧、桶等,应充足配备。

②施工现场、生活区应配置专用消防栓、消防水带,配备数量要能保证场区全覆盖。

a) 消防架　　　　　　　　　　　　　　b) 生活区消防设施

图6-70　消防设施

③消防栓要保证压力能满足消防需要,压力不足时应加装压力泵。受条件限制不能配备消防栓时,可采用设置消防水箱、消防池等设施代替,容量不小于 $6m^3$。消防栓及管道应有防冻防寒措施。现场根据情况宜配备手抬式消防泵。

④防火重点区域应配备与火灾类型相适应的灭火器材。

⑤灭火器材应定期检查、维修、更换,以保证其有效性。

⑥消防器材应放置在易拿易放且比较显眼的地方。

⑦临时设施区域,每 $100m^2$ 应至少配备两具灭火级别不低于 3A 的灭火器。每组灭火器的间距不应大于 30m,每组灭火器不应少于 2 个。

本章参考文献

[1] 青岛市城市轨道交通工程安全文明施工管理标准.
[2] 青岛市城市轨道交通工程安全文明施工标准化图集.
[3] 姚凯,张思源.合肥市城市轨道交通工程安全文明施工标准化图集[M].2 版.北京:人民交通出版社股份有限公司,2017.
[4] 熊桂荣.浅谈北京地铁 8 号线工程施工资料标准化管理[J].市政技术,2016,(S1):11-14.
[5] 杨照荣.轨道交通工程的施工管理技术[J].工程建设与设计,2017,(11):165-167.
[6] 李伟.地铁工程绿色施工应用研究[D].广州:华南理工大学,2014.
[7] 韩建强,贺建,罗振华.地铁绿色施工噪声污染管理研究[J].科技资讯,2015.
[8] 贾金龙.地铁施工项目钢筋工厂化加工探析[J].建筑技术开发,2016,(12):3-4.
[9] 丁鸿鸣,王箭,杨树才.城市轨道交通工程施工安全控制体系建设探讨[J].中国科技信息,2014,(07):108-111.
[10] 高占勇.谈轨道交通工程施工中的地下管线保护[J].科技与创新,2014,(04):54-55.
[11] 吴贤国,陈跃庆,张立茂,等.地铁工程施工安全监控预警管理及评价标准研究[J].铁道工程学报,2013,(05):107-111.
[12] 苏海斌.轨道交通工程绿色施工与清洁生产研究[D].苏州:苏州科技学院,2014.
[13] 刘铁男.地铁推广竖井、横通道标准化施工[N].大连日报,2010-07-20(A02).
[14] 王敏.青岛地铁工程绿色施工评估体系初探[J].中国海洋大学学报,2015.
[15] 张绍宽.浅埋暗挖地铁区间隧道绿色施工生产设施标准化配套研究[A].2012 年中铁隧道集团低碳环

保优质工程修建技术专题交流会论文集[C].2012:4.
[16] 王星.我国在轨道交通工程施工期间的环境保护方法与实践[J].北方环境,2011,(09):42-43.
[17] 陈红.西安地铁施工沉降监测系统的应用研究[D].西安:西安科技大学,2012.
[18] 丁烈云,吴贤国,骆汉宾,等.地铁工程施工安全评价标准研究[J].土木工程学报,2011,(11):121-127.
[19] 张秋福.郑州地铁工程项目施工安全管理研究[D].南京:南京理工大学,2011.
[20] 中华人民共和国住房和城乡建设部.GB 50720-2011 建设工程施工现场消防安全技术规范[S].北京:中国计划出版社,2011.